中国社会科学院国情调研丛书
CASS Series of National Conditions Investigation & Research

本书为中国社会科学院国情调研
重大项目的最终成果

兴边聚民

透视现代化背景下的边疆传统村庄

Revitalizing Borderlands and Uniting People
Traditional Villages at the Borderlands in the Context of Chinese Modernization

罗 静 著

社会科学文献出版社
SOCIAL SCIENCES ACADEMIC PRESS (CHINA)

序

中国在全面建成小康社会之后，正在迈向全面建设社会主义现代化国家新征程，边疆的治理同样面临现代化的任务，本书提出的从"兴边富民"到"兴边聚民"，是边疆治理现代化的一个重要思路。

如果我们回到传统的封建王朝时代，边疆与今天的格局是完全不同的。首先，边疆是军事冲突的前线，需要大量的军队屯垦戍边；其次，边疆也是边缘地带，除了少数通商口岸，大部分边疆地区远离国家的经济中心，经济发展落后；最后，边疆还是不稳定地区，由于远离政治中心，国家对边疆地区的控制薄弱，边疆经常成为逃离统治的空间。

现代化正在打破这个传统的格局，现代化远程武器的发展在某种程度上已经将边疆的纵深扩大了许多，边疆尽管仍然有重要的军事意义，但是与传统时代已经不同了。国家对边疆的支持促进了边疆的经济发展，改变了其原有的边缘经济地区的地位，尽管边疆的经济发展水平与中心城市还有差距，但是边疆在很大程度上已经融入国家的经济发展中，不再是与经济中心相互隔绝的边缘地带。国家权力在边疆地区也同样得到了强化，边疆早已不是逃避统治的乐土。在这种格局下，边疆安全和稳定就具有了与传统时代不同的含义。

经济和社会意义上的边疆更加重要，而提升边疆地区的社会经济活力成为边疆稳定安全的保障。在改革开放的 40 余年中，中国边疆地区得到了长足发展，边疆地区各族人民的收入快速增加，社会经济生活得到了明显改善，特别是党的十八大以来，精准扶贫战略实施，边疆地区与其他地区一样，同步消除了农村绝对贫困。边疆地区，特别是边境地区，原本是贫困比较集中的地区，脱贫攻坚的胜利对于边疆安全和稳定发挥了重要的作用。精准扶贫带动了边疆地区的发展，实现了"兴边富民"。

但我们还要看到边疆地区发展所面临的新挑战。在市场化的发展中，边疆地区的发展优势往往无法得到发挥，而其劣势经常会被放大。比如，乡村的老龄化和空心化是全球发展所共同面临的困难和问题，但是这个问题对于边疆地区有着特别的意义。第一，边疆地区的农村空心化和老龄化具有区域性。边疆地区普遍缺乏具有经济发展带动能力的城市，因此边疆地区的城市化经常表现为异地城市化，也就是说农村人口在离开农村以后并没有进入本区域的城镇，而是外流进入发达省市，这种人口的外流从总体上进一步削弱了边疆地区的发展动力。农村空心化和老龄化的影响不仅会扩大城市与乡村的差距，也会扩大边疆地区与发达地区省市的差距，这种差距的进一步扩大可能会使边疆地区重新陷入边缘化。第二，许多边疆地区也是中国主要的农业地区，大多数边疆地区地广人稀，农业开发比较晚，具有较强的农业发展潜力。在这种情况下，大批农民离开土地，进而造成农业劳动力减少，对于国家的粮食安全会产生消极的影响。

人是当今发展的主要动力，如果一个地区没有了人，也就没有了发展的基本要素，从这个意义上说，人口的流动既是社会经济发展的结果，也是社会经济发展的前提，边疆地区在人的问题上，不具有优势。由于社会经济发展水平相对较低，边疆地区难以吸引人口的进入；而人口的外流又进一步弱化了边疆地区发展的动力，从这个意义上说，边疆地区的发展有赖于人口的回流和进入，现在各个地区都希望吸引更多的人，而边疆地区尤其需要吸引人。与传统的屯垦戍边不同，依靠市场机制吸引更多的人，促进边疆地区的社会经济繁荣是"兴边聚民"的核心。

要想凝聚共识，进而形成合理的政策以推动"兴边聚民"，对边疆地区的深入研究是必不可少的。《兴边聚民——透视现代化背景下的边疆传统村庄》一书正是在这样的背景下完成的学术著作。

本书选择吉林、云南和内蒙古三个省区作为典型个案，对边疆地区的农村进行了深入的调查，较好地反映了当前边疆地区农村空心化和老龄化的现实。一方面，调查中所呈现的一些数据，是值得引起人们高度重视的。比如调查显示，乡村空置房的比例普遍超过 20%，一些省区甚至达到 26%，这表明边疆地区农村空心化已经很严重。农村空心化并没有推进边疆地区的城市化，边疆地区的城市化率依然低于全国平均水平，区域性的衰退对于边疆地区的稳定和发展会产生不利的影响，因此作者提出的"兴边聚民"的思路就显得更加具有迫切性。

另一方面，本书的调查也表明，"兴边聚民"具有可行的社会基础。尽管农村的人口在减少，但是被调查对象仍然有较强的乡村生活意愿，甚至在 18~30 岁年龄组，仍然有超过 1/4 的人有在乡村生活的愿望。而且在被调查对象中，有超过 2/5 的人一直在努力、试图回乡创业。我们可以想象，在乡村的生产生活条件得到改善、边疆地区的城乡互动更加密切的时候，边疆地区的乡村振兴才具有内在的机会和优势。

我们看到，边疆的农村与内地的农村具有同样的问题和发展困惑，但是边疆的问题更加突出，兴边聚民的意义也超过了简单的返乡创业，边疆地区的乡村振兴有赖于边疆地区的社会经济振兴，乡村发展离不开边疆地区的城市带动。基于宏观的分析，作者对边疆地区社会经济发展提出的一些建议，带有方向性，有很好的借鉴意义。

在社会主义现代化建设的两步走战略中，需要以兴边聚民为抓手，推动边疆地区城乡的社会经济发展，以发展促稳定。正是在这个意义上，尽管现有的这个研究还仅仅是个开始，但我推荐更多的读者关注这一研究，并以此为基础，进一步拓展边疆地区社会稳定与社会发展的研究。

王晓毅

2022 年 8 月

目　　录

导　言

2023 年国家统计局发布的《中华人民共和国 2022 年国民经济和社会发展统计公报》提到：2022 年末全国人口 141175 万人，比上年末减少 85 万人；全年出生人口 956 万人，出生率为 6.77‰；死亡人口 1041 万人，死亡率为 7.37‰；自然增长率为 -0.60‰。① 这意味着中国人口进入了负增长阶段。在人口负增长的同时，中国的城镇化率继续提高（见图 0-1），2022 年末全国常住人口城镇化率为 65.22%，比 2021 年末提高 0.50 个百分点②。上面两组数据合在一起，意味着中国的农业人口一直在持续减少。

在中国人口总量减少和农业人口减少的时代大背景下，中国广袤的陆地边疆地区的农业人口也呈现同样的趋势，传统的村庄逐渐呈现空心化的态势，有些村庄甚至在消失。这是中国边疆发展史上出现的一个新现象，而这个现象在今天被当作一个"问题"进行研究，从中国历史进程来看，这是个非常"另类"的问题。为什么这么说？因为中国是有几千年农业文明的古国，从长时段来看，从事农业生产的人口除瘟疫、战争和自然灾害

① 国家统计局：《中华人民共和国 2022 年国民经济和社会发展统计公报》，2023 年 2 月 28 日，http：//www. stats. gov. cn/sj/zxfb/202302/t20230228_ 1919011. html？jump = true，最后访问日期：2023 年 5 月 22 日。

② 国家统计局：《中华人民共和国 2022 年国民经济和社会发展统计公报》，2023 年 2 月 28 日，http：//www. stats. gov. cn/sj/zxfb/202302/t20230228_ 1919011. html？jump = true，最后访问日期：2023 年 5 月 22 日。

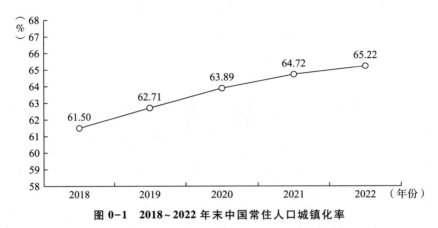

图 0-1　2018～2022 年末中国常住人口城镇化率

资料来源：国家统计局《中华人民共和国 2022 年国民经济和社会发展统计公报》。

这些偶然事件以外，是基本保持稳定的。大量研究也表明，边疆地区从事农业和牧业的人口，除历史上几次大规模的流民移入和国家移民以外，也是基本保持稳定状态的。到了 18 世纪以后，随着农业种子技术的革命性进步，中国的农业人口才出现了激增的现象。而农业人口数量激增的一个直接后果就是人口的生产和自然资源之间产生了矛盾，造成了农业生产的内卷化[①]。所以，近代以来中国农村和农业的问题是人多地少，即"人太多"而不是"人太少"。

由于中原地区农业人口激增，土地等自然资源供给不够，中原的农民为了寻找新的土地而自发到边疆进行开拓，"走西口""闯关东"都是这种历史情况的写照。因此，从历史上看，边疆地区人口的增长很大程度上是中原人口的溢出效应，比如本书的调研点之一吉林省延边朝鲜族自治州，其近代人口的增加以外来人口的自发迁入为主。总体而言，中国陆地边疆地区是历史上少数民族的聚居地，长期以来人口基本保持稳定，只是近代以来由于工业发展对于矿产的需求，边疆有些地区因为矿业开采而吸引和聚集了外来人口，比如本书调研的云南省红河哈尼族彝族自治州的红河县便是因为清朝时当地的铜矿开采聚集了大量的迁入汉族人口。

改革开放以来，由于中国大规模地推进城市化建设，大量的农业剩余

---

① 相关论述参见黄宗智《华北的小农经济与社会变迁》，中华书局，2000。

劳动力涌入城市，中国的城市化率①从 20 世纪 80 年代初的不足 20%上升到 2020 年底的近 64%，也就是说，中国的城市化率在短短 40 年时间里提高了 44 个百分点。对于一个拥有 14 亿人口的大国而言，这个巨大的社会结构变革所带来的一系列后果尚未充分显现，边疆传统村庄由于人口的外流而出现的空心化甚至消失便是其中非常重大的一个未预期的后果。

对于边疆而言，边疆传统村庄的人口外流与我国其他地区的农村人口外流状况相比较而言是个带有特殊性的问题，即农村人口外流在边疆地区呈现与其他地区不一样的问题。因此，本研究首先要回答三个问题：为什么要研究边疆传统村庄人口减少所带来的问题？研究边疆传统村庄人口外流问题与其他地区的农村人口外流问题有何区别，即边疆传统村庄人口外流现象呈现了什么不一样的问题？怎么研究边疆传统村庄人口外流所带来的一系列问题？

一　问题的提出

（一）作为一个"问题"呈现的边疆农村人口减少及传统村庄空心化现象

中国的边疆包括陆地边疆与海洋边疆，本研究中所指的边疆，在没有特殊说明的情况下皆指陆地边疆。陆地边疆的划定依据是《中华人民共和国陆地国界法》（以下简称陆地国界法），陆地国界法由第十三届全国人民代表大会常务委员会第三十一次会议于 2021 年 10 月 23 日通过，自 2022 年 1 月 1 日起施行。根据陆地国界法，本书所研究的陆地边疆是指有陆地国界的边境省、自治区。据此，中国的陆地边疆省、自治区包括：辽宁省、吉林省、黑龙江省、内蒙古自治区、甘肃省、新疆维吾尔自治区、西藏自治区、云南省、广西壮族自治区九个省区。

中国边疆九省区的面积占国土面积的 61.4%。作为学术研究对象的中

---

①　城市化率与城镇化率，均为描述和衡量城镇人口占总人口比重的指标，一般情况下可通用。本书根据上下文语境使用二者，语义上不做区分，特此说明。

国边疆，不仅是一个地理概念，而且具有地理和政治的双重属性，因此是一个政治地理的范畴，这是中国边疆作为研究客体区别于其他地理单元最大的特殊性所在。中国边疆具有的政治和地理双重属性，决定了同样的学术问题在边疆会呈现不同的问题意识，因此也体现出不同的研究关怀。在中国城市化进程中出现的普遍的农村人口减少问题，在边疆则呈现独特性，普遍的解释农村人口减少的理论和对策在边疆地区可能是失灵的，需要专门的研究。

中国改革开放40多年来取得了举世瞩目的发展成就。这样快速发展的成就用一个简单而重要的指标来表述最有说服力，即中国的城市化速度是用40年时间走过了西方世界300年的历程。伴随着中国城市化的进程和人口生育率的下降，大量从事农业生产的人口进入城市从事非农生产，这直接导致了从事农业生产的人口和居住在乡村的人口大量减少，学者们把这种现象叫作农村空心化，即农业产业空、农村的年轻人空、农村的住房空和农村基层组织空的"四大皆空"现象。

边疆地区的传统村庄也面临着农村空心化的危机，但是其所呈现的问题与其他的地理行政单元是不一样的。边疆和边民对于国家而言不仅是提供农产品的地理单元和生产主体，还承担着守疆卫土的特殊责任。"立国自有疆""有民斯有土"是中国传统的边疆治理思想，即传统社会的中国统治者们认为只有我们的民众在这片土地上生活，这片土地才真正是属于国家的，由此可见"人"对国家和边疆的重要性。毫无疑问，在农业文明时代，在传统安全机制下，"人"在边疆对于国家安全具有重要意义，今天"人"对于边疆安全和国家安全同样重要，而且有不一样的时代含义：边疆村庄的发展和稳固事关全面建设社会主义现代化国家，以及第二个百年奋斗目标的实现。因此，确保边疆传统村庄在中国现代化进程中不掉队，对于维护国家粮食安全、生态安全、能源安全、边疆安全，对于高质量发展的国土空间开发保护，对于推动"一带一路"倡议、全面对外开放都具有非常重要的意义。在上述大背景下，边疆农村人口外流和村庄消失是否对国家安全构成挑战是需要研究的重大问题。本研究正是在对边疆地区宏观人口数据统计分析和田野调查的基础上，回答边疆地区农村人口外流的现状是怎样的、到2035年的发展趋势如何、边疆人口大量外流会给边疆和国家带来怎样的危机，以及未来的发展展望等问题。

（二）边疆农村人口减少及传统村庄空心化带来的一系列思考

从宏观的人口数据来看，边疆九省区的人口绝对数量在过去 10 年总体上呈现减少的趋势。第七次全国人口普查的数据显示，边疆九省区的人口占全国总人口的 19.44%，与第六次全国人口普查的 2.85 亿人、占全国总人口的 20.65% 相比，人口减少了 218.31 万人，在全国总人口中的占比下降了1.21 个百分点。边疆地区人口数量的减少背后隐藏着看不到的、更为复杂的问题，即边疆地区人口减少不仅体现为以人口绝对数量为表征的人口自然属性，还涉及一系列的农业产业的问题、农村基层治理的问题、乡土文化传承的问题、城镇化模式的问题、乡村振兴的问题等，更涉及稳边、固边、兴边等更为宏大的政治命题。边疆省区的人口减少以及边疆农村人口的外流，目前看来至少会带来以下几个方面的危机。

第一，边疆地区的人口减少使得生物多样性保护面临危机。中国的边疆地区地域辽阔，是中国大江大河的发源地，地理环境富有多样性，是中国乃至世界动、植物的基因库，比如云南省丰富的动植物物种蕴藏了大量珍贵的遗传基因，有农作物及其野生近缘种植物数千种，是世界范围内的茶、荞麦、栽培稻、甘蔗等作物的起源地和多样性中心之一。从这个意义上讲，边疆乡村的农业生产承担着物种多样性保护的责任，因为这些宝贵的动植物基因资源需要持续养殖和耕种才能得到保护和利用。本书的调研点之一云南省红河哈尼族彝族自治州的红河县垤玛乡是滇南小耳朵猪的传统养殖地，滇南小耳朵猪是国家级畜禽遗传资源保护品种；云南省玉龙纳西族自治县有些地区仍然种植着非常传统的水稻品种。当前乡村人口大量外出务工，从事农业生产的年轻人几乎没有了，这些基因资源如果不能被持续地耕种和养殖，其续存将是很大的问题。

第二，边疆地区的人口减少使得民族传统文化保护面临危机。我国的边疆地区既是少数民族人口的聚居地，也是民族文化的发源地。在中华文明五千年的历史进程中，各民族的文化如花团锦簇，共同构成了中华文明。因此边疆承载着中华文明的多元文化和历史记忆，边疆地区的人口大量外流，尤其是在农村的青少年比例过低，将使灿烂多元的民族文化接续和传承面临危机。

第三，边疆人口减少使得边疆乡村振兴面临困境。没有人的乡村是无法振兴的。根据目前的全国人口统计数据，毫无疑问，边疆乡村人口持续减少将是一个趋势，有人估计 2021～2025 年，中国劳动年龄的人口数量不会增长，并且在 2025 年之后，将会每年下降 0.5%～10%。① 但是同时也要意识到一个客观现实，即尽管边疆地区的人口，尤其是农业人口持续外流，但是未来仍然有大量人口生活在边疆。中国的现代化不会重复西方消灭农民和农村的道路，这是由中国的基本国情决定的。目前全国户籍城镇化率为 60% 多，也就是说还有 5.5 亿农民生活在农村，这仍然是一个巨大的人口数量，那么未来还有什么人在农村生活？在农村怎样生活？这些问题需要现在就做出预判。就目前的人口数量趋势来看，在没有外界条件激变的情况下，那时候的农村可能是大量老年人集聚的村庄。因为 2035 年是中国近代人口生育最后一次高峰期的出生人口进入老龄化的年份，也就是 1963～1975 年出生的人在 2035 年都进入了 60 岁及以上的老龄阶段，届时农村的养老问题将正式"摆上台面"。到 2035 年，今天的"90 后"（1990～2000 年出生的人）群体也将步入中年（35～45 岁），这一代人还会不会回到边疆农村生活？他们还会不会从事农业生产？这个群体决定了 2035 年农村的发展样貌，这些问题在今天看来都是未知数。

第四，边疆人口减少使得传统边境安全和国家安全机制面临新的挑战。对于国家整体而言，边民在边疆生产和生活的重要性并不仅仅是经济意义上的，其更为重要的意义在于国家安全。在传统的农业生产时代，国家的经济发展需要土地、劳动力和自然资源，这些是国家经济发展的核心要素。边境的责任除拱卫中央安全之外，很重要的一点是对边境土地、劳动力和自然资源的值守。然而信息化和全球化时代的国家安全逻辑已经与农耕时代大相径庭了。今天，中国提出"一带一路"倡议，边疆和边境在国家战略部署中有了全新的定位，边境对于国家的安全和发展的作用需要重新思考和估量。在国家整体安全观的考量下，边境地区传统的国家安全和战争

---

① 梁建章、黄文政：《人口创新力：大国崛起的机会与陷阱》，李君伟译，机械工业出版社，2018，第 243 页。

机制在今天有何新的内涵？人口的减少对其有何影响？对这两个问题的判断决定了我们对边疆发展规划的思考方向。

另外，数字和互联网技术给边疆发展带来了什么机遇？对边疆地区的人口和村庄有何影响？当前世界已经进入了一个全新的技术时代，互联网支持的数字经济给社会和经济的各个领域都带来了革命性的改变，全社会的各个生产部门都受到了人工智能和机器人领域变革的影响。毫无疑问，边疆的社会结构也将被新技术改变。数字技术已经充分解决了在传统农业和工业化时代出现的国家治理"边疆-中心"的信息二元化困境，国家内部自然地理所带来的区隔正在被互联网和便利的交通条件消解。我们看到，中国的现代化建设使得边疆的城市和乡村道路基础设施不断完善，从北京去任何一个边疆省区几乎都可以在一天内到达。在新的技术革命时代，边疆尽管面临人口减少的趋势，但是互联网信息技术革命必然给边疆的发展带来新的机遇。

二　研究设计

（一）　怎么研究边疆农村人口减少及传统村庄空心化的问题

中国的陆地边疆九省区的地理面积十分广阔，同时我们研究的边疆并不是铁板一块，不同的边疆区域之间的自然地理、人文历史和民族文化差异巨大，要对全部的边疆地区进行调研固然是完美的，但是需要大量的物质条件支撑。所以本研究采用自然地理的类型比较法对边疆地区进行研究：首先将边疆地区按照自然地理进行归类，然后分析不同类型的边疆地区面临的问题，找到其中的共同点和差异之处，最后在共性和差异性的基础上找到新发展阶段中国边疆发展和边疆治理之道。

中国边疆的地域辽阔，文化和自然生态差异巨大。人口地理学家胡焕庸根据中国的自然地理条件，将中国划分为八大人口地理区域，分别是：辽吉黑区、黄河下游区、长江中下游区、东南沿海区、晋陕甘宁区、川黔滇区、蒙新区、青藏区[①]。其中，辽吉黑区、川黔滇区、蒙新区、青藏区都

①　胡焕庸：《中国人口的分布、区划和展望》，《地理学报》1990 年第 2 期。

是我国的边疆地区，它们分别对应了不同的地理和气候类型，同时也是不同的民族和文化的发源地。辽吉黑区包括黑龙江省、吉林省和辽宁省，它们都属于自然地理上的松辽平原，是中国重要的商品粮生产基地、能源供给基地、钢铁生产基地和机械工业制造基地。川黔滇区包括四川省、贵州省和云南省，它们是山区丘陵地带。川黔滇区的少数民族众多，而且水利资源丰富，有色金属蕴藏丰富。蒙新区包括内蒙古自治区和新疆维吾尔自治区，它们是中国的草原游牧地区。蒙新区牧场辽阔，但是水资源缺乏，难以承载大量的人口。青藏区包括青海省和西藏自治区，由于自然地理条件的限制，青藏区的人口难以过多增长。本研究选取吉林省、内蒙古自治区和云南省作为调研点，它们分别代表了自然地理上的辽吉黑平原农耕区、蒙新牧场区和川黔滇山区丘陵区。除了青藏区，这三种地理类型基本涵盖了我国陆地边疆地区的地理类型，研究它们，可以对边疆地区的农村人口和村庄状况有个相当的了解。

中国发展进入新时代以来，国家对于内蒙古自治区、吉林省和云南省三个边疆省区有不同的战略定位：内蒙古自治区的定位是我国北方重要的生态安全屏障、国家北方安全稳定屏障；吉林省的定位是老工业基地，还是国家重要的商品粮基地；云南省的定位是我国民族团结进步示范区、生态文明建设排头兵、面向南亚东南亚辐射中心。本研究以自然地理为基本分类依据，同时兼顾国家北部、东北、西南三个地理方位的边疆村落，结合新时代以来边疆地区在国家政治战略中的定位，在对比的过程中发现边疆区域的人口和农村状况在国家战略定位及区域自身发展中的问题所在。

（二）研究边疆农村人口减少及传统村庄空心化的方法

本研究在具体研究方法上采用文献研究、问卷调研和个案研究相结合的方法。

首先，通过梳理文献，大致还原边疆地区村落生活和制度的历史性变迁"过程"，并通过对第七次全国人口普查数据和第六次全国人口普查数据的对比，探究10年间边疆地区宏观层面的人口变迁情况。其次，边疆村落生活千姿百态，每个村落都有自身的一些特殊约束条件，通过对村落的个案调查可以对当地居民的生活做深入细致的访谈。这些个案研究并不追求普遍的解释力，而是试图提炼当地活生生的生活场景，以求发现人口对于村庄的存续和发展到底有何意义，并对所研究的共性问题做出归纳。最后，本研究对调研点所在市州、县、乡村进行了问卷调研，获得了中观地理区域的第一手数据，取得了边疆农村区域"平均人"的一些特征和主观认识数据。这里需要说明的是，本书的问卷调研采用非概率抽样，因此调研结论不推论总体，只对样本负责。本研究通过上述三种方法的结合，尽可能全面准确地反映边疆传统村庄人口减少的"过程"和充满"质感"的现实。

三 "边疆传统村庄"的概念界定

"传统村落"在中国学界作为一个学术研究概念而存在的历史并不久远。因此，"传统村落"的确切定义一直是众说纷纭的状态，直到被政府的政策所推动才正式确定下来。2012 年，由四部委——住房和城乡建设部、文化部、国家文物局、财政部联合启动了对传统村落的全面调查工作，以此政府行为为标志才正式对"传统村落"进行了界定。正是由于这项由政府推动的中国传统村落名录的甄选工作，"传统村落"才普遍成为学术界研究的对象。在此项工作之前，学术界和政府部门习惯称呼一些年代久远的村落为"古村落"。"古村落"这个称呼具有极大的模糊性，因为作为历史久远的"古"的时间是不确定的，住房和城乡建设部等部门明确界定了传统村落的两项标准：一是拥有珍贵的历史文化遗产与传统，二是有重要的文化价值和文明传承的意义，符合以上两个标准的村庄可以被称为传统村落。从 2012 年起，中国传统村落名录的甄选工作使学术界开始关注并认真思考这些传统村落何去何从的问题。

中国传统村落名录对中国传统村落的认定有了明确的标准以后，到 2023 年全国甄选传统村落的行动已经进行到了第六批。住房和城乡建设部等部门的标准比较容易操作，首先是时间标准，传统村落至少是指民国以前建成的村落，此外还需要满足以下两个条件：一是现存建筑有一定的久远度，文物保护单位的等级达到标准，传统建筑的占地规模、现存传统建筑（群）和周边环境保存有一定的完整性，建筑的造型、结构、材料及装饰有一定的美学价值，并有对传统技艺的传承；二是传统村落在选址、规划等方面代表了所在地域、民族，以及特定历史时期的典型特征，具有一定的科学、文化、历史考古的价值，并与周边的自然环境相协调，承载了一定的非物质文化遗产。到 2023 年末，住房和城乡建设部等部门已经公布了六批中国传统村落名录，共有 8155 个符合上述标准的、有重要保护价值的村落被列入名单。保护传统村落的发起单位由原来的四部委扩展至六部委，增加了自然资源部和农业农村部。

"传统村落"保护的发起单位增加了自然资源部和农业农村部，表明政府部门推动保护"传统村落"的工作内容已经扩展到了自然生态和农业生产领域。本研究的对象"边疆传统村庄"并不采用上述住房和城乡建设部等部门的定义，因此研究对象的选取也不仅仅局限在上述 8155 个村落中，尽管本书的调研地点中也有在名单中的村落。本研究选取研究对象的主要考量是边疆村落所蕴含的独特的文化和地域特质。主要参照的两项标准是：具有珍贵的历史文化遗产与传统，有重要的文化价值和文明传承的意义。

首先，边疆的村庄是中华文化传承的重要载体。中国广阔的边疆地区多是民族地区，也是中国多元文化的发源地，更是中华文明的重要组成部分。人类社会的文化的产生是长期适应自然环境的结果，一定的自然环境孕育了与之相适应的文化，而文化又对自然环境具有改造作用。边疆独特的自然地理造就了独特的文化，它是中华文明大家庭中不可缺少的组成部分。中国陆地边疆地区与少数民族聚居区在空间上是高度重合的，因此边疆民族地区的村落就是少数民族及其文化的承载，具有重要的文化意义。习近平总书记于 2019 年 7 月 15 日在内蒙古考察赤峰博物馆时说"56 个民族不断交流交往交融，形成了多元一统的中华民族。我们中华文明历史悠久，是世界上唯一没有中断、发展至今的文明，要重视少数民族文化遗产的保护传承"[①]。

中国广阔陆地边疆的自然地理风貌和生态环境造就了独特的地域文化，比如北部边疆草原游牧地带的游牧文化、东北边疆地区的黑土地所承载的平原农耕文化、西南边疆山区的哈尼梯田文化和山区林下采集文化、西北边疆地区的青藏高原牧场文化和高原农耕文化等。不同的边疆地区因为自

---

① 习近平：《要重视少数民族文化遗产的保护传承》，新华社，2019 年 7 月 16 日。

然资源禀赋、区位条件、社会文化的差异，在现代化背景下呈现迥异的面貌，在发展过程中遇到了不同的问题。本研究所选取的三个边疆省区的村庄调研点，包含了不同的农业生计类型和文化。比如，吉林省的延边朝鲜族自治州是中国唯一的朝鲜族自治州，云南省的玉龙纳西族自治县是全国唯一的纳西族自治县，云南省红河哈尼族彝族自治州是全国唯一的哈尼族彝族自治州，内蒙古自治区的乌兰察布市是蒙古族和汉族的混合居住区。以上这些地方都是在全国具有代表性甚至唯一性的少数民族聚居地和文化核心区域，这些区域的村庄不论其村庄历史的长短，都有其独特的历史、文化和自然生态环境价值，有重要的文化价值和文明传承的意义。鉴于上述原因，本研究将所有调研点的村庄都视为"传统村落"，而不仅仅局限于中国传统村落名录中的村落和认定标准。同时，本书调研的村庄也有中国传统村落名录中的村落，比如云南省红河州的牛红村所辖的腊约村，云南省玉龙县的吾木村、石头城村。

其次，广阔的边疆地区也具有国家生态安全屏障的功能。陆地边疆地区多处于大江大河上游，是中国的自然资源富集区、水系源头区，是国家生态环境保护的重点区域，是国家乃至国际的生态屏障。2019 年，习近平总书记在参加十三届全国人大二次会议内蒙古代表团审议时指出，内蒙古生态状况如何，不仅关系全区各族群众生存和发展，而且关系华北、东北、西北乃至全国生态安全。把内蒙古建成我国北方重要生态安全屏障，是立足全国发展大局确立的战略定位，也是内蒙古必须自觉担负起的重大责任。守护好祖国北疆这道亮丽风景线，要求我们在祖国北疆构筑起万里绿色长城，把内蒙古自治区建成我国北方重要生态安全屏障。这是党中央立足全国发展大局，赋予内蒙古自治区的战略定位和政治责任。① 云南省是中国乃至世界的"动植物王国"，云南省境内径流面积在 100 平方千米以上的河流有 1002 条，分属长江（金沙江）、珠江（南盘江）、红河（元江）、澜沧江（湄公河）、怒江（萨尔温江）、大盈江（伊洛瓦底江）六大水系。红河和

① 《内蒙古自治区举行〈构筑我国北方重要生态安全屏障规划（2021-2035 年）〉发布会》，http://www.scio.gov.cn/xwfbh/gssxwfbh/xwfbh/neimenggu/Document/1711621/1711621.htm，最后访问日期：2023 年 8 月 4 日。

珠江均发源于云南省境内，其余为过境河流。这些河流除长江、珠江外，均为国际河流，分别流往越南、老挝、缅甸等国家。① 云南省以仅占全国4.1%的国土面积囊括了除海洋和沙漠外的所有生态系统类型。云南省保存有许多珍稀、特有或古老的类群，生物多样性居全国之首，是中国17个生物多样性关键地区和全球36个物种最丰富的热点地区之一，也是我国重要的生物多样性宝库、西南生态安全屏障和生物多样性保护实践最有成效的地区。云南省还在国家"两屏三带"十大生态安全屏障中肩负着"西部高原"、"长江流域"和"珠江流域"三大生态安全屏障的建设任务，它地处众多国际、国内河流的上游或源头，生态区位极其重要。

最后，本研究将调研的所有边境村庄都视为传统村庄，尽管它们存在的历史可能很短。我国的陆地边境线长达2.2万公里，其中有1.9万公里在民族地区，漫长的边境线上有140个陆地边境县（市、区、旗），其中有107个是民族县（市、区、旗）。在全国村落持续空心化和乡村人口数量减少的背景下，国家实施乡村振兴战略，而边境地区的乡村振兴则承担着比单纯地发展经济社会更加复杂的内涵，因为边境乡村承担着守卫国土的职责。实际上，有很多靠近边境线的村庄是新中国成立以后设置的，设置这些村庄就是为了守卫国境，本书调研的吉林省延边州珲春市的防川村就是这样的村庄。防川村紧靠中国和朝鲜的界河——图们江，同时还紧靠中国与俄罗斯的国境线，是名副其实的国境线上的村庄。在防川村的位置，历史上并没有村落，1962年，当时的珲春县派出18位党员，他们带领家庭到这一位置开拓建设才建成了防川村。防川村距离珲春市区有70多公里，在20世纪60年代并没有现代公路的条件下，18位党员坐着牛车从当时的珲春县走了4天才到。设置防川村的意义十分重大，当时如果没有防川村及其村民的驻扎，今天守卫国土可能面临很大的压力。在这个意义上，本研究将边境线附近的村落都视为传统村落。此外，国家发改委于2021年印发了《"十四五"特殊类型地区振兴发展规划》（以下简称《规划》），《规划》作为第一个全国特殊类型地区振兴五年规划，首次明确了我国特殊类型地

---

① 《印象云南——自然概貌》，https://www.yn.gov.cn/yngk/gk/201904/t20190403_96255.html，最后访问日期：2024年12月10日。

区的规划范围、目标定位和重点任务。《规划》对"特殊类型地区"进行了相关界定，这些特殊类型地区包括以脱贫地区为重点的欠发达地区和革命老区、边境地区、生态退化地区、资源型地区、老工业城市等。《规划》中的"特殊类型地区"不仅是以前的老少边穷地区，还将需要特殊帮扶政策的地区进行细致归类，以便分类指导和施策。其中，边境地区作为"特殊类型地区"备受关注，以前的国家规划提及的老少边穷地区中的"边"是泛泛地指称边疆地区，这次《规划》明确指出"边境地区"为特殊类型地区，也是城乡区域协调发展中的短板地区、生态文明建设中的脆弱地区，更是中国未来推进边疆高质量发展的重点区域、承担特殊支撑功能的区域。当前，由于地理和历史原因，还有相当多边境地区是欠发达地区、生态退化地区，它们的发展面临更加复杂的环境条件和更为艰巨的任务。

除导言，本书的主体部分共有九章。

第一章"中国现代化进程中的边疆、乡村与人口"通过文献梳理，呈现中国现代化进程中的边疆传统乡村的发展变迁历程，以及不同历史时期中央政府对边疆发展和治理政策的倾向、学术研究对相关问题的看法。

第二章"改革开放以来边疆的人口和村庄"通过全国人口普查的统计数据和问卷调查的数据，分析改革开放以来陆地边疆九省区传统村庄人口减少的变化现状和趋势。这一章将广义的边疆与边境市（县）做了区分，分别从边疆地区整体的人口变迁和边境市（县）社会经济发展的角度来观察边疆传统村庄的问题。

第三章"调研样本村庄的经济社会发展以及个人生活意愿的三省区对比"对吉林省、内蒙古自治区、云南省调研村庄的问卷进行了整理分析。对调研村庄当前的基本情况做了总体的描述和分省区的对比研究。

第四章、第五章和第六章分别研究了"东北边疆平原类型的传统村庄"、"西南边疆山区类型的传统村庄"和"北部边疆牧区和农牧交错类型的传统村庄"，通过实地调查的资料分析了边疆农村人口外流和传统村庄空心化的三个类型和典型案例：吉林省延边朝鲜族自治州代表东北边疆平原类型，云南省丽江市玉龙纳西族自治县和红河哈尼族彝族自治州代表西南边疆山区类型，内蒙古自治区的乌兰察布市代表北部边疆牧区和农牧交错类型。这三章分别对每个类型的边疆农村人口外流和传统村庄空心化的原因进行分析，同时针对每个地区的问卷调查结果，对当地调查样本的生活状况和生活意愿进行了深入分析。

第七章"边疆农村人口减少和传统村庄空心化的原因"从时代背景、政策背景和自然生态等角度分析了边疆农村人口外流和传统村庄空心化的原因。

第八章"边疆农村人口减少和传统村庄空心化的危机与悖论"指出了边疆农村人口减少给边疆地区带来的不仅是威胁和挑战，还有未预期的后果。因此，传统村庄空心化体现的悖论使得未来的政策制定变得更加复杂，即边疆传统村庄的发展并不是简单地要求人口多。

第九章"从兴边富民到兴边聚民"从当前的信息化时代背景出发，借鉴国际上应对农村人口减少的经验，指出了未来应对边疆农村人口减少和传统村庄空心化的一些思考方向。

第一章
中国现代化进程中的边疆、乡村与人口

今天边疆地区所呈现的农村人口减少乃至传统村庄空心化的现象，并不是突然出现的，也不是边疆地区仅有的现象，而是中国现代化建设大潮的组成部分。因此，只有将边疆地区的乡村和人口现象作为中国现代化建设进程中社会结构变迁的一个重要后果来分析，才能比较准确地透视其背后的原因，也只有将今天中国边疆所面临的乡村人口问题和乡村建设问题放到近代中国历史脉络中的边疆问题、乡村问题和人口问题中进行分析，才能更好地理解今天边疆"问题"的由来。本章回顾和梳理了近代以来中国学术界对中国现代化建设的理论构想和中国政府的实践努力，以求在国家建设和时代的宏观背景下审视边疆农村的治理政策和实践的变迁，从而获得对当下正在发生的边疆农村人口减少以及村庄建设问题的更为深入的理解。

一 中国现代化建设的理论和实践历程

中国有五千年的农业文明，因此中国既是农业大国也是农业古国，对于农业、农民和农村问题有丰富的理论和历史经验。在中国近代的大转型过程中如何处理农村、农业和农民的现代化问题，成为近代中国实现现代化目标最为核心的问题之一。中国过去 40 多年的现代化和城市化建设使大量的农村人口往城市聚集并从事非农生产，因此宏观地从数据上看，似乎乡村的衰落和消失是中国现代化建设的结果甚至目标，是乡村历史的宿命，但实际上，乡村的现代化并没有一步跨向城市这么简单和粗暴。

从世界其他国家的现代化历程来看，西方以工业化和城市化为代表的现代化进程是以消灭乡村为代价甚至目标的，但是中国是不可能走这条道路的。改革开放 40 多年来，由中央政府推动的快速城市化建设使得中国的城镇化率提高了 40 余个百分点，2022 年中国的城镇化率已经达到65.22%①。即便是在城镇化率65%的条件下，中国仍然有 5.5 亿人生活在农村，并且从事农业生产，因此从从事农业生产的人口数量来看，未来中国仍然是农业大国。这也意味着在未来的一段时间里，中国要全面建设社会主义现代化国家，实现中华民族伟大复兴，"最艰巨最繁重的任务依然在农村，最广泛最深厚的基础依然在农村"②。2020 年 12 月 28 日至 29 日，在北京召开的中央农村工作会议上，习近平总书记强调，从中华民族伟大复兴战略全局看，民族要复兴，乡村必振兴。从世界百年未有之大变局看，稳住农业基本盘、守好"三农"基础是应变局、开新局的"压舱石"。③ 因此，在中国现代化建设取得巨大成就的今天，在面向未来的很长一段时间里，农业农村问题仍然是中国现代化建设要解决的重要问题。

（一）近代以来中国实现现代化的探索和实践

近代以来，几乎所有的重大社会实践都围绕着如何使中国成为一个现代化国家而展开。这些努力背后的诉求是，一个几千年的农业古国和农业大国如何转型成为一个工业化的现代国家。中国的农业生产、农村建设和

---

① 《中华人民共和国 2022 年国民经济和社会发展统计公报》，2023 年 2 月 28 日，https://www.gov.cn/xinwen/2023-02/28/content_5743623.htm，最后访问日期：2023 年 11 月 26 日。

② 习近平：《坚持把解决好"三农"问题作为全党工作重中之重 举全党全社会之力推动乡村振兴》，https://www.gov.cn/xinwen/2022-03/31/content_5682705.htm，最后访问日期：2024 年 12 月 10 日。

③ 《习近平出席中央农村工作会议并发表重要讲话》，https://www.gov.cn/xinwen/2020-12/29/content_5574955.htm，最后访问日期：2024 年 12 月 10 日。

农民生活是中国实现现代化最大的焦虑。在这样的历史背景下，近代中国的乡村改造理论与实践占据了历史书写的很大篇幅。在 20 世纪 20 年代的中国，农村及其衍生出来的各种问题是当时学者进行学理探讨和政府官员进行社会改造的核心概念，各种学派从各个角度提供了解决中国农村问题的方案。其中，秉持欧美功能学派的理论者从社会组织的角度，以单独的村、市镇或县为单位从事改造农村的工作；一些留日的农村经济学者侧重从租佃关系方面探求中国农村经济的出路；国民党政府则从经济、技术和组织层面入手展开"新农村建设"实践。在现代化的国家目标诉求下，各派试图借助乡村的工业化、都市化或社会化等手段，转换乡村与都市空间，以及诸多村庄的社会联系，以此建成中国农村的新形态。但是从后来的历史结果看，这些"拿来主义"在中国农村的实践效果都不佳。历史证明了中国的农业改良主义都以黯然收场告终，只有中国共产党的农村革命理论和政策能够超越诸派，最终从社会化角度寻求根本的解决之道。① 中国共产党的农村改革之所以取得成功，其根本原因在于实事求是地根据中国农村和中国社会的实际情况确定了农村改革的方向和路线。

中国要由农业大国和农业古国成功转型为现代化的工业国家，表面看要减少农民和农村的数量，即大量的农民要成为工人，大量的农村要成为城市。改革开放以后，围绕着中国的现代化建设怎样进行，不同的学者给出了不同的解决方案。费孝通认为，中国不能像美国那样通过在中心城市发展工业来减少乡村人口，中国必须通过发展农村工业的方式来降低农业人口，因为中国每个农场面积大都不超过半英亩，因而必须以农村分散的工业为农业之补充。② 费孝通是中国乡镇办企业的倡导者，他主张农民"离土不离乡"，并从理论上论证了工业的分散化生产是可行的。费孝通认为，工业分散化生产可行性的依据是电气化的技术革命。从世界历史来看，工业革命是通过机器设备的技术进步带来人口集中和城市中心带的发展，西方经验中上述这两个过程在很大程度上是同步的，主要归功于工业发展第一阶段蒸汽动力的使用。费孝通认为，在第二次世界大战以后，世界全部

---

① 杨瑞：《近代中国乡村改造之社会转向》，《中国社会科学》2017 年第 2 期。
② 参见费孝通《乡土中国 生育制度》，北京大学出版社，1998。

进入电气化时代，当电力被引入工业生产以后，工业集中化的趋势就改变了，制造业的分散是现代工业的普遍趋势，因为分散模式是更为经济的。中国作为现代工业的后来者，从其现实情况和现代技术发展两方面来看，分散化的工业模式更值得推荐，而且中国的传统手工业恰恰是分散了的家庭工业，而"在最近的将来，农村地区的情况看起来不大可能发生彻底的变动"，所以应该保留分散的工业形式。①

费孝通将农民就地转化成工人的方案在当时有很大的争议。为了消除一些学者对他所谓"开倒车"的误解，费孝通强调了两点。其一，乡村工业的分散不是绝对的，散布在各个村庄的制造中心承担机器生产的某一部分，然后把产品汇合在一个大的中心工厂进行组装。由此在人口无须向城市集中的同时，大规模生产的优越性被保存了下来，工业的分散与集中达成统一。其二，乡村工业不单是恢复手工业，其前景是建立现代工厂，"把机器逐渐吸收到传统工业的社会机构中去，一方面使农村经济得到新的活力，另一方面使农村工业因机器及动力的应用而逐渐变质"。譬如可以设计一个能应用现代生产技术的小规模工厂，用当地农村便宜的劳力和原料生产与大工厂同等质量的生丝，就不必惧怕城里工厂的竞争。②

费孝通的农村就地工业化理论来自对他家乡江村缫丝厂的观察，他以此经验推导出了中国农村现代化理论。江村的地理位置接近上海大市场，上海承接了江村的工业制成品，但是由于中国农村生产的多样性，尤其是内陆地区远离工业品消费市场，江村经验所归纳的理论在其他农村地区的农村工业化解释方面受到了很大限制。因此，费孝通观察的江村手工业案例也仅仅是独特的个案，很难推导出中国整体的农村。费孝通曾经断言乡村工业是中国工业化进程的主干，他认为"这问题在理论上作争论，不如让农民自己去选择好。中国将来工业化的过程，若是在民主方式中去决定，

---

① 费孝通：《禄村农田》，载《费孝通全集》第二卷（1937–1941），内蒙古人民出版社，2010，第418、428页。

② 这些关于中国农业和工业发展的思想被收入《人性和机器：中国手工业的前途》一书中，该书于1946年5月由生活书店出版。1945年冬，费孝通与袁方、张之毅、张荦群关于中国手工业有一次谈话，后由费孝通把讨论的结果写成文章，作为四人共同的成果出版。

我相信乡村工业的发展很可能成为一个主流"。① 然而，中国现代化进程的历史证明，费孝通当年的预言和理论推导的适用范围是有限的，今天中国工业的集中化程度远远超出了他当年的想象，"离土不离乡"可能只是理论预设，并不是中国大多数农民的实际选择。

（二）新时代中国农业农村现代化面临的新问题

当前，中国已经进入了新的历史阶段。2021 年 7 月 1 日，习近平总书记在庆祝中国共产党成立 100 周年大会上宣告：我们实现了第一个百年奋斗目标，在中华大地上全面建成了小康社会，历史性地解决了绝对贫困问题。② 在新的历史起点上，中国农业农村现代化面临的问题与过去有了本质的不同。如何理解新的问题是解决这个问题的前提，那么当前中国农业农村现代化要解决什么问题？

首先，减少农业人口已经不是中国农业农村现代化的诉求。在中国过去 100 多年的现代化转型经历中，尽管诸多农村改良学派提供的农村问题解决路径不尽相同，但是对于中国农村土地和农业人口之间存在的巨大矛盾，以及人多地少矛盾带来的一系列社会和治理问题，大家在认识上是没有分歧的。因此，表面上看，如何减少农业人口是中国建设现代化的一个核心问题，但其背后隐含着一个很简单的逻辑：农业人口减少了，农业生产的人地矛盾就消失了，农业生产效率也就提高了；同时，城市人口增加了，城市化水平提高了，因而现代化程度也提高了。上述关于农村和城市发展的推演逻辑没有考虑到人口出生率的下降，实际上当农业人口下降的大门开启以后，这个趋势便不会逆转。世界历史表明，由于城市的人口聚集效应，不论人口生育率如何下降，世界各地的大城市都变得越来越大。比如，众所周知，日本由于低生育率，总人口规模在不断下降，然而日本人口最多的城市东京，其人口仍然在增长。事实上，东京是日本唯一一个人口增长的城市。同样的情况也出现在俄罗斯，俄罗斯的低生育率已经导致许多

---

① 费孝通：《内地农村》，载《费孝通全集》第四卷（1946），内蒙古人民出版社，2010，第186 页。

② 习近平：《在庆祝中国共产党成立 100 周年大会上的讲话》，https://www.gov.cn/xinwen/2021-07/15/content_5625254.htm，最后访问日期：2024 年 12 月 10 日。

小城市的人口数量减少，但是近年来莫斯科的人口却增长显著。

第七次全国人口普查数据显示，我国常住人口城镇化率已经达到了 63.89%。[①] "二战"以来，全世界都出现了农村人口减少的局面。从世界各国的现代化道路和发展趋势来看，农民绝对数量的大幅度减少，似乎是农村发展的铁律和命运，是一种必然的发展趋势。这个过程在多数国家是静悄悄的革命，但在有些国家也伴随着暴力和血腥。[②] 农民的命运貌似就是终结农民的身份，社会学家李培林认为，世界各国农业人口减少的普遍现象都指向了这一问题，即农民的终结是个人选择还是不可逃避的命运？这个问题的答案也许并不是二选一那么简单。

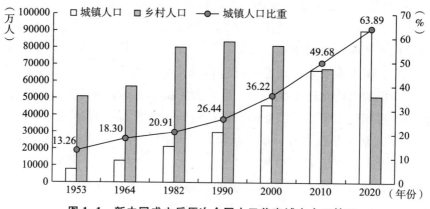

图 1-1　新中国成立后历次全国人口普查城乡人口情况

资料来源：国家统计局、国务院第七次全国人口普查领导小组办公室《第七次全国人口普查公报（第七号）——城乡人口和流动人口情况》，2021 年 5 月 11 日。

从近代世界历史经验看，多数发达国家和经济体都是用了大约 30 年的时间才把农业劳动者占全部从业人员的比重从 30% 降到 3% 以下。李培林在《农民的终结是选择还是命运》一文中指出，我国农业劳动者占全国从业人员的比重约为 26%，要达到 5% 以下，还需要二三十年甚至更长的时间[③]。接下来，摆在中国学者面前的问题是到底怎么看待当前及未来一段时间内

① 国家统计局、国务院第七次全国人口普查领导小组办公室：《第七次全国人口普查公报（第七号）——城乡人口和流动人口情况》，2021 年 5 月 11 日。
② 李培林：《农民的终结是选择还是命运》，《社会发展研究》2020 年第 3 期。
③ 李培林：《农民的终结是选择还是命运》，《社会发展研究》2020 年第 3 期。

的中国农民数量减少和农村消失的现象。是满心鼓舞地期待着这一刻的到来，还是忧心忡忡地担忧着这一刻的来临？

其次，中国农业农村现代化深层次的内涵是农业农村一整套制度的转型。2021年，《中共中央　国务院关于全面推进乡村振兴加快农业农村现代化的意见》（以下简称《意见》）发布，《意见》将"全面推进乡村振兴，加快农业农村现代化"作为中国农村发展的主题，这意味着在打赢脱贫攻坚战后，我国"三农"工作的重心发生了历史性转移。习近平总书记说："历史和现实都告诉我们，农为邦本，本固邦宁。我们要坚持用大历史观来看待农业、农村、农民问题，只有深刻理解了'三农'问题，才能更好理解我们这个党、这个国家、这个民族。"①

中国是农业大国，因此中国政府有个传统，即几乎每年的一号文件都是关于农业的，可以认为农业和农村问题是中央政府每年都强调的大问题。必须意识到今天所言的"全面推进乡村振兴，加快农业农村现代化"的内涵已经与近代历史上中国关于发展农业农村的争辩大相径庭。传统农业在世界上维持了几千年，工业化以来，世界各国的农业大多处于现代农业或者向现代农业转型的过程中。在中国的传统农业生产中，农民进行生产所使用的要素主要是继承自祖辈长期的积累，因此农业生产技术和农业品种的更新进步十分缓慢，农业的产出仅够维持基本再生产，农业剩余不多。通俗来说，土地和劳动力是中国传统农业生产中主要的生产要素，农业生产的分工和专业化更是无法开展。当前的农业农村现代化并不是对农村的工业化改造，而是传统农业向现代农业的转型，根本上是农业生产目的的转变，即向不以自足为生产目的的农业生产转型。农业生产目的的转变意味着传统的乡村由生存农业转向多样化的混合农业，再进一步转向专业化的商业农业，这样的转型不仅仅要求农业技术和生产能力的提高，更要求与之配套的社会、商业和制度条件发生根本性转变。

最后，农业农村现代化的诉求除了农业生产的技术与制度条件的提升和改变，最重要的一项历史性转变是"人"的转变，即传统的小农向职业

---

① 习近平：《坚持把解决好"三农"问题作为全党工作重中之重，举全党全社会之力推动乡村振兴》，《求是》2022年第7期。

农民的转型，以及全社会对农民作为社会角色的认知。必须承认，中国的城市和乡村之间存在诸多看得见和看不见的区隔，除了户口制度的约束，城市与乡村的差距不仅仅体现在基础设施、公共资源配套这些看得见的地方，更多的是"城里人"和"乡下人"生活方式和生活观念的差距。已经实现了现代化的国家基本上已消除了城乡生活质量的差距，城乡差别在统计上只是人口聚居程度的差别，2000 人以上的聚居点通常就被定义为城市，居住在乡村的居民绝大多数并不从事农业生产，农民通常也不被视为穷人，当然他们往往被视为更加注重家庭、婚姻、宗教、农耕等传统价值的保守选民。① 从西方的经验来看，中国农业农村现代化在未来所面临的挑战是全方位的，最难办的恐怕是如何让农民成为有吸引力的职业。

二 国家治理视域下的边疆与边疆人口

要审视当今边疆农村人口减少及其带来的传统村庄空心化现象，不仅要把这个问题放到近代以来中国农村发展和中国现代化转型的大时代中，还有一个重要的思考视角，即如何在国家边疆治理的视域中来审视这个问题，或者说边疆地区人口问题是如何影响到边疆治理的。

毫无疑问，近代以来边疆传统村庄的转型是国家整体现代化进程中的一部分。但是，中央政府对于边疆传统村庄的发展和转型显然有着与其他地区不一样的期许，这与边疆农村所承担的特殊政治使命和边疆特殊的自然地理环境有关。

首先，从中国几千年的历史来看，边疆人口问题是中央对边疆进行治理要思考的大问题。中国自秦汉即已施行中央集权的国家行政治理体制，但是对于边疆的治理则是国家治理体系中的单列部分，即中央皇权对边疆地区的治理实施不同于其他地区的治理体制，比如藩属体系等。同时，中央皇权边疆治理的一个重要思想是移民成边、移民实边。中央皇权通过从内地向边疆进行行政化的移民，制度化地设立军户，还积极在边疆地区扶植农桑，目的是以屯田的方式实现边民的自给自足，解决国家长途调拨物

---

① 李培林：《农民的终结是选择还是命运》，《社会发展研究》2020 年第 3 期。

资的困扰，从而可以长期地巩固边防。移民实边政策是中国历代王朝边疆治理的传统策略，通过行政手段推进边疆与其他地区的人口流动，不仅带动了边疆地区的全面发展，还促进了边疆地区各民族之间的交融。

中央皇权有计划地推行"移民实边"，带来的不仅仅是狭义的巩固国防，从长远来看，这对于国家政治文化的大一统更具有重要的基础性意义。中国的边疆地区是少数民族聚居地，因此在从秦汉到清中晚期的 2000 多年时间里，历代封建王朝的边疆治理政策均以处理族际关系为重点，通过直接或间接地推动大规模的人口迁移和流动，增加与边疆少数民族政权之间的政治往来、经济互通、文化互鉴。汉朝延续了秦朝的边疆治理策略，坚持"守中治边"的原则，集中精力建设中原地区，增强中原地区的经济文化实力以保持中央政权相对于边疆少数民族政权的绝对优势，从而达到"治安中国，则四夷自服"的治理效果。居住在中原地区的华夏族群在与其他族群交往的过程中被称为汉人，汉人也逐渐成为指代生活在中原地区的人群的新称谓。秦汉时期的中央皇权调配数百万内地的兵卒、农民、工匠开垦建设西南、西北边疆，以达到移民实边的效果。到了唐朝，中央皇权依然对部分内附的边疆民族采取绥纳内徙的策略，比如大批突厥降众被安置在内地。在元朝，中央皇权则采取广设驿站的做法，"适万里如履庭户"，驿站使得边疆与内地的人员流动往来更加便利，于是各民族交错杂居的格局初步形成。清代前期局势稳定、国家统一，这"为大批人口迁居边疆，创造了有利条件"，"内地各省约有 1000 万的人口迁往东南西北各边疆地区"。① 从中国几千年的边疆治理历史来看，中央政府有计划地从内地向边疆移民，有组织地进行垦殖，在一定程度上改变了边疆的人口结构和地方社会文化，促进了边疆发展。② 因此，人口流动问题是传统边疆治理要思考的大问题。

其次，新中国成立以来，边疆的人口呈现与全国同样的发展趋势，因此在某种意义上二者也有相同的问题。由于和平稳定的生活、卫生条件的改善，中国总人口呈现快速的增长态势。从 1949 年到 1979 年的 30 年间，

---

① 马大正：《中国边疆治理通论》，湖南人民出版社，2015，第 168 页。
② 周平：《我国的边疆与边疆治理》，《政治学研究》2008 年第 2 期。

我国人口净增长 42925 万人，增长 79.28%，平均每年增加 1431 万人。[①] 边疆地区的人口数量也同步增长。中国的人口增长直到 2021 年第七次全国人口普查数据公布时才出现逆转趋势。改革开放后，中国城市人口数量比乡村人口数量增加得更多，尤其是近 20 年来中国乡村人口的绝对数量是持续下降的（见图 1-2）。图 1-2 显示的是 1998 年到 2018 年这 20 年间中国城乡人口数量的对比，这里的城乡人口仅仅是以户口为口径进行统计。其实，如果算上农村长期进城务工的人数，实际生活在城市的人口数量更多。

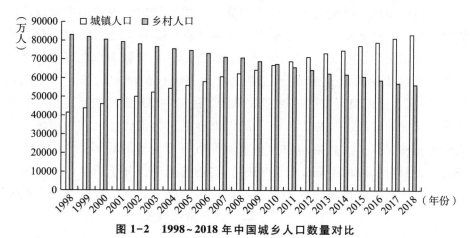

图 1-2　1998~2018 年中国城乡人口数量对比

资料来源：根据国家统计局历年统计公报的数据整理。

图 1-2 很直观地显示了中国 20 年间乡村人口变化趋势和国家总人口增长趋势相背离的局面。边疆地区也是一样。陆地边疆九省区的面积占国土面积的 60% 多，但其人口只占全国人口的 20% 左右，可谓地广人稀。在过去相当长的时间里，我们认为边疆的农村是个广阔天地，无论多少人都容纳得下，但事实上这一观点不符合事实。实际上，边疆农村的土地是有限的，边疆可用于耕种的土地也是有限的，所以农业人口也是有限度的[②]，因为自然资源可供养的人口是有限度的。从这个意义上讲，改革开放后中国的乡村人口出现下降具有积极的意义。

① 田方、林发棠主编《中国人口迁移》，知识出版社，1986，第 2 页。
② 费孝通：《序言》，载田方、林发棠主编《中国人口迁移》，知识出版社，1986，第 3 页。

中国是个人口规模巨大的国家，因此中国的人口问题不仅是一个国内问题，也是一个全球问题。20 世纪以来，全世界都在关注中国的人口问题。近 20 年来，中国的人口经历了从以死亡率下降为主导到以生育率下降为主导，再到以人口迁移和流动为主导的变化过程。当死亡率和生育率均已下降到很低的水平时，人口迁移和流动就自然而然地走到了人口舞台的中央，成为影响人口形势的关键因素①。边疆地区人口的迁移同样受到这样的整体人口趋势的影响。

最后，边疆地区的人口迁移一直受到自然地理条件的限制，也就是说，内地人口往边疆迁移并不容易。中国是一个地域十分辽阔的大陆型国家，自东到西、自南至北跨越了数千公里，几乎涵盖了所有地理类型：海洋、高原、雪山、沙漠和平原……中国自然地理的多样性也在一定程度上满足了古人对"天下"的想象。同时，中国自古以来各个地区之间不仅自然地理差异大，而且社会经济发展和人口的分布也极不平衡，从中心区域的"熙熙攘攘""车水马龙"到边疆的"大漠孤烟直""千里无鸡鸣"不一而足。这些边疆的自然风光在农耕时代都是富有诗情画意的生活美景，但是这些充满浪漫想象的图景同时也制约了社会经济的发展。

边疆多样的自然地理条件也约束了中国人口的分布，适宜农业耕种的地方生活着更多的人口。尽管我国的人口数量巨大，但是分布很不均衡，有 90% 的人口分布在 50% 的国土上。科学家通过对中国社会的人口分布数据的度量将中国版图中巨大的社会性差异呈现出来。1935 年，地理学家胡焕庸发表了题为《中国人口之分布》的论文，第一次以定量分析的研究指出中国人口分布不平衡的特点。他根据 1933 年的中国人口分布图和人口密度图，提出了著名的黑龙江瑷珲—云南腾冲人口地理分界线，也叫"瑷珲—腾冲线"（"爱辉—腾冲线""黑河—腾冲线"）或者"胡焕庸线"。他指出："自黑龙江之瑷珲，向西南作一直线，至云南省之腾冲为止，分全国为东南与西北两部：则此东南部之面积，计四百万（平）方公里，约占全国总面积之百分之三十六；西北部之面积，计七百万（平）方公里，约占全国总面积之六十四。惟人口之分布，则东南部计四万四千万，约占总人

---

① 顾宝昌：《中国人口：从现在走向未来》，《国际经济评论》2010 年第 6 期。

口之百分之九十六；西北部之人口，仅一千八百万，约占全国总人口之百分之四。"①

"胡焕庸线"第一次用数据指明了中国的人口地理分布，后人的研究表明，胡焕庸线自发现以来，在近一个世纪中保持着稳定。这也证明了由自然地理和气候决定的农业生产力的不同是农耕时代区域差异的主要原因。科学界在近代发现，400毫米年等降水量线②是我国半湿润区和半干旱区的分界线，是季风区和非季风区的分界线，其西北侧受夏季风影响较小，大陆性气候特征明显，降水的季节和年际变化大，而其东南侧受夏季风影响显著，降水的季节分配相对均匀。400毫米年等降水线也是农业生产的分界线，是农耕区和畜牧区的分界线，其东南侧的降水和水源条件适合农作物的种植，是我国主要的农耕区域，而其西北侧由于降水不足，更适合发展畜牧业，如内蒙古高原的畜牧业历史悠久，人们饲养牛、羊等家畜，逐水草而居，形成了以草原畜牧业为主的生产方式。从生态系统的角度看，400毫米年等降水线两侧的生态系统类型截然不同。其东南侧以森林生态系统、农田生态系统为主，生物多样性丰富，动植物种类繁多，而其西北侧以草原生态系统和荒漠生态系统为主，生物多样性相对较低。自然科学的研究已经证明，年降水量的差异对于气候承载和土地涵养造成的人口密度差异有很大解释力。同时，科学研究还证明，年降水量不足400毫米时土地会向荒漠化发展，正如西北部的草原、沙漠、高原以畜牧业为主，新疆维吾尔自治区大部分地区和内蒙古自治区的西部地区、甘肃省北部地区的人口密度极低，其发展经济、集聚人口的功能也较弱。而年降水量在400毫米以上的东南部地区，由于降水充沛，地理、气候与西北部地区迥异，适宜农耕经济和大规模的人口聚集，因此人口聚集产生的现代工业在东部地区发展好于西部地区也不言而喻。

自然地理条件的约束造成了区域性的生产方式的差异。在农耕时代，农业生产方式直接决定了区域的人口容量，这是农业社会中由自然地理决

① 胡焕庸：《胡焕庸人口地理选集》，中国财政经济出版社，1990，第49页。
② 400毫米年等降水量线，也叫400毫米等雨线，这条线大致是沿大兴安岭—张家口—兰州—拉萨一线，最后到喜马拉雅山东部。此线以东年降水量一般在400毫米以上，为半湿润区，此线以西年降水量一般在400毫米以下，为半干旱区。

定人口社会发展的经济学逻辑。因此，从社会发展的视角来重新审视"胡焕庸线"，它不仅仅是一条中国人口分布的界线，其更深层的意义在于它是一条中国版图中自然地理的刚性约束线，这条刚性约束线意味着虽然中国拥有 960 万平方公里的大陆国土面积，但从农业文明产生直至近现代正在进行的工业化大生产活动，真正适合人类从事大规模的工业和农业活动的空间却只是"胡焕庸线"以东的 300 多万平方公里的土地。"胡焕庸线"对农业社会人口密度的约束一直持续到今天的大规模工业生产时代，自然地理不仅使生产资料和新技术在区域之间的流通变得困难，人口密度低还直接导致了文化传播的困难。因此，从中国边疆与民族的视角来审视，"胡焕庸线"不仅是中国地貌的区域分界线，还是中原文化转换的分割线以及汉民族与少数民族主要聚居区的分界线①，它不仅仅从地理上分割了边疆与中心区域，更从社会和文化上将边疆与中心分为不同的区域，从而形成了社会、文化、经济等各个方面的区隔。

　　"胡焕庸线"刚性约束的发现虽然是近代地理学的成果，但是在没有这项重要科学发现之前，不论是在封建王朝时期还是在新中国成立以后，利用行政权力向边疆地区进行移民一直是中央政权治理边疆的重要内容和手段。在新中国成立后的 30 年里，中央政府利用行政手段促进人口往边疆地区迁移有成功的经验，也有失败的教训。地区之间的人口流动可使边疆和内地的"脐带"不断、联系不断、信息不断，劳力支边和智力支边一举两得②。内地到边疆人口迁移成功的例子如东北三省。东北的黑龙江省、吉林省和辽宁省在 20 世纪 80 年代初的人口近 1 亿，其中新中国成立前的人口约占 1/3，新中国成立后出生的人口约占 1/3，由外地迁入的人口约占 1/3。内蒙古自治区的人口构成也是类似情况。大量的移入人口，多数未由国家花钱，主要是投亲靠友，定居下来了。由国家组织迁移的，成功的有国营

---

①　在国家民族事务委员会所界定的民族八省区（新疆维吾尔自治区、青海省、内蒙古自治区、宁夏回族自治区、广西壮族自治区、西藏自治区、贵州省和云南省）中，只有广西壮族自治区和贵州省位于"胡焕庸线"的东半壁，其他六省区几乎全部位于该线的西半壁。同时，胡焕庸线西北地区包括内蒙古自治区、黑龙江省、云南省、西藏自治区、甘肃省、新疆维吾尔自治区、广西壮族自治区六个边疆省区的全部或大部分地区。中国目前的边疆九省区中，只有两个边疆省区（辽宁省、吉林省）处于胡焕庸线东部。

②　费孝通：《序言》，载田方、林发棠主编《中国人口迁移》，知识出版社，1986，第 3 页。

农场和中国人民解放军生产建设兵团等，移民大多扎下根来。失败的例子，最明显的是"文革"期间知识青年上山下乡运动，国家花了不少钱，但基本上都返回原迁出地了。[①]

中国边疆地区有多少人才是最适宜的？是不是多多益善？这个问题没有定论。联合国《世界人口展望 2022》显示，全世界的人口总量已经突破 80 亿，并预测全球人口在 2100 年将达到 104 亿。对于中国人口情况的理解则更加复杂。联合国预测中国的人口在 2100 年将维持在 7.71 亿，约为现在的 54%，中国的生育率排名全球倒数第五，如果维持这种情况，这一预测或将成为现实。[②] 20 世纪 50 年代，马寅初的《新人口论》提出中国人口增长速度和人口总量要有所控制，其背后的理论是中国的自然资源承载力有限。20 世纪 90 年代，地理学家胡焕庸认为："不少科学家从我国自然资源情况出发，特别是淡水供应，提出中国最适宜人口是 7 亿~8 亿，但是人口、资源、经济、科技之间是动态的相互依赖相互作用的关系，它们之间必须综合协调，单独孤立计算某一数值的意义不大。"[③] 实际上，无论是从理论还是从发展实践来看，尤其是随着科学技术的进步，边疆地区的最佳人口承载量的变化很大，所以对于静态最佳人口数量的学术探讨已失去了意义，边疆地区的高质量发展和人们的幸福生活才是最重要的。

---

① 费孝通：《序言》，载田方、林发棠主编《中国人口迁移》，知识出版社，1986，第 3 页。
② 《联合国预测 2100 年世界各国人口，中国不足 8 亿，日韩人口减半》，https://www.163.com/dy/article/I7KFR6NC0543UFNZ.html，最后访问日期：2023 年 7 月 15 日。
③ 胡焕庸：《中国人口的分布、区划和展望》，《地理学报》1990 年第 2 期。

第二章
改革开放以来边疆的人口和村庄

边疆农村人口减少及传统村庄的空心化乃至消失是时代的产物。

中国在改革开放以后开启了大规模的城镇化建设进程，于是在过去 40 多年的时间里，中国的村庄"消失"了 1/3。住房和城乡建设部编《中国城乡建设统计年鉴 2020》显示：在 1990 年，中国统计在册的自然村有 377.3 万个，到 2020 年只有 236.3 万个。也就是说，2020 年中国自然村的数量比 1990 年减少了近 1/3，平均每年减少 4.7 万个村庄。上述是自然村的数量，在过去 30 年里行政村的数量同样在减少。第一次全国农业普查的数据显示，1996 年底全国登记在册的行政村有 748320 个[①]；第三次全国农业普查数据显示，2016 年全国登记在册的行政村有 596450 个[②]。20 年时间行政村数量减少了 151870 个，平均每年减少 7593.5 个行政村，每天减少 20.8 个行政村。

尽管统计口径上的村庄数量急剧减少，但是户口所体现的农村人口情

[①] 《分省区市乡镇、行政村（居委会）及村户数、人口情况（1996 年底）》，http://www. stats. gov. cn/sj/pcsj/nypc/dycnypc/202302/t20230221_ 1915324. html，最后访问日期：2023 年 7 月 15 日。

[②] 《第三次全国农业普查主要数据公报（第一号）》，http://www.stats. gov. cn/sj/tjgb/nypcgb/qgnypcgb/202302/t20230206_ 1902101. html，最后访问日期：2023 年 7 月 15 日。

况基本保持稳定。1990 年全国村庄户籍人口为 7.92 亿人，2020 年全国村庄
户籍人口为 7.77 亿人（见表 2-1）。

表 2-1　全国 1990~2020 年村庄情况

年份	村庄统计个数（万个）	村庄现状用地面积（万公顷）	村庄户籍人口（亿人）	非农人口（亿人）	本年建设投入（亿元）	住宅（套）
1990	377.3	1140.1	7.92	0.16	662	545
1991	376.2	1127.2	8.00	0.16	744	618
1992	375.5	1187.7	8.06	0.16	793	624
1993	372.1	1202.7	8.13	0.17	906	659
1994	371.3	1243.8	8.15	0.18	1175	885
1995	369.5	1277.1	8.29	0.20	1433	1089
1996	367.6	1336.1	8.18	0.19	1516	1176
1997	365.9	1366.4	8.18	0.20	1538	1175
1998	355.8	1372.6	8.15	0.21	1585	1220
1999	359.0	1346.3	8.13	0.22	1607	1245
2000	353.7	1355.3	8.12	0.24	1572	1203
2001	345.9	1396.1	8.06	0.25	1558	1145
2002	339.6	1388.8	8.08	0.26	2002	1288
2003	—	—	—	—	—	—
2004	320.7	1362.7	7.95	0.32	2064	1243
2005	313.7	1404.2	7.87	0.31	2304	1374
2006	270.9	—	7.14	—	2723	1524
2007	264.7	1389.9	7.63	—	3544	1923
2008	266.6	1311.7	7.72	—	4294	2558
2009	271.4	1362.8	7.70	—	5400	3456
2010	273.0	1399.2	7.69	—	5692	3412
2011	266.9	1373.8	7.64	—	6204	3773
2012	267.0	1409.0	7.63	—	7420	4312
2013	265.0	1394.3	7.62	—	8183	4898
2014	270.2	1394.1	7.63	—	8088	5020

续表

年份	村庄统计个数（万个）	村庄现状用地面积（万公顷）	村庄户籍人口（亿人）	非农人口（亿人）	本年建设投入（亿元）	住宅（套）
2015	264.5	1401.3	7.65	——	8203	5059
2016	261.7	1392.2	7.63	——	8321	5045
2017	244.9	——	7.56	——	9168	5271
2018	245.2	——	7.71	——	9830	5355
2019	251.3	——	7.76	——	10167	5529
2020	236.3	——	7.77	——	11503	5670

资料来源：中华人民共和国住房和城乡建设部编《中国城乡建设统计年鉴2020》，中国统计出版社，2021。

从表2-1中可以看出，中国村庄在1990~2020年减少了141万个，平均每年减少4.7万个。这些村庄悄无声息地"消失"了。社会学家李培林曾经在对广州城中村的研究中发出这样的感慨："它们悄悄地逝去，没有挽歌、没有诔文、没有祭礼，甚至没有告别和送别，有的只是在它们的废墟上新建文明的奠基、落成仪式和伴随的欢呼。"① 这些表述是在描述发达城市中城中村的状况，这种类型的村庄，最终的归途是融入城市，或者变成城市，但是很多边疆的村庄在消失之后就可能变成废墟，甚至没有在废墟上新建的文明，更没有新文明的落成仪式和伴随的欢呼，只因为它们在遥远的边疆，它们的消失甚至无人知晓，也无人关心。

从国家宏观的统计数据来看，我国陆地边疆九省区的人口总量在2010~2020年呈现持续减少的态势。本研究将第七次全国人口普查数据与第六次全国人口普查数据进行对比，通过边疆九省区2010~2020年人口变化透视边疆传统村庄和边疆经济社会的发展。

从宏观上看，中国村庄的绝对数量在减少，但统计数据无法体现的情况是，现存的村庄中出现了"空心化"的现象。村庄"空心化"最早是地理学界提出的概念，主要从地理空间的角度进行解读。对于村庄中人口大量外流所带来的一系列现象，地理学家们的思考重点体现在对大量农村

---

① 李培林：《从"农民的终结"到"村落的终结"》，《传承》2012年第15期。

"人走屋空"现象的研究。从空间的角度来看，空心化还是一种宅基地普遍"建新不拆旧"，新建住宅逐渐向外围扩展，导致村庄用地规模扩大、闲置废弃加剧的"外扩内空"的不良演化过程[①]。村庄空心化是一个后果，其起因在人口层面是农村青壮年劳动力大量外流，农村人口结构发生重大变化，村庄中多剩妇女、儿童和老人留守。多年来，"空心化"成为学术界归纳的一个概念，最近几年学术界对农村"空心化"的研究比较多，对其定义基本达成了一致认识——指农村人口、人才大量减少，农业、农村地区的工业、文教和卫生部门的人才出现严重空缺的现象[②]。伴随农村"空心化"而来的是农村的各项公共事业出现停滞甚至空心化的现象，空心化既体现为土地、人口、地理等硬环境的"空心化"，又体现为农村组织、传统文化等软环境的"空心化"。

一 边疆地区村庄和人口的现状

（一）边疆地区的人口密度与人口分布状况

边疆九省区以及边境地区的人口密度可以直接揭示边疆的人口分布状况。本研究利用 2015 年的人口公里网格统计数据、2015 年县级行政区划数据，分析了陆地边疆九省区的人口空间分布。由于本研究完成时，第七次全国人口普查数据尚未完全公布，2015 年数据是本研究能够利用的最近的人口公里网格数据，虽然不是 2020 年的全国人口普查数据，但是人口密度在 5 年间不会有巨幅变化，因此对本研究而言，使用 2015 年的人口密度数据足以说明我们要研究的问题。

总体来看，边疆九省区的人口分布呈现以下特征。第一，边疆九省区人口密度最高的地区是各省的省会城市和各自治区的首府城市。第二，边疆九省区内的边境地区人口密度低于其他地区，主要是因为边疆九省区的

---

① 刘彦随、刘玉、翟荣新：《中国农村空心化的地理学研究与整治实践》，《地理学报》2009 年第 10 期。

② 林孟清：《推动乡村建设运动：治理农村空心化的正确选择》，《中国特色社会主义研究》2010 年第 5 期。

城市人口聚集效应明显，边境地区大多数是农村地区。第三，内蒙古自治区、新疆维吾尔自治区和西藏自治区的很多边境地区人口密度低于每平方公里10人，这主要是由自然地理和气候因素导致的：新疆维吾尔自治区和西藏自治区的边境地区主要在高海拔山区，内蒙古自治区的边境地区荒漠化较为严重。

（二）边疆地区的人口密度与村庄数量、规模

在中国，村庄的地理规模和人口规模差异很大，因此以人口数量来衡量，边疆省区村庄的大小差异会很大，比如有些边疆地区大村庄多，有些边疆地区小村庄多。表2-2显示了住房和城乡建设部发布的截止到2020年边疆九省区的村庄数量、人口数量及建设面积情况。

表 2-2 2020 年边疆村庄数量、人口数量及建设面积

地区	村庄建设用地面积（万公顷）	行政村数（个）				自然村数（个）	村庄户籍人口（万人）	常住人口（万人）
		合计	500人以下	500~1000人	1000人以上			
全国	1273.14	492995	68983	115430	308839	2362908	77671.33	67529.59
内蒙古自治区	26.06	10994	2452	3676	4866	50096	1338.46	1044.39
辽宁省	47.28	10730	389	1394	8982	47489	1712.76	1576.10
吉林省	34.05	9100	1287	2119	5694	39038	1316.37	1133.93
黑龙江省	44.31	8918	1087	1735	6083	34491	1666.93	1290.93
广西壮族自治区	50.50	14174	269	1126	12779	167683	4105.96	3644.42
云南省	50.26	13646	533	1272	11841	130439	3434.38	3237.87
西藏自治区	9.32	5142	3368	1368	435	18003	240.79	236.64
甘肃省	32.83	15918	2219	5612	8087	83687	1881.87	1683.23
新疆维吾尔自治区	23.03	8809	1102	2407	5300	20940	1101.10	1056.98

资料来源：中华人民共和国住房和城乡建设部编《中国城乡建设统计年鉴2020》，中国统计出版社，2021。

广西壮族自治区和云南省的人口密度高，所以村庄人口规模大；内蒙古自治区、新疆维吾尔自治区和西藏自治区是我国传统的牧区，人口密度

低于农业耕作区，所以村庄的人口数量比较少。以云南省为例，云南省的村庄人口规模比较"大"，即1000人以上的村庄数量最多，有11841个；500~1000人的村庄有1272个；500人以下的村庄只有533个。而西藏自治区的情况却完全相反，即西藏自治区的村庄人口规模比较"小"，即1000人以上的村庄数量最少，只有435个；500~1000人的村庄有1368个；500人以下的村庄有3368个。那么，怎么理解不同边疆省区农村人口存在的密集程度的差异？最显而易见的解释恐怕是自然地理条件了。

从世界人口发展历史来看，18世纪以来由于技术的进步等，世界人口出现了历史上第一次激增，而人口的绝对数量对于工业经济发展的重要性不言而喻，经济学家们用"人口红利"来形容它。① 改革开放以来，中国取得了经济的快速发展，经济学家们认为中国的人口红利在其中发挥了重要作用，所以在这个思路下，未来人口的减少意味着"红利"的减少。第七次全国人口普查的结果显示，当前的中国出现了近代历史上（不算战争时期）第一次人口规模下降的现象。怎么理解和看待人口规模下降所带来的问题，有时候比这个问题本身更加重要，因为对这个问题的评估和考量在某种程度上决定了未来中国的发展战略和策略。本书根据第七次全国人口普查数据和第六次全国人口普查数据的对比，探究边疆人口发展的趋势，并在后面的章节中结合具体的案例对此趋势进行深入分析。

二　边疆九省区第七次和第六次全国人口普查数据的对比②

第七次全国人口普查数据显示，全国总人口③为14.12亿人，与第六次全国人口普查时的13.40亿人相比，增加了0.72亿人，增长了5.38%，年

---

① 参见保罗·莫兰《人口浪潮：人口变迁如何塑造现代世界》，李果译，中信出版集团，2019。

② 边疆人口数据的整理分析工作由课题组成员时雨晴完成，大部分内容已单独发表于《2021年边疆地区人口结构特征分析及展望》，载邢广程主编《中国边疆发展报告（2022）》，社会科学文献出版社，2022，第360~375页。

③ 全国总人口是指大陆31个省、自治区、直辖市和现役军人的人口，不包括居住在31个省、自治区、直辖市的港澳台居民和外籍人员。

平均增长率为 0.53%。第七次和第六次全国人口普查的数据表明，我国 2010~2020 年的人口呈低速增长的态势。其中，陆地边疆地区①第七次全国人口普查的总人口为 2.74 亿人，占全国总人口的 19.41%。而边疆九省区的人口数量在第六次全国人口普查时为 2.85 亿人，占全国总人口的 20.65%。两次全国人口普查的数据表明，2010~2020 年边疆九省区的总人口在全国人口中的占比整体是下降的。

（一）2010~2020 年边疆九省区的人口总量出现负增长

第七次全国人口普查时，边疆九省区的人口总量与第六次全国人口普查数据相比减少了 218.31 万人，增长率为 -0.79%（见表 2-3）。此外，边疆地区的人口在全国总人口中的占比下降了 1.21 个百分点（见表 2-4）。其中，黑龙江省、吉林省、辽宁省、甘肃省、内蒙古自治区这五个省区的人口均是负增长；新疆维吾尔自治区、西藏自治区和广西壮族自治区的人口增长率超过全国平均水平（见表 2-3）。

表 2-3　边疆九省区"七普"与"六普"的人口总量与增长率

地区	"七普"人口数量（万人）	与"六普"相比增加人口数量（万人）	人口增长率（%）	与全国人口增长率之差（个百分点）
全国	141177.87	7205.39	5.38	—
边疆九省区总人口	27442.04	-218.31	-0.79	-6.17
辽宁省	4259.14	-115.49	-2.64	-8.02
吉林省	2407.35	-337.94	-12.31	-17.69
黑龙江省	3185.01	-646.39	-16.87	-22.25
内蒙古自治区	2404.92	-65.72	-2.66	-8.04
甘肃省	2501.98	-55.54	-2.17	-7.55
新疆维吾尔自治区	2585.23	403.90	18.52	13.14
西藏自治区	364.81	64.59	21.52	16.14

---

① 陆地边疆地区包括内蒙古自治区、辽宁省、吉林省、黑龙江省、广西壮族自治区、云南省、西藏自治区、新疆维吾尔自治区、甘肃省九个省区。

续表

地区	"七普"人口数量（万人）	与"六普"相比增加人口数量（万人）	人口增长率（%）	与全国人口增长率之差（个百分点）
云南省	4720.93	124.25	2.70	-2.68
广西壮族自治区	5012.68	410.02	8.91	3.53

资料来源：第七次和第六次全国人口普查公报汇总。

表 2-4 边疆九省区人口占全国人口的比重

地区	"七普"人口占比（%）	"六普"人口占比（%）	"七普"与"六普"人口的占比变化（个百分点）
边疆九省区	19.44	20.65	-1.21
辽宁省	3.02	3.27	-0.25
吉林省	1.71	2.05	-0.34
黑龙江省	2.26	2.86	-0.60
内蒙古自治区	1.70	1.84	-0.14
甘肃省	1.77	1.91	-0.14
新疆维吾尔自治区	1.83	1.63	0.20
西藏自治区	0.26	0.22	0.04
云南省	3.34	3.43	-0.09
广西壮族自治区	3.55	3.44	0.11

资料来源：根据国家统计局《中国 2010 年人口普查资料》（https://www.stats.gov.cn/sj/pcsj/rkpc/6rp/indexch.htm），以及国家统计局、国务院第七次全国人口普查领导小组办公室《第七次全国人口普查公报（第一号）》（https://www.gov.cn/guoqing/2021 - 05/13/content _ 5606149.htm）整理。

表 2-3 显示，从边疆九省区的人口绝对数量来看，人口总量在 4000 万人以上的省区有三个，分别为广西壮族自治区、云南省和辽宁省，人口数量分别为 5012.68 万人、4720.93 万人和 4259.14 万人；内蒙古自治区、吉林省、甘肃省、新疆维吾尔自治区、黑龙江省五个省区的人口总量在 2000万～4000 万人；西藏自治区的人口总量为 364.81 万人。

（二）2010～2020 年边疆九省区人口数量增减的区域性差异巨大

边疆地区的人口减少呈现明显的区域性特征。总体来看，2010～2020 年边疆九省区总人口占全国人口的比例增加的只有广西壮族自治区、西藏自治区和新疆维吾尔自治区，尽管云南省的人口总量是增加的，但其在全国人口中的占比却是下降的。因此，从占比情况来看，其他六个边疆省区的人口占比都是下降的，其中东北和北部地区是人口外流的主要地区。东北地区经济衰退和人口减少，已经成为国内学术界的老生常谈。

1. 2010～2020 年，边疆九省区中只有四个省区的人口绝对数量是增加的，其余五个省区的人口绝对数量是减少的

如表 2-3 所示，边疆九省区 2020 年第七次全国人口普查时与 2010 年第六次全国人口普查时相比，人口增加的省区有四个，分别为广西壮族自治区、新疆维吾尔自治区、云南省、西藏自治区，10 年来分别增加人口 410.02 万人、403.90 万人、124.25 万人、64.59 万人；人口减少的省区有五个，分别为甘肃省、内蒙古自治区、辽宁省、吉林省、黑龙江省，10 年来分别减少人口 55.54 万人、65.72 万人、115.49 万人、337.94 万人、646.39 万人。

整体来看，2010～2020 年边疆九省区人口减少也呈现与全国一致的区域性特征，东三省的人口数量减少最多。第七次和第六次全国人口普查的数据显示，10 年间黑龙江省的人口增长率为 -16.87%，吉林省的人口增长率为 -12.31%，辽宁省的人口增长率为 -2.64%，甘肃省的人口增长率为 -2.17%，内蒙古自治区的人口增长率为 -2.66%（见表 2-3）。

2. 2010～2020 年，边疆九省区中只有三个省区的人口增长率高于全国平均水平，分别是新疆维吾尔自治区、西藏自治区和广西壮族自治区

第七次和第六次全国人口普查数据显示，边疆九省区中人口增长率高于全国人口增长率的省区只有三个，分别是西藏自治区、新疆维吾尔自治区和广西壮族自治区，它们的人口增长率分别比全国平均水平高出 16.14 个百分点、13.14 个百分点和 3.53 个百分点（见表 2-3）。

（三）2010～2020 年边疆九省区的少数民族人口增长速度高于汉族

从全国总体来看，第七次与第六次全国人口普查的数据对比显示，少数民族人口占比有所增加。第七次全国人口普查数据显示，全国汉族总人口为 12.9 亿人，占 91.11%；少数民族总人口为 1.25 亿人，占 8.89%。与第六次全国人口普查时相比，汉族总人口增加 6037 万人，占比增加 4.93 个

百分点；少数民族总人口增加 1167 万人，占比增加 10.26 个百分点。

1. 边疆九省区仍然是我国少数民族人口的主要集聚区，只有黑龙江省和吉林省的少数民族人口占比低于全国平均水平

从表 2-5 可以看出，边疆九省区的汉族总人口为 20443.84 万人，占边疆总人口的 74.50%；边疆九省区少数民族总人口为 6998.18 万人，占边疆总人口的 25.50%，占全国少数民族总人口的 55.78%。"七普"时，边疆九省区的汉族人口占比比"六普"时下降了 2.47 个百分点，边疆九省区的少数民族人口占比比"六普"时下降了 1.11 个百分点。上述数据表明，边疆九省区仍然是我国少数民族人口的主要集聚区。其中，少数民族人口占比高于全国平均水平的边疆省区有西藏自治区、新疆维吾尔自治区、广西壮族自治区、云南省、内蒙古自治区、辽宁省、甘肃省七个省区，少数民族人口分别占全省（区）人口的 87.85%、57.76%、37.52%、33.12%、21.26%、15.08%、10.62%；少数民族人口占比低于全国平均水平的边疆省区只有吉林省和黑龙江省两个，少数民族人口分别占全省人口的 8.67% 和 3.52%。

表 2-5　"七普"民族人口数量和占比与"六普"对比情况

地区	汉族			少数民族		
	人口（万人）	占比（%）	比"六普"时增加（个百分点）	人口（万人）	占比（%）	比"六普"时增加（个百分点）
全国	128631.13	91.11	4.93	12546.74	8.89	10.26
边疆九省区	20443.84	74.50	-2.47	6998.18	25.50	-1.11
辽宁省	3616.96	84.92	-2.52	642.18	15.08	-3.33
吉林省	2198.58	91.33	-12.99	208.76	8.67	-4.49
黑龙江省	3072.86	96.48	-16.81	112.15	3.52	-18.43
内蒙古自治区	1893.55	78.74	3.64	511.36	21.26	4.88
甘肃省	2236.34	89.38	-3.46	265.64	10.62	10.20
新疆维吾尔自治区	1092.01	42.24	24.86	1493.22	57.76	14.27
西藏自治区	44.34	12.15	80.77	320.47	87.85	16.24
云南省	3157.32.	66.88	3.08	1563.60	33.12	1.95
广西壮族自治区	3131.88.	62.48	8.31	1880.80	37.52	9.92

资料来源：第七次和第六次全国人口普查公报。

2.2010~2020 年，边疆九省区中有两个自治区的少数民族人口增长速度超过全国，分别是新疆维吾尔自治区、西藏自治区

从边疆九省区第七次与第六次全国人口普查数据的对比可知，少数民族人口增长率较高的是新疆维吾尔自治区、西藏自治区。第七次全国人口普查数据显示，新疆维吾尔自治区的少数民族人口为 1493.22 万人，占自治区总人口的 57.76%，与第六次全国人口普查时相比，少数民族人口占比增加了 14.27 个百分点；西藏自治区的少数民族人口为 320.47 万人，占自治区总人口的 87.85%，与第六次全国人口普查时相比，少数民族人口占比增加了 16.24 个百分点。

（四）第七次全国人口普查的数据显示，边疆九省区的少子化和老龄化趋势明显，且区域性差异大，东北边疆和北部边疆的老龄人口比重高于全国

1. 边疆九省区中，只有西藏自治区、新疆维吾尔自治区、广西壮族自治区的劳动力储备充分，西藏自治区是唯一未进入老龄化的省区

第七次全国人口普查数据显示的全国平均年龄结构如下：0~14 岁人口占全国总人口的 17.95%，15~59 岁人口占全国总人口的 63.35%，60 岁及以上人口占全国总人口的 18.70%，其中 65 岁及以上人口占全国总人口的 13.50%。整体来看，边疆九省区的年轻劳动力储备率低于全国平均水平，而老龄人口的比例又高于全国平均水平。比如，边疆九省区 0~14 岁人口占地区总人口的 17.07%，略低于全国 0.88 个百分点；15~59 岁人口占地区总人口的 64.14%，略高于全国 0.79 个百分点；60 岁及以上人口占地区总人口的 18.79%，略高于全国 0.09 个百分点，其中 65 岁及以上人口占地区总人口的 12.97%，略低于全国 0.53 个百分点（见表 2-6）。

表 2-6　边疆九省区第七次全国人口普查年龄构成

地区	年龄比重（%）			
	0~14 岁	15~59 岁	60 岁及以上	其中：65 岁及以上
全国	17.95	63.35	18.70	13.50
边疆九省区	17.07	64.14	18.79	12.97

续表

地区	年龄比重（%）			
	0~14 岁	15~59 岁	60 岁及以上	其中：65 岁及以上
辽宁省	11.12	63.16	25.72	17.42
吉林省	11.71	65.23	23.06	15.61
黑龙江省	10.32	66.46	23.22	15.61
内蒙古自治区	14.04	66.17	19.78	13.06
甘肃省	19.40	63.57	17.03	12.58
新疆维吾尔自治区	22.46	66.26	11.28	7.76
西藏自治区	24.53	66.95	8.52	5.67
云南省	19.57	65.52	14.91	10.75
广西壮族自治区	23.63	59.69	16.69	12.20

资料来源：第七次全国人口普查公报。

2. 边疆九省区的劳动力年龄人口高于全国平均水平

人口经济学将 15~59 岁的人口定义为劳动力年龄人口，他们是社会生产的主力。从边疆九省区的人口年龄构成看，劳动力年龄人口比重高于全国的省区有七个，分别为西藏自治区、黑龙江省、新疆维吾尔自治区、内蒙古自治区、云南省、吉林省、甘肃省，其比重分别为 66.95%、66.46%、66.26%、66.17%、65.52%、65.23% 和 63.57%；劳动力年龄人口比重低于全国平均水平的省区是辽宁省和广西壮族自治区，其比重分别为 63.16% 和 59.69%。

3. 边疆九省区中，内蒙古自治区、吉林省、辽宁省、黑龙江省未来的劳动力储备不足

在边疆九省区的非劳动力年龄人口中，0~14 岁人口，即在不计算人口机械流动的情况下的未来劳动力人口占比说明了该地区的劳动力储备。这个年龄段人口的占比高，说明未来该地区有充足的劳动力进入市场。在边疆九省区中，整体来看，东北边疆和北部边疆地区的 0~14 岁人口占比低于全国平均水平，内蒙古自治区、吉林省、辽宁省、黑龙江省的 0~14 岁人口比重分别为 14.04%、11.71%、11.12%、10.32%；而西北边疆和西南边疆地区这个年龄段的人口占比高于全国平均水平，西藏自治区、广西壮族自治区、新疆维吾尔自治区、云南省、甘肃省的 0～14 岁人口比重分别为 24.53%、23.63%、22.46%、19.57%、19.40%。

4. 边疆九省区中，东北边疆和北部边疆地区的老龄化比例高于全国平均水平

在边疆九省区中，东北边疆和北部边疆地区的 60 岁及以上人口占比高于全国，辽宁省、黑龙江省、吉林省、内蒙古自治区的 60 岁及以上人口比重分别为 25.72%、23.22%、23.06% 和 19.78%；其余五个边疆省区 60 岁及以上人口占比低于全国，甘肃省、广西壮族自治区、云南省、新疆维吾尔自治区、西藏自治区的该年龄段人口比重分别为 17.03%、16.69%、14.91%、11.28%、8.52%。东北边疆三个省份的老龄化比较严重，65 岁及以上人口占比高于全国平均水平。第七次全国人口普查数据显示，全国 65 岁及以上人口占比为 13.50%，边疆九省区中该年龄段人口占比高于全国平均水平的省区有辽宁省、黑龙江省、吉林省，其比重分别为 17.42%、15.61%、15.61%。

从上述边疆九省区的人口年龄结构特点来看，北部边疆和东北边疆地区的人口老龄化在所有边疆省区中是比较严重的，而且北部边疆和东北边疆地区的 0～14 岁青少年人口储备也是比较少的。具体情况，本书将在后面的章节中进行深入分析。

（五）2010～2020 年边疆九省区人口的受教育程度提高速度高于全国平均水平，但是接受高等教育的人数和平均受教育年限仍然低于全国平均水平

1. 边疆九省区中，北部边疆和东北边疆的四个省区接受高等教育的人数超过全国平均水平，分别是内蒙古自治区、辽宁省、吉林省、新疆维吾尔自治区

第七次全国人口普查数据显示，全国每 10 万人口中拥有大学（大专及以上）文化程度的有 15467 人，边疆九省区每 10 万人口中拥有大学（大专及以上）文化程度的有 14767 人，比全国平均水平低 700 人。但是，有四个边疆省区的每 10 万人口中拥有大学（大专及以上）文化程度的人数高于全国平均水平，分别为内蒙古自治区、辽宁省、吉林省、新疆维吾尔自治区，人数分别高于全国平均水平 3221 人、2749 人、1271 人、1069 人（见表 2-

7）。仅就边疆九省区的情况来看，"北方"接受高等教育（大专及以上）的人多过"南方"。

表 2-7　边疆九省区"七普"时每 10 万人口中拥有大学
（大专及以上）文化程度的人数

地区	大学（大专及以上）（人）	与全国平均水平的差异（人）	与边疆平均水平的差异（人）
全国	15467	—	—
边疆九省区	14767	-700	—
辽宁省	18216	2749	3449
吉林省	16738	1271	1971
黑龙江省	14793	-674	26
内蒙古自治区	18688	3221	3921
甘肃省	14506	-961	-261
新疆维吾尔自治区	16536	1069	1769
西藏自治区	11019	-4448	-3748
云南省	11601	-3866	-3166
广西壮族自治区	10806	-4661	-3961

资料来源：第七次全国人口普查公报。

2. 2010～2020 年，边疆九省区 15 岁及以上人口的平均受教育年限增加了 0.88 年，增速超过全国平均水平

平均受教育年限说明了人口的整体受教育情况。从第七次全国人口普查数据与第六次全国人口普查数据的对比可知，全国 15 岁及以上人口的平均受教育年限由"六普"的 9.08 年增至"七普"的 9.91 年。边疆九省区第七次全国人口普查与第六次全国人口普查数据相比，15 岁及以上人口的平均受教育年限由 8.55 年增至 9.43 年。"六普"和"七普"的数据显示，2010～2020 年边疆九省区 15 岁及以上人口的受教育年限增加幅度大于全国平均水平，这意味着 2010～2020 年边疆九省区的受教育年限增加速度高于全国平均水平。在这 10 年里，西藏自治区的受教育年限增加最多，增加了 1.50 年；其次为云南省，增加了 1.06 年（见表 2-8）。

表 2-8　边疆九省区"七普"和"六普"时 15 岁及以上人口平均受教育年限

单位：年

地区	2020 年	2010 年	2020 年比 2010 年增加
全国	9.91	9.08	0.83
边疆九省区	9.43	8.55	0.88
辽宁省	10.34	9.67	0.67
吉林省	10.17	9.49	0.68
黑龙江省	9.93	9.36	0.57
内蒙古自治区	10.08	9.22	0.86
甘肃省	9.13	8.19	0.94
新疆维吾尔自治区	10.11	9.27	0.84
西藏自治区	6.75	5.25	1.50
云南省	8.82	7.76	1.06
广西壮族自治区	9.54	8.76	0.83

资料来源：第六次、第七次全国人口普查公报。

（六）边疆九省区的城镇化率低于全国平均水平

新中国成立后，中国的城镇化水平一直呈上升态势（见图 2-1）。第七次全国人口普查数据显示，全国城镇人口比重为 63.89%，与第六次全国人口普查时相比，城镇人口比重增加了 14.21 个百分点。

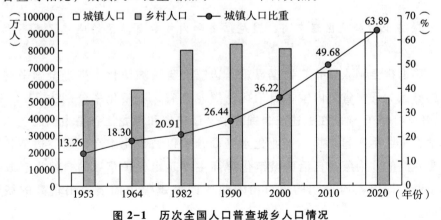

图 2-1　历次全国人口普查城乡人口情况

资料来源：《第七次全国人口普查公报（第七号）》。

1. 边疆九省区的城镇化率、2010～2020 年的城镇化增速低于全国平均水平

如表 2-9 所示，边疆九省区的城镇化率为 59.29%，比全国平均镇化率低 4.60 个百分点。与第六次全国人口普查时相比，边疆九省区城镇人口比重增加了 12.04 个百分点，但是增速低于全国平均水平。

表 2-9 边疆九省区第七次全国人口普查城镇化率

地区	城镇化率（%）	与"六普"相比增加（个百分点）
全国	63.89	14.21
边疆九省区	59.29	12.04
辽宁省	72.14	10.04
吉林省	62.64	9.28
黑龙江省	65.61	9.95
内蒙古自治区	67.48	11.95
甘肃省	52.23	16.11
新疆维吾尔自治区	56.53	13.73
西藏自治区	35.73	13.06
云南省	50.05	14.85
广西壮族自治区	54.20	14.18

资料来源：中国边疆研究所时雨晴根据第七次和第六次全国人口普查公报汇总。

2. 东北边疆地区辽宁省、黑龙江省和内蒙古自治区的城镇化率高于全国平均水平

第七次全国人口普查数据显示，边疆九省区城镇化率高于全国平均水平的省区为辽宁省、内蒙古自治区、黑龙江省，城镇化率分别为 72.14%、67.48%、65.61%。在上述三个省区中，辽宁省和黑龙江省是中国的老工业基地，工业生产起步早、工业化水平高，所以城镇化率在全国的边疆省区里是较高的；内蒙古自治区城镇化率高主要是由保护草原的自然生态政策驱动的，即因政府推动的人口由农牧区向城镇集中而表现出较高的城镇化率。

3. 2010~2020 年，甘肃省、云南省的城镇化率提升速度较快

尽管边疆九省区整体的城镇化率落后于全国平均水平，但是在 2010~2020 年仍然有两个省区的城镇化发展速度超过全国平均水平，分别为甘肃省和云南省，它们的城镇人口比重在 2010~2020 年分别增加了 16.11 个百分点和 14.85 个百分点。其余七个边疆省区的城镇化发展速度均落后于全国平均水平。

（七）2010~2020 年，边疆九省区的流动人口大幅度增加

2010~2020 年，全国的人口流动率大幅升高。第七次全国人口普查数据显示，全国人口中人户分离人口[①]为 4.93 亿人，其中，市辖区内人户分离人口[②]为 1.17 亿人，流动人口[③]为 3.76 亿人。在所有的流动人口中，跨省流动人口为 1.25 亿人，省内流动人口为 2.51 亿人。从全国整体来看，第七次全国人口普查数据与第六次全国人口普查数据相比，人户分离人口增长 88.52%，市辖区内人户分离人口增长 192.66%，流动人口增长 69.73%。这组数据说明 2010~2020 年全国的人口流动率大幅度升高。

边疆九省区的流动人口与全国同步呈现大幅增加的态势，其中三个省区的人户分离人口增加比例高于全国平均水平，分别为广西壮族自治区、吉林省和黑龙江省，分别高出全国平均水平 21.48 个百分点、43.44 个百分点、19.29 个百分点。有三个省区的人户分离人口相关数据缺失，分别是云南省、新疆维吾尔自治区和西藏自治区。

边疆九省区中有四个省区的流动人口增加比例高于全国平均水平，分别是广西壮族自治区、吉林省、黑龙江省和新疆维吾尔自治区，分别高出全国平均水平 1.28 个百分点、82.69 个百分点、36.63 个百分点和 32.05 个百分点。有两个省区的流动人口相关数据缺失，分别是云南省和西藏自治区。

---

① 人户分离人口是指居住地与户口登记地所在的乡镇街道不一致且离开户口登记地半年以上的人口。
② 市辖区内人户分离人口是指一个直辖市或地级市所辖的区内和区与区之间，居住地和户口登记地不在同一乡镇街道的人口。
③ 流动人口是指人户分离人口中除市辖区内人户分离人口之外的人口。

表 2-10 边疆九省区"七普"的人户分离、流动人口情况与"六普"的对比

单位：%，个百分点

地区	人户分离人口与"六普"相比增长	边疆省区与全国平均水平的差	流动人口与"六普"相比增长	边疆省区与全国平均水平的差
全国平均	88.52	—	69.73	—
边疆九省区	—	—	—	—
辽宁省	68.31	−20.21	57.81	−11.92
吉林省	131.96	43.44	152.42	82.69
黑龙江省	107.81	19.29	106.36	36.63
内蒙古自治区	59.85	−28.67	47.97	−21.76
甘肃省	8.98	−79.54	7.47	−62.26
新疆维吾尔自治区	—	—	101.78	32.05
西藏自治区	—	—	—	—
云南省	—	—	—	—
广西壮族自治区	110.00	21.48	71.01	1.28

资料来源：第七次、第六次全国人口普查公报，"—"表示数据缺失。

在中国的流动人口中，不同的群体呈现不同的特征。有学者根据 2005 年 1%人口抽样数据发现，少数民族流动人口规模大，并呈增长态势。少数民族流动人口中有七成来自民族自治地方，各民族所占比重排位与各民族人口排位基本相符，少数民族流动人口来自农村，半数流入广东省、广西壮族自治区、云南省、辽宁省和浙江省五省区[1]。

（八）2010~2020 年，边疆省区的家庭规模缩小

第七次全国人口普查数据显示，全国家庭规模呈现缩小的态势。"七普"数据显示，全国共有家庭户[2] 49415.74 万户，集体户 2853.18 万户，平均每个家庭户的人口为 2.62 人，比第六次全国人口普查时的 3.10 人减少了 0.48 人。边疆九省区除新疆维吾尔自治区，其他边疆地区的家庭户总数为 9020.10 万户。家庭户总数与人口规模是一致的，其中辽宁省、广西壮族

---

[1] 段成荣、迟松剑：《我国少数民族流动人口状况研究》，《人口学刊》2011 年第 3 期。

[2] 家庭户是指以家庭成员关系为主、居住在一处共同生活的人组成的户。

自治区、云南省的家庭户数排名前三，分别为 1746.71 万户、1621.50 万户、1514.68 万户（见表 2-11）。

表 2-11 边疆省区"七普"时的户别与人口

地区	家庭户（万户）	集体户（万户）	家庭户人口（万人）	集体户人口（万人）	平均每个家庭户的人口（人）	比"六普"平均每个家庭户的人口增加（人）
全国	49415.74	2853.18	129280.93	11896.94	2.62	-0.48
辽宁省	1746.71	70.12	3991.47	267.68	2.29	-0.49
吉林省	942.68	53.48	2210.34	197.01	2.34	-0.60
黑龙江省	1302.46	68.25	2893.45	291.56	2.22	-0.62
内蒙古自治区	948.39	49.02	2229.62	175.30	2.35	-0.47
甘肃省	842.28	34.68	2334.52	167.47	2.77	-0.72
西藏自治区	101.40	—	323.72	—	3.19	-1.04
云南省	1514.68	71.47	4369.58	351.35	2.88	-0.65
广西壮族自治区	1621.50	65.03	4649.87	362.81	2.87	-0.47

资料来源：第七次、第六次人口普查公报，新疆维吾尔自治区数据缺失。

1. 边疆省区中，西藏自治区、云南省、广西壮族自治区、甘肃省的家庭户人口数高于全国平均水平

平均每个家庭户的人口数高于全国平均水平的有四个省区，分别为西藏自治区、云南省、广西壮族自治区和甘肃省，平均每个家庭户人口数分别为 3.19 人、2.88 人、2.87 人和 2.77 人。上述四个省区尽管平均每个家庭户的人口数高于全国平均水平，但是与第六次全国人口普查时的平均每个家庭户的人口数相比是减少的，分别减少了 1.04 人、0.65 人、0.47 人和 0.72 人。

2. 内蒙古自治区、吉林省、辽宁省、黑龙江省的平均每个家庭户的人口数低于全国平均水平

平均每个家庭户的人口数低于全国平均水平的有四个省区，分别为内蒙古自治区、吉林省、辽宁省、黑龙江省，具体人口数分别为 2.35 人、2.34 人、2.29 人、2.22 人，比第六次全国人口普查时的平均每个家庭户人口数分别减少了 0.47 人、0.60 人、0.49 人和 0.62 人。

3. 2010~2020 年，边疆八省区的家庭规模缩小的速度高于全国平均水平

有六个省区的平均每个家庭户人口数减少的速度高于全国平均水平，只有两个省区的减少速度低于全国平均水平，分别为广西壮族自治区和内蒙古自治区。其中，平均每个家庭户人口数减少最多的是西藏自治区，减少了1.04 人，但是西藏自治区仍然是平均每个家庭户人口数最多的边疆省区。

上述两组数据说明，边疆地区的家庭户规模同全国一样呈缩小趋势，且速度更快。

三 边境的经济社会发展状况

本部分利用《中国民族统计年鉴 2021》和《中国城乡建设统计年鉴2020》的数据，对边境县（市、区、旗）的经济社会发展情况做基本概述，以呈现边境发展的整体面貌。统计年鉴显示，截止到 2020 年末，边疆九省区的边境县（市、区、旗）有 140 个。其中，新疆维吾尔自治区最多，有35 个；云南省居其次，有 25 个；排第三位的是内蒙古自治区，其边境县（市、区、旗）数量为 20 个；甘肃省最少，只有 1 个（见表 2-12）。

表 2-12 2020 年末边疆九省区陆地边境县（市、区、旗）的数量分布

单位：个

地区	市辖区	县级市	县	旗	自治县
边疆九省区	8	34	66	15	17
辽宁省	3	1	—	—	1
吉林省	1	6	2	—	1
黑龙江省	1	8	9	—	—
内蒙古自治区	1	4	—	15	—
甘肃省	—	—	—	—	1
新疆维吾尔自治区	1	7	22	—	5
西藏自治区	—	—	18	—	—
云南省	—	5	11	—	9
广西壮族自治区	1	3	4	—	—

资料来源：国家民族事务委员会经济发展司、国家统计局国民经济综合统计司编《中国民族统计年鉴2021》，中国统计出版社，2023。

边疆九省区的边境县（市、区、旗）中乡村人口占大多数。《中国民族统计年鉴2021》显示，2020年末140个边境县（市、区、旗）的总人口为2387.07万人，其中乡村人口为1358.77万人，城镇人口为1023.95万人，城镇人口占比为42.90%（见表2-13）①。

表 2-13　2020 年末边疆九省区边境县（市、区、旗）的总人口
和少数民族人口情况

地区	年底总人口（万人）	少数民族人口（万人）	乡村人口（万人）	城镇人口（万人）	城镇人口占比（%）
边疆九省区	2387.07	1191.92	1358.77	1023.95	42.90
内蒙古自治区	182.06	58.25	85.62	92.11	50.59
辽宁省	175.20	40.02	88.31	86.89	49.59
吉林省	187.35	40.51	57.54	129.81	69.29
黑龙江省	283.78	21.47	117.17	166.61	58.71
广西壮族自治区	272.00	220.40	203.59	68.15	25.06
云南省	710.87	416.70	473.15	237.71	33.44
西藏自治区	38.44	35.63	30.12	8.33	21.67
甘肃省	1.24	0.52	0.43	0.81	65.32
新疆维吾尔自治区	536.37	358.41	302.84	233.53	43.54

资料来源：国家民族事务委员会经济发展司、国家统计局国民经济综合统计司编《中国民族统计年鉴2021》，中国统计出版社，2023。

（一）边境县（市、区、旗）的城镇化率总体上低于边疆九省区的平均水平

如表2-14所示，第七次全国人口普查时，全国城镇化率为63.89%，边疆九省区整体的城镇化率为59.29%，2020年底边境县（市、区、旗）的城镇化率只有42.90%。边疆九省区中，边境县（市、区、旗）的城镇化率高于其所在省区平均城镇化率的只有吉林省和甘肃省，吉林省的平均城镇

---

① 以上数据直接引自《中国民族统计年鉴2021》，但可能是由于统计口径的问题，乡村人口与城镇人口的加和与总人口略有差距，特此说明。

化率为 62.64%，其边境县（市、区、旗）的城镇化率为 69.29%，甘肃省的平均城镇化率为 52.23%，其边境县（市、区、旗）的城镇化率为 65.32%。其余七个边疆省区的边境县（市、区、旗）城镇化率均低于其所在省区的平均水平。

表 2-14 边疆九省区与边境县（市、区、旗）城镇化率对比

地区	"七普"的城镇化率（%）	2020 年底边境县（市、区、旗）城镇化率（%）	边境县（市、区、旗）与所在边疆省区的城镇化率的差异（个百分点）
全国	63.89	—	—
边疆九省区	59.29	42.90	16.39
内蒙古自治区	67.48	50.59	16.89
辽宁省	72.14	49.59	22.55
吉林省	62.64	69.29	-6.65
黑龙江省	65.61	58.71	6.9
广西壮族自治区	54.20	25.06	29.14
云南省	50.05	33.44	16.61
西藏自治区	35.73	21.67	14.06
甘肃省	52.23	65.32	-13.09
新疆维吾尔自治区	56.53	43.54	12.99

资料来源：国家民族事务委员会经济发展司、国家统计局国民经济综合统计司编《中国民族统计年鉴 2021》，中国统计出版社，2023；第七次全国人口普查公报。

（二）边境县（市、区、旗）的地区生产总值

边疆九省区的地区生产总值在国内生产总值中的占比低于东部和中部省区，边境县（市、区、旗）的人均地区生产总值更是整体偏低，2020 年全国人均国内生产总值为 71999.6 元[①]，边疆九省区的人均生产总值为 51398 元[②]，140 个陆地边境县（市、区、旗）2020 年人均生产总值为 41943 元。

[①] 国家统计局编《中国统计年鉴 2021》，中国统计出版社，2021。

[②] 根据国家统计局编《中国统计年鉴 2021》数据计算。

整体来看，陆地边境县（市、区、旗）的人均生产总值比边疆九省区的人均生产总值少 9455 元。在九个边疆省区中，有七个省区的边境县（市、区、旗）的人均生产总值低于本省区的平均水平，相差最多的是辽宁省的边境县（市、区、旗），比本省低了 26381 元，西藏自治区、吉林省、云南省、广西壮族自治区、内蒙古自治区、新疆维吾尔自治区分别比本省区低了 16786 元、15337 元、11866 元、11524 元、6404 元、3130 元。其中，新疆维吾尔自治区和内蒙古自治区边境县（市、区、旗）与本自治区的人均生产总值的差异小于所有边境县（市、区、旗）差异的平均值，即这两个自治区边境县（市、区、旗）与本区其他地区的人均生产总值差异较小。有两个省的边境县（市、区、旗）人均生产总值高于所在省，分别是黑龙江省和甘肃省，这两个省边境县（市、区、旗）的人均生产总值分别高出本省区 3214 元和 100290 元。

边疆省区之间的差异也很大。2020 年末的数据显示，甘肃省边境县的人均生产总值最高，为 136285 元，由于甘肃省只有一个边境县，所以该数据对于该省区的边境经济社会发展的代表性不足。其他八省区的边境县（市、区、旗）的人均生产总值高于均值的只有三个，分别是内蒙古自治区 65658 元、新疆维吾尔自治区 50463 元、黑龙江省 45849 元（见表 2-15）。

表 2-15　2020 年末边疆九省区陆地边境县（市、区、旗）人均生产总值

地区	边境县 （市、区、旗） 生产总值 （亿元）	边境县 （市、区、旗） 人均生产 总值（元）	省区人均生产 总值（元）	边境县（市、区、旗） 人均生产总值与本省区 人均生产总值的差异（元）
均值	112.47	41943	51398	−9455
内蒙古自治区	1234.55	65658	72062	−6404
辽宁省	546.16	32491	58872	−26381
吉林省	649.51	35463	50800	−15337
黑龙江省	1261.37	45849	42635	3214
广西壮族自治区	730.86	32785	44309	−11524
云南省	2733.06	40109	51975	−11866
西藏自治区	133.15	35559	52345	−16786

续表

地区	边境县 （市、区、旗） 生产总值 （亿元）	边境县 （市、区、旗） 人均生产 总值（元）	省区人均生产 总值（元）	边境县（市、区、旗） 人均生产总值与本省区 人均生产总值的差异（元）
甘肃省	16.91	136285	35995	100290
新疆维吾尔自治区	2706.64	50463	53593	−3130

资料来源：国家民族事务委员会经济发展司、国家统计局国民经济综合统计司编《中国民族统计年鉴2021》，中国统计出版社，2023。

（三）边境县（市、区、旗）的产业结构及发展情况

在中国的140个陆地边境县（市、区、旗）中，人均生产总值比较高的边境县（市、区、旗）都有各自的特色。比如甘肃省只有一个边境县，其人均生产总值最高是因为其第二产业和第三产业的占比高，第一产业的占比较低，比例分别为43.5%（均值为28.5%）、49.3%（均值为47.7%）和7.3%（均值为23.7%）。由此可见，甘肃省的边境县第一产业占比是所有边境县（市、区、旗）最低的。

理论上讲，工业生产和商业活动所创造的人均生产总值要高于农业生产，所以在全国百强县的名单里看到的多是工业生产大县。但是边境县（市、区、旗）的情况却与全国百强县不同，农业生产占比高同样可以很好地增加其人均生产总值。比如黑龙江省的边境县（市、区）人均生产总值也高于边疆九省区的平均水平，而其第一产业占比在边疆九省区的边境县（市、区、旗）中是最高的，占比为49.3%（均值为23.7%），第二产业的占比只有13.7%（均值为28.5%）。黑龙江省作为农业大省、中国粮仓，其边境县（市、区）的经济结构呈现同样的特点，即农业生产的占比接近一半。黑龙江省边境县（市、区）的农业生产规模较大且收益较好。

在边境县（市、区、旗）的产业结构中，第三产业占比在一定程度上说明了口岸贸易的活跃程度。如表2-16所示，边境县（市、区、旗）第三产业占比第二高的是辽宁省，为57.5%（均值为47.7%）。对外贸易对辽宁省边境县（市、区）的人均生产总值贡献较大。辽宁省只有五个边境县（市、区），却拥有全国最大的边境城市——丹东市。丹东市是辽宁省的直辖市，人

口 245.5 万人，面积 15222 平方公里，是中国对韩国贸易最大的边境市。

表 2-16 2020 年边疆九省区陆地边境县（市、区、旗）
第一、二、三产业的产值及占比

地区	占比（%）			产值（亿元）		
	第一产业	第二产业	第三产业	第一产业	第二产业	第三产业
均值	23.7	28.5	47.7	2377.11	2856.54	4778.30
内蒙古自治区	19.0	39.7	41.4	234.34	489.53	510.47
辽宁省	21.4	21.1	57.5	117.04	115.21	313.91
吉林省	12.4	29.6	58.0	80.57	192.03	376.91
黑龙江省	49.3	13.7	37.0	621.78	172.39	467.20
广西壮族自治区	24.5	26.9	48.7	178.88	196.42	355.56
云南省	22.7	28.4	48.8	621.72	777.46	1333.89
西藏自治区	14.0	43.8	42.2	18.64	58.27	56.23
甘肃省	7.3	43.5	49.3	1.23	7.35	8.33
新疆维吾尔自治区	18.6	31.3	50.1	502.92	847.88	1355.89

资料来源：国家民族事务委员会经济发展司、国家统计局国民经济综合统计司编《中国民族统计年鉴 2021》，中国统计出版社，2023。

（四）边境县（市、区、旗）财政收入和支出情况

中国的边境市（县）财政自给率较低。如表 2-17 所示，2020 年末，边疆九省区边境县（市、区、旗）的平均财政自给率为 15.64%。[1] 边疆九省区中边境县（市、区、旗）财政自给率最高的是辽宁省，为 35.10%；其次是甘肃省和内蒙古自治区，分别为 21.01% 和 20.14%；最低的是西藏自治区，为 5.27%。

表 2-17 2020 年末边疆九省区边境县（市、区、旗）财政收入情况

单位：亿元，%

地区	一般公共预算收入	税收收入	一般公共预算支出	财政自给率
合计	587.31	401.23	3754.12	15.64

---

[1] 这里的财政自给率通过"一般公共预算收入"除以"一般公共预算支出"得出。

地区	一般公共 预算收入	税收收入	一般公共 预算支出	财政自给率
内蒙古自治区	79.89	77.34	396.61	20.14
辽宁省	39.51	28.58	112.58	35.10
吉林省	41.74	29.19	320.32	13.03
黑龙江省	53.08	29.13	441.89	12.01
广西壮族自治区	41.51	23.99	270.49	15.35
云南省	121.98	75.54	861.42	14.16
西藏自治区	11.46	4.41	217.28	5.27
甘肃省	3.00	0.92	14.28	21.01
新疆维吾尔自治区	195.14	132.13	1119.25	17.43

资料来源：国家民族事务委员会经济发展司、国家统计局国民经济综合统计司编《中国民族统计年鉴2021》，中国统计出版社，2023。

　　如表2-18所示，在边疆九省区边境县（市、区、旗）的财政支出中，教育支出在地方财政支出中的平均占比为13.90%。教育支出占比高于边境县（市、区、旗）平均水平的有四个省区。最高的是辽宁省（占17.65%），然后依次为云南省（占17.21%）、新疆维吾尔自治区（占16.60%）、广西壮族自治区（占14.84%）。

　　在边疆九省区的边境县（市、区、旗）中，县级财政预算对一般公共服务的支出占比平均为9.92%，只有三个边疆省区的该占比高于平均水平，分别是西藏自治区、云南省和辽宁省，它们的一般公共服务支出占比分别为18.98%、10.74%、10.30%。

　　在边疆九省区中，有六个省区的教育支出占比高于一般公共服务的支出占比，差异最大的是辽宁省，高出7.54个百分点，其次是新疆维吾尔自治区，高出7.17个百分点。边疆九省区中只有两个省区的教育支出占比低于一般公共服务支出占比，分别是西藏自治区和内蒙古自治区，分别低9.55个百分点和0.83个百分点。

表 2-18　2020 年末边疆九省区边境县（市、区、旗）财政支出情况

地区	一般公共预算支出（亿元）	教育支出占比（%）	一般公共服务支出占比（%）	教育与一般公共服务支出占比的差异（个百分点）	支出门类	
					一般公共服务（亿元）	教育（亿元）
合计	3754.12	13.90	9.92	3.98	372.57	521.83
内蒙古自治区	396.61	8.43	9.26	-0.83	36.72	33.44
辽宁省	112.58	17.65	10.30	7.54	11.68	19.87
吉林省	320.32	10.32	7.26	3.06	23.26	33.07
黑龙江省	441.89	9.22	8.23	0.99	36.37	40.75
广西壮族自治区	270.49	14.84	9.33	5.51	25.24	40.13
云南省	861.42	17.21	10.74	6.47	92.49	148.29
西藏自治区	217.28	9.43	18.98	-9.55	41.23	20.49
甘肃省	14.28	—	—	—	—	—
新疆维吾尔自治区	1119.25	16.60	9.43	7.17	105.58	185.79

资料来源：国家民族事务委员会经济发展司、国家统计局国民经济综合统计司编《中国民族统计年鉴2021》，中国统计出版社，2023。

（五）边境县（市、区、旗）的农村居民生活水平情况

2020 年末，边疆九省区边境县（市、区、旗）城镇居民的人均可支配收入为 32222 元，农村居民人均可支配收入为 14223 元，农村居民与城镇居民可支配收入比为 44.14%，这个比值在一定程度上说明了该地区农村居民和城镇居民的收入差异情况，即比值越小说明城乡收入差异越大。边疆九省区边境县（市、区、旗）农村和城镇居民收入差异最大的是西藏自治区，其农村居民与城镇居民可支配收入比为 30.72%。边疆九省区边境县（市、区、旗）农村和城镇居民收入差异最小的是甘肃省，两者可支配收入比为 68.99%；其次是黑龙江省，为 66.96%（见表 2-19）。

从表 2-19 中可以看出，整体来说，边境县（市、区、旗）的农村居民人均消费支出与人均可支配收入之比（74.93%）高于城镇居民（61.83%）。在边疆九省区中，只有黑龙江省边境县（市、区、旗）的农村居民人均消费支出与人均可支配收入之比（68.96%）低于城镇居民（74.15%）。由于资料来

源《中国民族统计年鉴2021》没有列出消费的具体类别，所以我们暂时无法对上述城镇和农村之间的差异进行深入的研究分析。

表2-19　2020年末边疆九省区边境县（市、区、旗）居民生活水平情况

地区	城镇居民人均可支配收入（元）	城镇居民人均消费支出（元）	城镇居民人均消费支出与人均可支配收入之比（％）	农村居民人均可支配收入（元）	农村居民人均消费支出（元）	农村居民人均消费支出与人均可支配收入之比（％）	农村居民与城镇居民可支配收入比（％）
边疆九省区	32222	19924	61.83	14223	10657	74.93	44.14
内蒙古自治区	38471	23121	60.10	17963	13027	72.52	46.69
辽宁省	34510	20108	58.27	18897	14607	77.30	54.76
吉林省	26530	16294	61.42	14265	10756	75.40	53.77
黑龙江省	28628	21227	74.15	19170	13219	68.96	66.96
广西壮族自治区	35070	20406	58.19	14100	9264	65.70	40.21
云南省	33236	23125	69.58	12410	10367	83.54	37.34
西藏自治区	42449	—	—	13039	—	—	30.72
甘肃省	41874	35111	83.85	28888	24844	86.00	68.99
新疆维吾尔自治区	32373	16941	52.33	12891	10255	79.55	39.82

资料来源：国家民族事务委员会经济发展司、国家统计局国民经济综合统计司编《中国民族统计年鉴2021》，中国统计出版社，2023。

（六）边境县（市、区、旗）农村基层组织情况

1. 2020年、2014年、2008年边境县（市、区、旗）的乡镇数量、乡村人口和村委会数量

2020年末，中国的边境县（市、区、旗）共有1235个乡镇，乡村人口1358.77万人，村委会10692个。在边疆九省区中，边境县（市、区、旗）乡镇数量最多的省区是新疆维吾尔自治区，有319个乡镇；其次是云南省，有251个乡镇（见表2-20）。

表2-20　2020年末边疆九省区边境县（市、区、旗）农村基层组织情况

地区	乡镇数量（个）	乡村人口（万人）	村委会（个）
合计	1235	1358.77	10692

续表

地区	乡镇数量（个）	乡村人口（万人）	村委会（个）
内蒙古自治区	151	85.62	1084
辽宁省	46	88.31	466
吉林省	81	57.54	951
黑龙江省	160	117.17	1334
广西壮族自治区	84	203.59	1041
云南省	251	473.15	2042
西藏自治区	139	30.12	851
甘肃省	4	0.43	26
新疆维吾尔自治区	319	302.84	2897

资料来源：国家民族事务委员会经济发展司、国家统计局国民经济综合统计司编《中国民族统计年鉴2021》，中国统计出版社，2023。

2014年末，中国的边境县（市、区、旗）共有1231个乡镇，乡村人口1403.22万人，村委会10791个（见表2-21）。

表2-21　2014年末边疆九省区边境县（市、区、旗）农村基层组织情况

地区	乡镇（个）	乡村人口（万人）	村委会（个）
合计	1231	1403.22	10791
内蒙古自治区	149	83.16	1161
辽宁省	48	70.26	452
吉林省	81	75.71	951
黑龙江省	156	138.43	1415
广西壮族自治区	84	197.62	1002
云南省	253	449.80	2087
西藏自治区	138	27.56	871
甘肃省	4	0.69	26
新疆维吾尔自治区	318	359.99	2826

资料来源：国家民族事务委员会经济发展司、国家统计局国民经济综合统计司编《中国民族统计年鉴2015》，中国统计出版社，2017。

2008年末，中国的边境县（市、区、旗）共有1159个乡镇，乡村人口

1384.10 万人，村委会 10746 个（见表 2-22）。

表 2-22　2008 年末边疆九省区边境县（市、区、旗）农村基层组织情况

地区	乡镇个数（个）	乡村人口（万人）	村委会（个）
合计	1159	1384.10	10746
内蒙古自治区	108	79.24	1160
辽宁省	53	98.47	464
吉林省	82	77.84	965
黑龙江省	148	124.52	1281
广西壮族自治区	84	209.54	1022
云南省	250	509.23	2074
西藏自治区	137	—	905
甘肃省	3	0.18	26
新疆维吾尔自治区	294	285.08	2849

资料来源：国家民族事务委员会经济发展司、国家统计局国民经济综合统计司编《中国民族统计年鉴 2009》，民族出版社，2010。

2. 2020 年、2014 年、2008 年边境县（市、区、旗）乡镇数量的变化

从 2008 年到 2020 年，边境县（市、区、旗）的乡镇数量从 1159 个增加到 1235 个，增加了 76 个。其中，有两个边疆省区的边境县（市、区、旗）的乡镇数量在这 12 年里是减少的，分别是：辽宁省边境县（市、区）的乡镇减少了 7 个，吉林省减少了 1 个。广西壮族自治区的边境县（市、区）的乡镇数量在这 12 年里没有变化。从 2008 年到 2020 年，有六个边疆省区的边境县（市、区、旗）的乡镇数量是有所增加的。其中，内蒙古自治区边境县（市、区、旗）的乡镇数量增加得最多，有 43 个；其次是新疆维吾尔自治区，其边境县（市、区）的乡镇数量增加了 25 个（见表 2-23）。

边境县（市、区、旗）的乡镇数量增加主要发生在 2008～2014 年的 6 年间，这 6 年间乡镇数量增加了 72 个，而 2014～2020 年的 6 年间只增加了 4 个（见表 2-23）。

3. 2020 年、2014 年、2008 年边境县（市、区、旗）农村人口数量的变化

整体来看，从 2008 年到 2020 年，中国陆地边境县（市、区、旗）的农

表 2-23 边境县（市、区、旗）乡镇数量变化情况（2008~2020 年）

单位：个

地区	2008 年乡镇数量	2014 年乡镇数量	2014 年比2008 年增减数量	2020 年乡镇数量	2020 年比2014 年增减数量	2020 年比2008 年增减数量
合计	1159	1231	72	1235	4	76
内蒙古自治区	108	149	41	151	2	43
辽宁省	53	48	-5	46	-2	-7
吉林省	82	81	-1	81	0	-1
黑龙江省	148	156	8	160	4	12
广西壮族自治区	84	84	0	84	0	0
云南省	250	253	3	251	-2	1
西藏自治区	137	138	1	139	1	2
甘肃省	3	4	1	4	0	1
新疆维吾尔自治区	294	318	24	319	1	25

资料来源：国家民族事务委员会经济发展司、国家统计局国民经济综合统计司编《中国民族统计年鉴 2021》，中国统计出版社，2023；国家民族事务委员会经济发展司、国家统计局国民经济综合统计司编《中国民族统计年鉴 2015》，中国统计出版社，2017；国家民族事务委员会经济发展司、国家统计局国民经济综合统计司编《中国民族统计年鉴 2009》，民族出版社，2010。

村人口数量是减少的。这 12 年间，边境县（市、区、旗）的农村人口数量从 1384.10 万人减少到 1358.77 万人，共减少了 25.33 万人。只有三个边疆省区的边境县（市、区、旗）农村人口数量是增加的，它们是新疆维吾尔自治区、内蒙古自治区、甘肃省，分别增加了 17.76 万人、6.38 万人、0.25 万人。除了西藏自治区 2008 年的数据缺失，有五个边疆省区的边境县（市、区、旗）农村人口数量是减少的，分别是云南省、吉林省、辽宁省、黑龙江省、广西壮族自治区，分别减少了 36.08 万人、20.30 万人、10.16 万人、7.35 万人、5.95 万人（见表 2-24）。

如果将 2008 年到 2014 年作为一个时段、2014 年到 2020 年作为一个时段，我们发现这两个时段边境县（市、区、旗）农村人口数量的变化是完全相反的。2008 年到 2014 年，边境县（市、区、旗）农村人口数量是增加的，增加了 19.12 万人。新疆维吾尔自治区边境县（市、区）的农村人口在 2008 年到 2014 年增加了 74.91 万人，但是在 2014 年到 2020

年却减少了 57.15 万人。同样地，黑龙江省边境县（市、区）的农村人口在 2008 年到 2014 年增加了 13.91 万人，但是在 2014 年到 2020 年却减少了 21.26 万人。边境县（市、区、旗）农村人口的减少有各种原因，有人口的净流出和净减少，也有当地城市化导致的人口农业身份转换为城镇身份。

表 2-24　边境县（市、区、旗）农村人口变化情况（2008~2020 年）

单位：万人

地区	2008 年农村人口	2014 年农村人口	2014 年比2008 年增减数量	2020 年农村人口	2020 年比2014 年增减数量	2020 年比2008 年增减数量
合计	1384.10	1403.22	19.12	1358.77	-44.45	-25.33
内蒙古自治区	79.24	83.16	3.92	85.62	2.46	6.38
辽宁省	98.47	70.26	-28.21	88.31	18.05	-10.16
吉林省	77.84	75.71	-2.13	57.54	-18.17	-20.30
黑龙江省	124.52	138.43	13.91	117.17	-21.26	-7.35
广西壮族自治区	209.54	197.62	-11.92	203.59	5.97	-5.95
云南省	509.23	449.80	-59.43	473.15	23.35	-36.08
西藏自治区	—	27.56	—	30.12	2.56	—
甘肃省	0.18	0.69	0.51	0.43	-0.26	0.25
新疆维吾尔自治区	285.08	359.99	74.91	302.84	-57.15	17.76

资料来源：国家民族事务委员会经济发展司、国家统计局国民经济综合统计司编《中国民族统计年鉴 2021》，中国统计出版社，2023；国家民族事务委员会经济发展司、国家统计局国民经济综合统计司编《中国民族统计年鉴 2015》，中国统计出版社，2017；国家民族事务委员会经济发展司、国家统计局国民经济综合统计司编《中国民族统计年鉴 2009》，民族出版社，2010。

4. 2020 年、2014 年、2008 年边疆九省区边境县（市、区、旗）村委会数量的变化

边疆九省区边境县（市、区、旗）的村委会数量 2020 年比 2008 年减少了 54 个，只有四个边疆省区的边境县（市、区、旗）村委会数量是增加的，分别是黑龙江省、新疆维吾尔自治区、广西壮族自治区和辽宁省，分别增加了 53 个、48 个、19 个和 2 个。

表 2-25　边境县（市、区、旗）村委会数量变化情况（2008~2020 年）

单位：个

地区	2008 年村委会	2014 年村委会	2014 年比2008 年增减数量	2020 年村委会	2020 年比2014 年增减数量	2020 年比2008 年增减数量
合计	10746	10791	45	10692	-99	-54
内蒙古自治区	1160	1161	1	1084	-77	-76
辽宁省	464	452	-12	466	14	2
吉林省	965	951	-14	951	0	-14
黑龙江省	1281	1415	134	1334	-81	53
广西壮族自治区	1022	1002	-20	1041	39	19
云南省	2074	2087	13	2042	-45	-32
西藏自治区	905	871	-34	851	-20	-54
甘肃省	26	26	0	26	0	0
新疆维吾尔自治区	2849	2826	-23	2897	71	48

资料来源：国家民族事务委员会经济发展司、国家统计局国民经济综合统计司编《中国民族统计年鉴 2021》，中国统计出版社，2023；国家民族事务委员会经济发展司、国家统计局国民经济综合统计司编《中国民族统计年鉴 2015》，中国统计出版社，2017；国家民族事务委员会经济发展司、国家统计局国民经济综合统计司编《中国民族统计年鉴 2009》，民族出版社，2010。

第三章

调研样本村庄的经济社会发展
以及个人生活意愿的三省区对比

　　本研究对内蒙古自治区、吉林省及云南省三个边疆省区的农村居民进行了问卷调查。调查为非概率抽样，使用滚雪球抽样的电子问卷调查方法。调查样本主要集中在以下区域：吉林省的珲春市、云南省的玉龙县和红河县、内蒙古自治区的乌兰察布市。调查问卷的内容主要包括农村人口的基本信息、农村经济发展状况、人口与家庭状况、劳动力素质与减少状况、生活发展状况和未来生活展望等。

　　在问卷调查设计之初，我们拟采用传统的概率抽样的纸质问卷方式。但是在进村实地调研之后发现，村中只有不多的老年人居住，几乎所有年轻人都外出务工了，有些村庄里常年居住的最年轻的村民就是村委会主任，其他居民是 60 岁以上的老人。所以我们改变了最初的问卷发放计划，转而采取在村委会的微信群中发放电子问卷的方法。当前绝大多数年轻村民在城市里工作，因此要在村庄中实际访问到他们非常难。好在随着互联网技术的发展，村庄实施了网格化管理，每个村庄都有微信群，村庄中每户家庭至少有一口人在微信群里，这为我们发放和回收问卷提供了很大的便利。由于问卷采用非概率抽样，以下数据仅对样本负责，不做总体推论。

　　本次问卷调查成功回收有效问卷 1110 份，其中内蒙古自治区乌兰察布市 289 份，吉林省珲春市 449 份，云南省红河县和玉龙县共 372 份。问卷样本的分布比较平均：内蒙古自治区样本占 26.04%，吉林省样本占 40.45%，云南省样本占 33.51%。从调查对象的性别来看，男性占比较高，达 58.38%，女性占比略低，为 41.62%。从年龄看，31~45 岁样本占比最高，达 45.14%。从受教育程度看，初中及以下的样本占比最高，达 44.60%。从月收入看，2001~3000 元的样本占比最高，达 18.33%（见表 3-1）。

表 3-1　调查样本的基本特征统计描述

变量	占比（%）	变量	占比（%）
性别		月收入	
男	58.38	500 元以下	12.41
女	41.62	500~1000 元	13.10
年龄		1001~1500 元	10.44
18~30 岁	11.89	1501~2000 元	14.19
31~45 岁	45.14	2001~3000 元	18.33
46~60 岁	35.41	3001~5000 元	17.34
60 岁以上	7.57	5001~8000 元	8.47
受教育程度		8001~10000 元	3.55
初中及以下	44.60	10001~20000 元	1.08
高中/中专/技校	24.98	20000 元以上	1.08
大学专科	12.90		
大学本科	16.35		
硕士及以上	1.18		

一　调查样本村庄基本情况以及三省区对比分析

（一）调查样本村庄基本情况的三省区对比分析

1. 调查样本年龄情况的三省区对比分析

调查结果显示，内蒙古自治区、吉林省与云南省调查样本的年龄分布存在显著差异。此次调查样本中吉林省农村的老龄化程度最高，其次是内蒙古自治区，云南省农村的老龄化程度在三省区中最低。

农村人口的年龄能够体现农村老龄化程度，也是反映农村劳动力素质的一项重要指标。表3-2汇报了内蒙古自治区、吉林省及云南省调查样本的年龄情况及卡方检验结果。整体而言，调查样本多数集中在中年阶段，即年龄在31~45岁的调查样本占比最高，达45.14%；其次为年龄在46~60岁的调查样本，占35.41%；18~30岁的青年调查样本和60岁以上的老年调查样本占比均较低，分别占11.89%和7.57%。

分省区来看，内蒙古自治区、吉林省与云南省调查样本年龄情况存在显著差异（Pr=0.000<0.001）。在18~30岁的调查样本中，内蒙古自治区的样本占比最高，达18.69%，吉林省的样本占比最低，仅占4.23%。在31~45岁的调查样本中，云南省的样本占比最高，达51.61%，内蒙古自治区的样本占比最低，为38.41%。在46~60岁和60岁以上的调查样本中，吉林省的样本占比最高，分别占40.53%和11.14%。由此可见，调查样本中吉林省农村的老龄化程度高于内蒙古自治区与云南省。

表3-2　调查样本年龄与省区的交互分析

单位：%

年龄	省区			
	内蒙古自治区 （N=289）	吉林省 （N=449）	云南省 （N=372）	总体 （N=1110）
18~30岁	18.69	4.23	15.86	11.89
31~45岁	38.41	44.10	51.61	45.14
46~60岁	34.95	40.53	29.57	35.41
60岁以上	7.96	11.14	2.96	7.57

注：Pearson chi^2（6）=69.75，Pr=0.000。

2. 调查样本的受教育程度

内蒙古自治区、吉林省与云南省调查样本的受教育情况存在显著差异。就"大学专科及以上"样本在总体中的占比来看，内蒙古自治区调查样本的受教育程度最高，其次是云南省，吉林省调查样本的受教育程度最低。

农村人口的受教育程度是衡量农村劳动力素质的重要指标。表3-3汇报了内蒙古自治区、吉林省及云南省调查样本的受教育情况及卡方检验结果。整体而言，调查样本的受教育程度较低。近1/2的调查样本最高学历为"初中及以下"，占比为44.60%；约1/4的调查样本最高学历为"高中/中专/技校"，占24.98%；最高学历为"大学专科"和"大学本科"的调查样本占比分别为12.90%和16.35%；最高学历为"硕士及以上"的调查样本仅占1.18%

分省区来看，内蒙古自治区、吉林省与云南省调查样本的受教育情况存在显著差异（Pr=0.000<0.001）。在最高学历为"初中及以下"和"高中/中专/技校"的调查样本中，吉林省调查样本的占比均最高，分别占49.78%和29.60%。在最高学历为"大学专科"、"大学本科"和"硕士及以上"的调查样本中，内蒙古自治区调查样本的占比均最高，分别占17.48%、24.83%和1.75%。由此可见，内蒙古自治区调查样本的受教育程度高于吉林省和云南省，劳动力素质较高。

表3-3　调查样本的受教育程度与省区的交互分析

单位：%

最高学历	省区			
	内蒙古自治区 （N=286）	吉林省 （N=446）	云南省 （N=369）	总体 （N=1101）
初中及以下	33.92	49.78	46.61	44.60
高中/中专/技校	22.03	29.60	21.68	24.98
大学专科	17.48	8.74	14.36	12.90
大学本科	24.83	10.54	16.80	16.35
硕士及以上	1.75	1.35	0.54	1.18

注：Pearson chi^2（8）=51.97，Pr=0.000。

3. 调查样本的收入情况

内蒙古自治区、吉林省、云南省调查样本的个人月收入存在显著差异。仅就"月收入在3001元及以上"样本在总体中的占比来看，内蒙古自治区的调查样本收入最高，吉林省低收入农村人口相对较多，云南省居中。

农村人口的月收入能够反映其经济生活水平，是衡量农村经济发展状况的重要指标。表 3-4 汇报了内蒙古自治区、吉林省、云南省调查样本的个人月收入情况及卡方检验结果。整体而言，大部分调查样本的月收入较低，超过 2/3 调查样本的月收入在 3000 元及以下，占 68.47%。月收入在"2001~3000 元"的调查样本占比最高，为 18.33%；其次是月收入在"3001~5000 元"的调查样本，占 17.34%。月收入在"1501~2000 元"、"500~1000 元"以及"500 元以下"的调查样本占比依次降低，分别占14.19%、13.10% 和 12.41%。月收入在"10001~20000 元"及"20000 元以上"的调查样本占比最低，均仅占 1.08%。

分省区来看，内蒙古自治区、吉林省、云南省调查样本的个人月收入存在显著差异（Pr=0.000<0.001）。个人月收入为"500 元以下"、"500~1000 元"、"1001~1500 元"、"1501~2000 元"、"10001~20000 元"及"20000 元以上"的调查样本中占比最高的是吉林省的调查样本，其占比分别为 15.80%、14.07%、11.85%、15.06%、1.23% 及 1.98%。个人月收入为"2001~3000 元"、"5001~8000 元"及"8001~10000 元"的调查样本中占比最高的是云南省的调查样本，其占比分别为 23.32%、12.83% 及6.71%。个人月收入为"3001~5000 元"的调查样本中占比最高的是内蒙古自治区的调查样本，其占比为 24.34%。

表 3-4　调查样本的月收入与省区的交互分析

单位：%

个人月收入	省区			
	内蒙古自治区 （N=267）	吉林省 （N=405）	云南省 （N=343）	总体 （N=1015）
500 元以下	13.48	15.80	7.58	12.41
500~1000 元	11.24	14.07	13.41	13.10
1001~1500 元	8.61	11.85	10.20	10.44
1501~2000 元	13.11	15.06	13.99	14.19
2001~3000 元	13.86	17.04	23.32	18.33
3001~5000 元	24.34	18.02	11.08	17.34
5001~8000 元	9.74	3.95	12.83	8.47
8001~10000 元	3.37	0.99	6.71	3.55

续表

个人月收入	省区			
	内蒙古自治区 （N=267）	吉林省 （N=405）	云南省 （N=343）	总体 （N=1015）
10001~20000元	1.12	1.23	0.87	1.08
20000元以上	1.12	1.98	0.00	1.08

注：Pearson chi^2（18）=78.96，Pr=0.000。

4. 调查样本的收入来源情况

内蒙古自治区、吉林省、云南省调查样本的主要收入来源有显著差异。整体来看，三个省区调查样本的收入来源集中在"务农"和"外出务工或经商"。吉林省的调查样本选择"务农"为主要收入来源的占比最高；云南省的调查样本选择"务农"和"外出务工或经商"为主要收入来源的占比最高；内蒙古自治区的调查样本选择"其他"为主要收入来源的占比最高。

调查样本的主要收入来源是衡量农村人口生活状况、农村经济发展水平的重要指标。表3-5汇报了内蒙古自治区、吉林省、云南省调查样本的主要收入来源及卡方检验结果。整体而言，调查样本的主要收入来源中"务农"占比最高，但是呈现多样化特征。有超过2/5的调查样本主要收入来源为"务农"，占41.80%；约1/4的调查样本以"外出务工或经商"为主要收入来源，占25.41%；以"财政补贴"和"在家经商"为主要收入来源的调查样本占比较低，分别占6.94%和3.78%。

分省区来看，内蒙古自治区、吉林省、云南省农村人口的主要收入来源有显著差异（Pr=0.000<0.001）。从主要收入来源看，选择"务农"比例最高的是吉林省，选择"外出务工或经商""在家经商"比例最高的是云南省，选择"财政补贴"比例最高的是内蒙古自治区。在以"务农"为主要收入来源的农村人口中，近2/3吉林省农村人口以"务农"为主要收入来源，占比高达60.13%；其次是云南省，占33.33%；内蒙古自治区的该比例最低，占24.22%。在以"外出务工或经商"为主要收入来源的农村人口中，云南省约1/3的调查样本以"外出务工或经商"为主要收入来源，占比达33.33%；内蒙古自治区略低，有30.80%的调查样本选择了该选项；吉林省的该比例最低，占15.37%。在以"在家经商"为主要收入来源的调

查样本中，云南省的比例最高，占 5.11%；吉林省的比例略低，占 4.01%；内蒙古自治区的比例最低，仅占 1.73%。在以"财政补贴"为主要收入来源的调查样本中，内蒙古自治区的比例最高，占 12.11%，吉林省、云南省分别占 5.12%、5.11%。

表 3-5 调查样本的收入来源与省区的交互分析

单位：%

主要收入来源	省区			
	内蒙古自治区 （$N=289$）	吉林省 （$N=449$）	云南省 （$N=372$）	总体 （$N=1110$）
务农	24.22	60.13	33.33	41.80
外出务工或经商	30.80	15.37	33.33	25.41
在家经商	1.73	4.01	5.11	3.78
财政补贴	12.11	5.12	5.11	6.94
其他	31.14	15.37	23.12	22.07

注：Pearson chi^2（8）= 134.34，Pr = 0.000。

5. 调查样本的家庭人口数

内蒙古自治区、吉林省与云南省的调查样本家庭人口情况存在显著差异，云南省的家庭规模最大，内蒙古自治区的家庭规模最小，吉林省居中。

农村家庭人口数能够在一定程度上反映农村的家庭关系与家庭结构。表 3-6 汇报了内蒙古自治区、吉林省及云南省调查样本的家庭人口数及卡方检验结果。整体而言，家庭人口数为 1~3 人和 4~7 人的调查样本占据多数。超过 1/2 的调查样本家里有 1~3 人，占 50.63%；家里有 4~7 人的调查样本比例略低，占 48.47%；仅有 0.90% 的调查样本家里有 8~10 人。

分省区来看，内蒙古自治区、吉林省与云南省的调查样本家庭人口数存在显著差异（Pr = 0.000 < 0.001）。云南省的调查样本家庭人口数为 4~7 人的比例远高于内蒙古自治区和吉林省。在家庭人口数为 1~3 人的调查样本中，内蒙古自治区的比例最高，占 67.47%；吉林省次之，占 64.81%；云南省的比例最低，仅占 20.43%。在家庭人口数为 4~7 人的调查样本中，云南省的比例最高，占 78.49%；吉林省次之，占 34.08%；内蒙古自治区

的比例最低，占32.18%。在家庭人口数为8~10人的调查样本中，吉林省的比例最高，占1.11%。由此可见，内蒙古自治区和吉林省的调查样本的家庭呈现小型化特征，而且内蒙古自治区的家庭人口规模小于吉林省，而云南省的调查样本的家庭规模较大。本次调查样本所呈现的结果与第七次全国人口普查所显示的分省区结果也是吻合的，即南方边疆省区的家庭规模比北方边疆省区大。

表3-6　调查样本的家庭人口数与省区的交互分析

单位：%

家庭人口数	省区			
	内蒙古自治区 （N=289）	吉林省 （N=449）	云南省 （N=372）	总体 （N=1110）
1~3人	67.47	64.81	20.43	50.63
4~7人	32.18	34.08	78.49	48.47
8~10人	0.35	1.11	1.08	0.90

注：Pearson chi^2 (4) = 206.58, Pr = 0.000。

6. 调查样本的在外务工（上学）情况

内蒙古自治区、吉林省与云南省调查样本家庭在外务工（上学）人口情况存在显著差异。三个被调查省区中，云南省调查样本在外务工（上学）的现象较其他两个省区更为普遍，且外流人口相对较多，其次是内蒙古自治区，最后是吉林省。

农村家庭在外务工（上学）人口数是衡量农村家庭的结构及农村发展状况的一项重要指标。表3-7汇报了内蒙古自治区、吉林省及云南省调查样本的家庭在外务工（上学）人口数及卡方检验结果。整体而言，约七成调查样本有家庭成员在外务工（上学）。家里有1人半年以上在外务工（上学）的调查样本比例最高，占31.53%；家里没有人半年以上在外务工（上学）和家里有2人半年以上在外务工（上学）的比例略低，分别占28.83%和28.20%；仅11.44%的调查样本家里有3人及以上在外务工（上学）半年以上。

分省区来看，内蒙古自治区、吉林省与云南省调查样本家庭在外务工

（上学）人口数存在显著差异（Pr=0.000<0.001）。在家里没有人和有1人半年以上在外务工（上学）的调查样本中，吉林省的比例最高，分别占35.19%和34.74%。在家里有2人半年以上在外务工（上学）的调查样本中，云南省的比例最高，占36.83%；吉林省的比例最低，占22.05%。在家里有3人及以上在外务工（上学）半年以上的调查样本中，内蒙古自治区的比例最高，占15.22%；吉林省的比例最低，占8.02%。由此可见，云南省调查样本在外务工（上学）现象更为普遍，且外流人口相对较多。问卷调查获得的数据与我们在实际入户调研中得到的结果也是一致的。

表 3-7　调查样本的家庭在外务工（上学）人口数与省区的交互分析

单位：%

家庭半年以上在外务工（上学）的人数	省区			
	内蒙古自治区（N=289）	吉林省（N=449）	云南省（N=372）	总体（N=1110）
0 人	25.95	35.19	23.39	28.83
1 人	32.18	34.74	27.15	31.53
2 人	26.64	22.05	36.83	28.20
3 人及以上	15.22	8.02	12.63	11.44

注：Pearson chi^2（6）=39.50，Pr=0.000。

7. 调查样本的"在村居住时间"情况

调查结果显示，内蒙古自治区、吉林省与云南省调查样本"在村居住时间"情况存在显著差异。吉林省的调查样本"全年都在家务农"的比例最高，云南省的调查样本"基本在家务农，零星时间出去打零工"的比例最高，内蒙古自治区的调查样本"在外面上学"的比例最高。

农村人口的在村居住时间能够体现其主要谋生方式，也是衡量农村劳动力减少状况的一项重要指标。表 3-8 汇报了内蒙古自治区、吉林省及云南省调查样本的在村居住时间情况及卡方检验结果。整体而言，多数调查样本以在家务农为主。近 1/2 调查样本"全年都在家务农"，占比最高，为45.14%；其次为"全年都在外务工"的调查样本，占 22.97%；"基本在家务农，零星时间出去打零工"和"超过 6 个月时间在外务工"的调查样本分别占 15.77% 和 12.07%；仅有 4.05% 的调查样本"在外面上学"。

分省区来看，内蒙古自治区、吉林省与云南省调查样本在村居住时间情况存在显著差异（Pr=0.000<0.001）。在"全年都在家务农"的调查样本中，吉林省的比例最高，达 63.03%，约为内蒙古自治区（34.26%）和云南省（31.99%）的两倍。在"全年都在外务工"的调查样本中，内蒙古自治区的比例最高，占 33.91%；云南省次之，占 30.65%；吉林省的比例最低，仅占 9.58%。在"超过 6 个月时间在外务工"的调查样本中，云南省的比例最高，达 15.32%；内蒙古自治区次之，占 12.46%；吉林省的比例最低，占 9.13%。在"基本在家务农，零星时间出去打零工"的调查样本中，云南省的比例最高，占 18.28%；吉林省次之，占 17.82%；内蒙古自治区的比例最低，仅占 9.34%。在"在外面上学"的调查样本中，内蒙古自治区的比例最高，达 10.03%；吉林省的比例最低，仅占 0.45%。由此可见，吉林省的调查样本在村务农的比例高于内蒙古自治区与云南省，劳动力外流程度较低。

表 3-8 调查样本的在村居住时间与省区的交互分析

单位：%

在村居住时间	省区			
	内蒙古自治区 （$N=289$）	吉林省 （$N=449$）	云南省 （$N=372$）	总体 （$N=1110$）
全年都在家务农	34.26	63.03	31.99	45.14
全年都在外务工	33.91	9.58	30.65	22.97
超过 6 个月时间在外务工	12.46	9.13	15.32	12.07
基本在家务农，零星时间出去打零工	9.34	17.82	18.28	15.77
在外面上学	10.03	0.45	3.76	4.05

注：Pearson chi^2（8）=170.08，Pr=0.000。

（二）调查样本村庄生产生活情况的三省区对比分析

1. 调查样本家中土地承包利用情况及三省区差异

统计结果显示，内蒙古自治区、吉林省与云南省调查样本家中土地承包利用情况存在显著差异。云南省调查样本选择"自己种植"的比例最高，内蒙古自治区调查样本选择"其他"的比例最高，吉林省调查样本选择"承包给他人"的比例最高。

　　调查样本的土地承包利用情况能够体现调查样本与土地的经济联系，反映农村的经济发展状况。表3-9汇报了内蒙古自治区、吉林省及云南省调查样本的土地承包利用情况及卡方检验结果。整体而言，调查样本家里土地的承包利用率较高。超过1/2调查样本"自己种植"家里的土地，占比达53.87%；约1/5的调查样本将家里的土地"承包给他人"，占21.53%；仅2.70%的调查样本将家里的土地"抛荒"。

　　分省区来看，内蒙古自治区、吉林省与云南省调查样本家里的土地承包利用情况存在显著差异（Pr＝0.000＜0.001）。在"自己种植"家里承包土地的调查样本中，云南省的比例最高，达63.17%；吉林省次之，占比为60.36%；内蒙古自治区的比例最低，仅为31.83%。在将家里承包的土地"承包给他人"的调查样本中，吉林省的比例最高，达28.95%；内蒙古自治区次之，占26.64%；云南省的比例最低，仅占8.60%。在将家里承包的土地"抛荒"的调查样本中，云南省的比例最高，达5.38%；内蒙古自治区次之，占3.46%；而吉林省调查样本将家里承包的土地"抛荒"的比例为0.00%。由此可见，吉林省调查样本家里承包土地的利用率最高，农业经济发展状况较好。这主要是因为吉林省的被调查对象所在地区是延吉州，该地区是广阔的平原地带，农业人口外流多的同时耕地流转比较普遍。

表3-9　调查样本的土地承包利用情况与省区的交互分析

单位：%

土地承包利用情况	省区			
	内蒙古自治区（N＝289）	吉林省（N＝449）	云南省（N＝372）	总体（N＝1110）
自己种植	31.83	60.36	63.17	53.87
承包给他人	26.64	28.95	8.60	21.53
抛荒	3.46	0.00	5.38	2.70
其他	38.06	10.69	22.85	21.89

注：Pearson chi^2 (6)＝162.40，Pr＝0.000。

2. 调查样本家中房屋空置情况及三省区差异

统计结果显示,内蒙古自治区、吉林省与云南省调查样本家中房屋空置情况存在显著差异。云南省的房屋空置率最高,内蒙古自治区次之,吉林省的比例最低。

农村人口房屋空置情况是衡量农村劳动力减少状况的一项重要指标,能够反映村庄空心化程度。表 3-10 汇报了内蒙古自治区、吉林省及云南省调查样本的房屋空置情况及卡方检验结果。整体而言,调查样本家中有因为人员外出而空置房屋的比例较低,占 22.88%;近八成调查样本家中没有因为人员外出而空置的房屋。

分省区来看,内蒙古自治区、吉林省与云南省调查样本家中房屋空置情况存在显著差异(Pr=0.062<0.1)。云南省的调查样本家中有因为人员外出而空置的房屋的比例最高,达 26.08%;内蒙古自治区次之,为 24.22%;吉林省的比例最低,为 19.38%。由此可见,吉林省的调查样本家中因人员外出而空置房屋的情况相对较少。

表 3-10　调查样本的房屋空置情况与省区的交互分析

单位:%

家里是否有因为人员外出而空置的房屋	省区			
	内蒙古自治区 ($N=289$)	吉林省 ($N=449$)	云南省 ($N=372$)	总体 ($N=1110$)
有	24.22	19.38	26.08	22.88
没有	75.78	80.62	73.92	77.12

注:Pearson chi^2 (2) = 5.57, Pr=0.062。

3. 调查样本所在村庄专业生产合作社成立情况及三省区差异

统计结果显示,内蒙古自治区、吉林省与云南省调查样本所在村庄成立专业生产合作社的情况存在显著差异。吉林省的调查样本所在村庄拥有专业生产合作社的比例最高,这说明吉林省的农业经济发展规范化、专业化和集约化的水平较高。其次是云南省。内蒙古自治区的调查样本所在村庄拥有专业生产合作社的比例最低。

农村专业生产合作社是农村经营体制的创新,也是实现农村经济增长方式转变的有效形式。村庄是否成立专业生产合作社能够在一定意义上反映村庄的经济发展状况。表 3-11 汇报了内蒙古自治区、吉林省及云南省调查样本所在村庄成立专业生产合作社的情况及卡方检验结果。整体而言，调查样本村庄成立专业生产合作社的比例较低。约 1/3 的调查样本表示村庄有专业生产合作社，占 32.97%；近 1/2 的调查样本表示村庄没有专业生产合作社，占 48.02%；还有约 1/5 的调查样本表示不知道村庄有没有专业的生产合作社。

分省区来看，内蒙古自治区、吉林省与云南省三省区所在村庄成立专业生产合作社的情况存在显著差异（Pr = 0.000 < 0.001）。其中，吉林省调查样本表示村庄中有专业生产合作社的比例最高，达 44.77%；云南省次之，为 27.42%；内蒙古自治区的比例最低，仅为 21.80%。由此可见，吉林省调查样本所在村庄农业经济发展规范化、专业化和集约化的水平较高。

表 3-11　调查样本的村庄成立专业生产合作社情况与省区交互分析

单位：%

村庄是否有专业 生产合作社	省区			
	内蒙古自治区 （N = 289）	吉林省 （N = 449）	云南省 （N = 372）	总体 （N = 1110）
有	21.80	44.77	27.42	32.97
没有	62.63	36.53	50.54	48.02
不知道	15.57	18.71	22.04	19.01

注：Pearson chi^2 (4) = 62.67，Pr = 0.000。

4. 调查样本参与村庄专业生产合作社情况及三省区差异

统计结果显示，内蒙古自治区、吉林省与云南省调查样本参与本村专业生产合作社的情况存在显著差异。吉林省的被访者对专业生产合作社的参与度最高，云南省次之，内蒙古自治区的参与比例最低。

调查样本参与村庄专业生产合作社的情况能够反映合作社的发展运行状况，体现村庄经济发展水平。表 3-12 汇报了内蒙古自治区、吉林省及云南省调查样本的专业生产合作社参与情况及卡方检验结果。整体而言，调查样本加入本村专业生产合作社的比例较低。仅有约 1/5 的调查样本加入了本村的生产合作社。

分省区来看，内蒙古自治区、吉林省与云南省调查样本参与本村专业生产合作社的情况存在显著差异（Pr=0.000<0.001）。其中，吉林省的调查样本加入本村专业生产合作社的比例最高，达25.17%；云南省次之，占比为19.35%；内蒙古自治区的比例最低，仅为5.54%。由此可见，调查样本参与本村专业生产合作社的比例与村庄专业生产合作社的成立比例密切相关。

表3-12　调查样本的专业生产合作社参与情况与省区的交互分析

单位：%

有没有加入本村的专业生产合作社	省区			
	内蒙古自治区（N=289）	吉林省（N=449）	云南省（N=372）	总体（N=1110）
有	5.54	25.17	19.35	18.11
没有	94.46	74.83	80.65	81.89

注：Pearson chi^2（2）=46.28，Pr=0.000。

5. 调查样本所在村庄企业（小作坊）存在情况与三省区差异

统计结果显示，内蒙古自治区、吉林省与云南省调查样本所在村庄有无企业（小作坊）的情况存在显著差异。吉林省的调查样本村庄存在企业（小作坊）的比例最高，说明吉林省农村经济发展的规模化程度较高；云南省次之；内蒙古自治区最低。

村庄企业是繁荣农村经济的重要力量，能够带动经济发展，促进农业的整体发展。表3-13汇报了内蒙古自治区、吉林省及云南省调查样本所在村庄有无企业（小作坊）的情况及卡方检验结果。整体而言，调查样本所在村庄有企业（小作坊）的比例较低，近1/3的调查样本所在村有企业（小作坊），占比为29.37%。

分省区来看，内蒙古自治区、吉林省与云南省调查样本所在村庄有无企业（小作坊）的情况存在显著差异（Pr=0.000<0.001）。其中，吉林省调查样本所在村庄有企业（小作坊）的比例最高，达35.86%；云南省次之，为27.96%；内蒙古自治区的比例最低，仅为21.11%。

表3-13 调查样本所在村庄企业（小作坊）存在情况与省区的交互分析

单位：%

村庄是否有企业（小作坊）	省区			
	内蒙古自治区（$N=289$）	吉林省（$N=449$）	云南省（$N=372$）	总体（$N=1110$）
有	21.11	35.86	27.96	29.37
没有	78.89	64.14	72.04	70.63

注：Pearson chi^2 (2) = 18.98，Pr = 0.000。

6. 调查样本村庄村委会集体活动开展情况及三省区差异

统计结果显示，内蒙古自治区、吉林省与云南省调查样本所在村庄村委会集体活动开展情况存在显著差异。吉林省的调查样本村庄村委会每年开展集体活动的比例最高，说明其农村的组织化程度最高；内蒙古自治区的调查样本所在村庄村委会每年开展集体活动的比例最低；云南省居中。

村委会集体活动开展情况能够体现村庄组织化程度，是衡量农村生活发展状况的重要指标。表3-14汇报了内蒙古自治区、吉林省及云南省调查样本所在村庄村委会集体活动开展情况及卡方检验结果。整体而言，大多数村委会每年组织集体活动的次数在五次以内。调查样本所在村庄的村委会每年组织2~5次集体活动的比例最高，达36.31%；调查样本所在村庄的村委会不组织集体活动的比例次之，占30.00%；调查样本所在村庄的村委会每年组织5次以上集体活动的比例最低，仅占16.04%。

分省区来看，内蒙古自治区、吉林省与云南省调查样本所在村庄村委会集体活动开展情况存在显著差异（Pr = 0.000 < 0.001）。内蒙古自治区调查样本所在村庄村委会不组织集体活动的比例最高，达53.29%；云南省次之，为26.88%；吉林省比例最低，为17.59%。云南省调查样本所在村庄村委会每年组织1次集体活动的比例最高，达22.04%；吉林省次之，为15.59%；内蒙古自治区的比例最低，为15.22%。吉林省调查样本所在村庄村委会每年组织2~5次及5次以上集体活动的比例最高，分别占46.10%和20.71%。由此可见，调查样本中内蒙古自治区村庄的组织化程度较弱，村委会开展集体活动较少。

表 3-14　调查样本所在村庄村委会集体活动开展情况与省区的交互分析

单位：%

村委会每年组织几次集体活动	省区			
	内蒙古自治区 ($N=289$)	吉林省 ($N=449$)	云南省 ($N=372$)	总体 ($N=1110$)
无	53.29	17.59	26.88	30.00
一年 1 次	15.22	15.59	22.04	17.66
一年 2~5 次	24.22	46.10	33.87	36.31
一年 5 次以上	7.27	20.71	17.20	16.04

注：Pearson chi^2（6）= 126.99，Pr = 0.000。

二　调查样本对村庄的主观描述、未来生活意愿的三省区差异对比

（一）调查样本对村庄状态主观描述的三省区差异

统计结果显示，内蒙古自治区、吉林省与云南省调查样本描述的村庄空心化情况存在一定差异，但是统计意义上的差异并不显著，这表明三个样本地区农村人口外流的状况差不多。

表 3-15 汇报了内蒙古自治区、吉林省及云南省调查样本描述的村庄状态。整体而言，调查样本所描述的村庄的空心化程度都比较高，有超过 1/2 的调查样本认为"村庄大部分劳动力都外出务工了，村里只有老人孩子"，占比达 53.06%。约 1/5 的调查样本认为"村庄好多家庭都搬出去了，好多年都不回来"，占 21.80%。对于村庄过年时的情况，超过 1/3 的调查样本认为"村子里过年很热闹，外出务工的都回来"，占比达 36.49%；与之相对，14.41% 的调查样本认为"村子里过年也没什么人，外出务工的很少回来"。在土地使用方面，8.65% 的调查样本认为"村里的土地大多数撂荒了"。在对村庄未来居住人口预测方面，分别有 2.79%、7.93% 和 9.73% 的调查样本认为"我们村庄可能再过 5 年就没什么人住了"、"我们村庄可能再过 10 年就没什么人住了"以及"我们村庄可能再过 20 年就没什么人住了"。

表 3-15　调查样本描述的村庄状态与省区的交互分析

单位：%

以下哪种描述很像你居住的村庄	省区			
	内蒙古自治区（N=289）	吉林省（N=449）	云南省（N=372）	总体（N=1110）
村庄大部分劳动力都外出务工了，村里只有老人孩子	46.37	63.70	45.43	53.06
村庄好多家庭都搬出去了，好多年都不回来	26.30	28.73	9.95	21.80
村子里过年很热闹，外出务工的都回来	36.33	20.27	56.18	36.49
村子里过年也没什么人，外出务工的很少回来	12.46	24.50	3.76	14.41
村里的土地大多数撂荒了	4.84	2.00	19.62	8.65
我们村庄可能再过5年就没什么人住了	4.15	2.90	1.61	2.79
我们村庄可能再过10年就没什么人住了	6.57	12.03	4.03	7.93
我们村庄可能再过20年就没什么人住了	13.49	11.80	4.30	9.73

　　分省区来看，内蒙古自治区、吉林省与云南省调查样本描述的村庄空心化情况存在一定差异。吉林省调查样本认为"村庄大部分劳动力都外出务工了，村里只有老人孩子"以及"村庄好多家庭都搬出去了，好多年都不回来"的比例最高，分别占 63.70% 和 28.73%。对于村庄过年时的情况，云南省调查样本认为"村子里过年很热闹，外出务工的都回来"的比例最高，达 56.18%；吉林省调查样本认为"村子里过年也没什么人，外出务工的很少回来"的比例最高，占 24.50%。在土地使用方面，云南省调查样本认为"村里的土地大多数撂荒了"的比例最高，达 19.62%；吉林省的比例最低，仅为 2.00%。在对村庄未来居住人口预测方面，内蒙古自治区调查样本认为"我们村庄可能再过5年就没什么人住了"以及"我们村庄可能再过20年就没什么人住了"的比例最高，分别占 4.15% 和 13.49%；吉林省调查样本认为"我们村庄可能再过10年就没什么人住了"的比例最高，占 12.03%。

（二）调查样本未来在村生活意愿主观描述的三省区差异

　　统计结果显示，内蒙古自治区、吉林省与云南省调查样本的未来在村生活意愿存在显著差异,云南省选择更愿意生活在农村的比例最高,吉林省次之,内蒙古自治区最低。

调查样本的在村生活意愿是衡量农村未来发展状况的重要指标。表3-16汇报了内蒙古自治区、吉林省及云南省调查样本在村生活意愿及卡方检验结果。整体而言,调查样本中的大多数更愿意生活在农村,占比达57.75%;约1/4的调查样本更愿意生活在城市,占23.06%;还有约1/5的调查样本表示无所谓生活在农村还是城市,占19.19%。

分省区来看,内蒙古自治区、吉林省与云南省调查样本在村生活意愿存在显著差异(Pr=0.000<0.001)。云南省调查样本更愿意生活在农村的比例最高,达69.09%;吉林省次之,为60.80%;内蒙古自治区调查样本更愿意生活在农村的比例最低,为38.41%。由此可见,就样本而言,云南省村庄的生活状况较好,调查样本在村生活意愿高。

表3-16　调查样本在村生活意愿与省区的交互分析

单位: %

更愿意生活在农村 还是城市	省区			
	内蒙古自治区 ($N=289$)	吉林省 ($N=449$)	云南省 ($N=372$)	总体 ($N=1110$)
农村	38.41	60.80	69.09	57.75
城市	38.06	20.71	14.25	23.06
无所谓	23.53	18.49	16.67	19.19

注: Pearson chi^2 (4) = 73.71, Pr=0.000。

(三) 调查样本对未来在村生活及养老意愿主观描述的三省区差异

统计结果显示,内蒙古自治区、吉林省与云南省调查样本未来在村生活及养老意愿情况存在一定差异,但统计意义上的差异不显著。仅从数据对比可以发现,云南省调查样本在村养老意愿最高,吉林省次之,内蒙古自治区最低;但三个省区的此选项占比都较高,显示三个省区的调查样本都倾向于在农村养老。

调查样本未来在村生活及养老意愿是衡量农村未来发展状况和村庄养老压力的重要指标。表3-17汇报了内蒙古自治区、吉林省及云南省调查样本未来在村生活及养老意愿的情况。整体而言，调查样本中的大多数希望在农村生活及养老。在养老意愿方面，约3/4的调查样本表示"即便我有条件在城市养老，我老了以后还是想要回到村庄里生活"，占比达73.78%；约1/5的调查样本表示"如果有条件，我想在城市里养老"，占19.82%。在未来生活意愿方面，有12.07%的调查样本表示"如果有条件，我以后不想回到村庄了，想生活在城市"，且分别有3.06%和3.24%的调查样本表示"我5年内想离开村庄生活"和"我大概10年后会离开村庄，到城市生活"。

表3-17 调查样本未来在村生活及养老意愿与省区的交互分析

单位：%

下列哪些想法跟你相似	省区			
	内蒙古自治区 （N＝289）	吉林省 （N＝449）	云南省 （N＝372）	总体 （N＝1110）
即便我有条件在城市养老，我老了以后还是想要回到村庄里生活	61.59	72.16	85.22	73.78
如果有条件，我想在城市里养老	29.07	18.93	13.71	19.82
如果有条件，我以后不想回到村庄了，想生活在城市	16.96	13.36	6.72	12.07
我5年内想离开村庄生活	3.11	3.12	2.96	3.06
我大概10年后会离开村庄，到城市生活	3.46	3.56	2.69	3.24

分省区来看，内蒙古自治区、吉林省与云南省调查样本未来在村生活及养老意愿存在一定差异。在养老意愿方面，云南省调查样本在村养老意愿最高，有85.22%的调查样本表示"即便我有条件在城市养老，我老了以后还是想要回到村庄里生活"；吉林省次之，表达该意愿的调查样本占72.16%；内蒙古自治区的该比例最低，为61.59%。在未来生活意愿方面，内蒙古自治区调查样本在城市生活意愿最高，有16.96%的调查样本表示"如果有条件，我以后不想回到村庄了，想生活在城市"；吉林省次之，表达该意愿的调查样本占13.36%；云南省的该比例最低，占6.72%。由此可

见，就样本而言，云南省调查样本对村庄生活的满意度更高，未来在村生活及养老意愿较高。

（四）调查样本返乡创业意愿的三省区差异

统计结果显示，内蒙古自治区、吉林省与云南省调查样本返乡创业意愿存在显著差异，吉林省和云南省调查样本返乡创业意愿更强烈，态度更积极。

调查样本返乡创业意愿与农村可持续发展密切相关，是衡量乡村建设和发展状况的重要指标。表3-18汇报了内蒙古自治区、吉林省及云南省调查样本返乡创业意愿及卡方检验结果。整体而言，多数调查样本有返乡创业的意愿。超过2/5的调查样本表示"想，并且一直在寻找合适的项目"，选择这个选项的调查样本占比最高，达41.53%；表示"想，但恐怕没有这样的条件"的调查样本占比略低，为37.57%；仅3.96%的调查样本表示"不想，还是在城市里打工好"。

分省区来看，内蒙古自治区、吉林省与云南省调查样本返乡创业意愿存在显著差异（Pr=0.002<0.01）。云南省的调查样本表示"想，并且一直在寻找合适的项目"的比例最高，达45.97%；吉林省次之，为44.77%；内蒙古自治区比例最低，为30.80%。内蒙古自治区调查样本表示"想，但是恐怕没有这样的条件"、"不想，还是在城市里打工好"以及"没想好"的比例最高，分别为44.64%、5.88%以及18.69%。由此可见，就样本而言，吉林省和云南省调查样本返乡创业意愿更强烈，态度更积极。这个结果与我们实地的入户访谈得到的结论是一致的。

表3-18　调查样本返乡创业意愿与省区的交互分析

单位：%

如果有条件，想不想回到村庄创业	省区			
	内蒙古自治区 （N=289）	吉林省 （N=449）	云南省 （N=372）	总体 （N=1110）
想，并且一直在寻找合适的项目	30.80	44.77	45.97	41.53
想，但是恐怕没有这样的条件	44.64	35.19	34.95	37.57

如果有条件，想不想回到村庄创业	省区			
	内蒙古自治区 （$N=289$）	吉林省 （$N=449$）	云南省 （$N=372$）	总体 （$N=1110$）
不想，还是在城市里打工好	5.88	3.34	3.23	3.96
没想好	18.69	16.70	15.86	16.94

注：Pearson chi^2（6）= 20.54，Pr = 0.002。

三 调查样本的年龄与未来在村生活意愿、养老地点意愿、返乡创业意愿的差异分析

社会学家李培林在对广州城中村的研究中提出了"农民的终结是选择还是命运"的疑问，他认为："农民作为一种职业和乡村作为一种生活方式，应当是选择的结果，而不是难以改变的命运。这就要去看看农民的生活是否真的大幅度改善了？"① 农村到底是让人流连忘返的桃花源，还是一个大家都想离开的地方？这不仅是个社会学的问题，也是个现实的问题。本部分将对调查样本的年龄因素与未来在村生活意愿、养老地点意愿、返乡创业意愿进行交互分析，分析不同年龄段的村民对未来生活方式的向往是怎样的，从中了解对农村生活态度的代际差异，探寻未来农村生活群体的状况。

乡村振兴是国家的重要战略目标，具体到微观层面，尤其是对于偏远的边疆乡村而言，到底怎样的乡村是振兴的乡村？对这个问题最有发言权的是生活在边疆地区乡村的老百姓以及工作在乡村一线的乡镇干部，还有走出乡村在城市打拼的年轻人，他们是否有返乡参与乡村振兴的强烈意愿对于乡村的未来有重要影响。调研发现，不同年龄段的调查样本未来在村生活意愿、养老地点意愿和返乡创业意愿的差异很大。

（一）调查样本的年龄与未来在村生活意愿的交互分析

统计结果显示，总体而言，年龄越大的人越愿意生活在农村。未来在

---

① 李培林：《农民的终结是选择还是命运》，《社会发展研究》2020 年第 3 期。

村生活意愿在年龄上存在显著差异（Pr＝0.000＜0.001），年龄大的调查样本表示更愿意生活在农村的比例高。表3-19汇报的是不同年龄的调查样本的未来在村生活意愿及卡方检验结果。60岁以上的调查样本更愿意生活在农村的比例最高，达69.05%；年龄为46～60岁的调查样本次之，为67.18%；年龄为18～30岁的调查样本最低，仅为27.27%。由此可见，年龄越大的被访者越倾向于生活在农村。第四章、第五章和第六章的分析显示了不同省区的调查样本也有明显差异：内蒙古自治区、吉林省和云南省的调查样本中年龄越大越愿意生活在农村，内蒙古自治区的年轻人（18～30岁）愿意生活在农村的比例最低（11.11%），云南省的年轻人（18～30岁）愿意生活在农村的比例最高（45.76%）。

表3-19　调查样本年龄与未来在村生活意愿交互分析

单位：%

更愿意生活在农村还是城市	年龄				
	18～30岁（$N=132$）	31～45岁（$N=501$）	46～60岁（$N=393$）	60岁以上（$N=84$）	总体（$N=1110$）
农村	27.27	56.49	67.18	69.05	57.75
城市	35.61	24.15	19.85	11.90	23.06
无所谓	37.12	19.36	12.98	19.05	19.19

注：Pearson chi^2（6）＝74.86，Pr＝0.000。

（二）调查样本的年龄与未来养老地点意愿的交互分析

统计结果显示，调查样本养老意愿在年龄上存在显著差异（Pr＝0.010＜0.05），中年调查样本更愿意在农村养老。表3-20汇报的是不同年龄调查样本的养老地点意愿及卡方检验结果。年龄为46～60岁的调查样本表示更愿意在农村养老的比例最高，达76.08%；年龄为31～45岁的调查样本次之，为75.85%；年龄为60岁以上的调查样本比例最低，为63.10%。由此可见，中年调查样本即便有条件在城市养老，还是更倾向于老了以后在农村生活。

表 3-20　调查样本年龄与养老地点意愿交互分析

单位：%

即便我有条件在城市养老，老了以后还是想要回到村庄里生活	年龄				
	18~30 岁（$N=132$）	31~45 岁（$N=501$）	46~60 岁（$N=393$）	60 岁以上（$N=84$）	总体（$N=1110$）
是	65.91	75.85	76.08	63.10	73.78
否	34.09	24.15	23.92	36.90	26.22

注：Pearson chi^2（3）= 11.37，Pr = 0.010。

（三）调查样本的年龄与返乡创业意愿的交互分析

统计结果显示，调查样本返乡创业意愿在年龄上存在显著差异（Pr = 0.000<0.001），31~45 岁的调查样本返乡创业的意愿更为强烈。表 3-21 汇报的是不同年龄的调查样本返乡创业意愿及卡方检验结果。在"想，并且一直在寻找合适项目"的调查样本中，年龄为 31~45 岁的调查样本的占比最高，为 45.11%；年龄为 46~60 岁的调查样本的比例次之，为 41.22%；60 岁以上调查样本的比例最低，仅为 26.19%。在"想，但是恐怕没有这样的条件"的调查样本中，年龄为 31~45 岁的调查样本的占比最高，为 38.92%；年龄为 46~60 岁的调查样本的比例次之，为 38.42%；年龄为 18~30 岁的调查样本的比例最低，为 31.06%。由此可见，相较于青年与老年调查样本，中年调查样本返乡创业的意愿更为强烈，态度与行动更为积极。内蒙古自治区的中年人（46~60 岁）想返乡创业的比例最高，吉林省的青年人（18~30 岁）想返乡创业的比例最高，云南省的老年人（60 岁以上）想返乡创业的比例最高。

表 3-21　调查样本的年龄与返乡创业意愿交互分析

单位：%

如果有条件，你想不想回到村庄创业	年龄				
	18~30 岁（$N=132$）	31~45 岁（$N=501$）	46~60 岁（$N=393$）	60 岁以上（$N=84$）	总体（$N=1110$）
想，并且一直在寻找合适项目	38.64	45.11	41.22	26.19	41.53
想，但是恐怕没有这样的条件	31.06	38.92	38.42	35.71	37.57

续表

如果有条件，你想不想回到村庄创业	年龄				
	18~30 岁 （N = 132）	31~45 岁 （N = 501）	46~60 岁 （N = 393）	60 岁以上 （N = 84）	总体 （N = 1110）
不想，还是在城市里打工好	8.33	2.99	4.07	2.38	3.96
没想好	21.97	12.97	16.28	35.71	16.94

注：Pearson chi^2 (9) = 40.76, Pr = 0.000。

第四章
东北边疆平原类型的传统村庄
——吉林省案例

我国的东北边疆地区包括三个省，分别是：黑龙江省、吉林省、辽宁省。它们在自然地理上属于同一个地理板块——松辽平原。东三省是我国重要的商品粮生产基地、能源基地、钢铁基地和机械工业基地。东北全面振兴是党中央的重大部署，也是中国发展的重要战略问题。党的十八大以来，习近平总书记多次到东北调研，召开专题座谈会专门谈东北问题。东三省与俄罗斯和朝鲜接壤，东北边境的稳定和巩固事关全国经济发展大局。东北边疆传统村庄的发展不仅关系到国家粮食安全，还事关国家的边境安全。

东北振兴是 21 世纪以来学术界老生常谈的话题，其中经济和人口问题始终是东北振兴绕不过去的问题。第七次全国人口普查的数据显示，2010～2020 年，东三省地区是全国人口净流出的主要地区（数据详情见本书第二章的表 2-3），也是全国人口减少最多的地区。本章将深入剖析吉林省传统村庄的发展现状和未来趋势。

一 吉林省边境地区人口发展情况

吉林省是我国的东北边疆省区。吉林省的东部与俄罗斯的滨海边疆区接壤，南部与朝鲜隔图们江相望，边境线总长 1438.7 公里，其中中俄边境线长 232.7 公里，中朝边境线长 1206 公里。吉林省最东端的珲春市距日本海最近处仅 15 公里，距俄罗斯的波谢特湾仅 4 公里。吉林省共有 4 个边境地区，分别是通化市、白山市、长白山保护开发区和延边朝鲜族自治州，下辖 10 个陆地边境县（市、区），它们分别是：浑江区、图们市、珲春市、龙井市、和龙市、安图县、临江市、集安市、抚松县、长白朝鲜族自治县。

（一）吉林省的人口和行政村增减情况

1. 吉林省在 2010~2020 年总人口减少了 339.3 万人，人口增长率为 -12.4%

"十二五"以来，吉林省人口出生率、死亡率和自然增长率均低于全国平均水平。吉林省总人口在 2015 年达到 2753.3 万人的峰值后，呈逐年下降态势，2016 年为 2733.0 万人，2017 年为 2717.4 万人。第七次全国人口普查数据显示，吉林省的人口总量为 2407.3 万人。吉林省人口再生产类型从"高出生、低死亡、高增长"向"低出生、低死亡、低增长"转变。详情见表 4-1。

表 4-1　吉林省 2010~2020 年的人口情况

单位：万人，‰

年份	2010	2011	2012	2013	2014	2015	2016	2017	2020
全省常住人口总量	2746.6	2749.4	2750.4	2751.3	2752.4	2753.3	2733.0	2717.4	2407.3
户籍人口总量	2723.8	2726.5	2701.5	2678.5	2671.3	2662.1	2645.5	2615.8	—
人口出生率	7.91	6.53	5.73	5.36	6.62	5.87	5.55	6.67	—
人口自然增长率	2.03	1.02	0.36	0.32	0.40	0.34	-0.05	0.26	—
15~59 岁常住人口	2175.80	2142.60	2096.56	2058.07	2011.97	1965.00	1925.08	1862.53	—
15~64 岁常住人口	2187.12	2153.34	2159.06	2145.72	2108.32	2122.87	2121.10	2051.39	—

续表

年份	2010	2011	2012	2013	2014	2015	2016	2017	2020
60 岁及以上常住人口	240.75	276.40	323.44	362.93	410.03	458.86	477.75	525.28	—
65 岁及以上常住人口	230.16	239.97	254.41	282.01	302.21	300.50	277.95	336.42	—
流入人口数量	28.49	37.02	44.86	47.53	52.17	48.64	42.55	38.58	—
流出人口数量	128.99	148.09	165.97	173.07	197.66	212.52	217.06	223.46	—

资料来源：根据吉林省年度统计公报汇总。

2. 吉林省在 1996~2016 年行政村减少了 419 个

根据 1996 年第一次全国农业普查数据，1996 年底吉林省登记在册的行政村数量为 10366 个[①]；2016 年第三次全国农业普查数据显示，登记在册的行政村数量只有 9947 个[②]。从 1996 年到 2016 年的 20 年时间里，吉林省的行政村数量减少了 419 个，平均每年减少 21 个，每个月减少 1.75 个行政村。

（二）吉林省延边朝鲜族自治州在 2010~2020 年人口和行政村增减情况

本章的调研地点是吉林省的边境州——延边朝鲜族自治州。

延边朝鲜族自治州位于吉林省的东部，是我国唯一的朝鲜族自治州和最大的朝鲜族聚居地。延边朝鲜族自治州总面积为 4.33 万平方公里，东部与俄罗斯滨海边疆区接壤，南与朝鲜咸镜北道、两江道隔江相望，边境线总长 768.5 公里，其中中俄边境线长 246 公里、中朝边境线长 522.5 公里。延边朝鲜族自治州下辖延吉、图们、敦化、珲春、龙井、和龙 6 市及汪清、

[①] 《分省区市乡镇、行政村（居委会）及村户数、人口情况（1996 年底）》，https://www.stats.gov.cn/sj/pcsj/nypc/dycnypc/202302/t20230221_1915324.html，最后访问日期：2023 年 7 月 15 日。

[②] 《第三次全国农业普查主要数据公报（第一号）》，https://www.stats.gov.cn/sj/tjgb/nypcgb/qgnypcgb/202302/t20230206_1902101.html，最后访问日期：2023 年 7 月 15 日。

安图 2 县, 其中图们、珲春、龙井、和龙、安图 5 个市 (县) 为边境市 (县), 共有边境乡镇 (含珲春市近海街道) 19 个。

1. 新中国成立以来, 延边朝鲜族自治州的总人口在 2010～2020 年呈现减少态势, 人口增长率从 1964 年以后持续下降

进入 21 世纪, 延边朝鲜族自治州的人口自然增长率基本保持在 2‰ 以下, 2017 年延边朝鲜族自治州人口自然增长率出现了负值, 下降到 -0.25‰。第七次全国人口普查数据显示, 2020 年底延边朝鲜族自治州总人口为 194.17 万人, 与 2010 年第六次全国人口普查相比减少 32.91 万人, 年均增长率为 -1.34% (见图 4-1)。

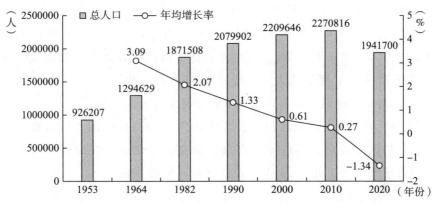

图 4-1 延边朝鲜族自治州历次人口普查总人口及年均增长率

资料来源: 延边朝鲜族自治州第七次全国人口普查公报。

2. 2010～2020 年, 延边朝鲜族自治州的家庭规模呈现缩小的态势

第七次全国人口普查数据显示, 延边朝鲜族自治州共有家庭户 85.85 万户、集体户 3.26 万户, 家庭户人口为 182.95 万人, 集体户人口为 11.22 万人。平均每个家庭户的人口为 2.13 人, 比 2010 年第六次全国人口普查时减少 0.46 人。

3. 2010～2020 年, 延边朝鲜族自治州人口中朝鲜族人口数量下降最多

第七次全国人口普查数据显示, 延边朝鲜族自治州的汉族人口为 127.74 万人, 占 65.79%; 朝鲜族人口为 59.74 万人, 占 30.77%; 其他民族人口为 6.69 万人, 占 3.45%。与 2010 年第六次全国人口普查时相比, 汉族人口减少 14.40 万人, 下降 10.13%; 朝鲜族人口数量减少 13.78 万人,

下降18.74%；其他民族人口增加218人，增长0.33%。

4. 延边朝鲜族自治州的城镇化率高于全国平均水平

第七次全国人口普查数据显示，延边朝鲜族自治州居住在城镇的人口为148.51万人，占全州人口的比重（城镇化率）为76.48%；居住在乡村的人口为45.66万人，占23.52%。与2010年第六次全国人口普查时相比，城镇人口减少6.82万人，乡村人口减少21.34万人，城镇人口比重提高6.62个百分点。

5. 延边朝鲜族自治州的人户分离增长率高

第七次全国人口普查数据显示，延边朝鲜族自治州人户分离的人口为75.45万人。其中，吉林省内人户分离人口为64.58万人，跨省流入人口为10.87万人。与2010年第六次全国人口普查时相比，全州人户分离人口增加30.31万人，增长67.13%。其中，吉林省内人户分离人口增加27.76万人，增长75.41%；跨省流入人口增加2.54万人，增长30.54%。

6. 延边朝鲜族自治州人口往中心城市聚集的效应明显

2020年第七次全国人口普查数据与2010年第六次全国人口普查数据相比，在延边朝鲜族自治州的8个市（县）中，仅州府所在地延吉市和珲春市人口有所增加，其他市（县）人口均有不同程度的减少，人口向中心城市聚集（见表4-2）。

表4-2　延边朝鲜族自治州所辖各市（县）第七次全国人口普查常住人口

市（县）	人口（人）	比重（%）	
		2020年	2010年
延吉市	686136	35.34	25.32
图们市	85248	4.39	6.05
敦化市	392486	20.21	21.75
珲春市	239359	12.33	10.87
龙井市	129286	6.66	7.97
和龙市	117087	6.03	8.52
汪清县	167911	8.65	11.49
安图县	124187	6.40	8.03

资料来源：延边朝鲜族自治州第七次全国人口普查公报。

7. 延边朝鲜族自治州的人口老龄化程度高

第七次全国人口普查数据显示，延边朝鲜族自治州 60 岁及以上人口的比例为 24.93%，高于吉林省 23.06% 的平均水平，也高于全国 18.70% 的平均水平。0～14 岁人口的比例为 10.96%，远远低于全国平均水平（17.95%）。详情见表 4-3 和表 2-6。

表 4-3　延边朝鲜族自治州第七次全国人口普查时各年龄段人口

年龄	人口（人）	比重（%）
总计	1941700	100.00
0～14 岁	212842	10.96
15～59 岁	1244705	64.10
60 岁及以上	484153	24.93
其中：65 岁及以上	321798	16.57

资料来源：延边朝鲜族自治州第七次全国人口普查公报。

8. 延边朝鲜族自治州边境市（县）的青少年人口比例低

第七次全国人口普查数据显示，延边朝鲜族自治州边境市（县）的人口外流严重，尤其是青少年的比例很低，甚至有些地区 0～14 岁人口的比例只有全国平均水平的一半：图们市为 7.37%，龙井市为 7.44%，和龙市为 8.29%，汪清县为 9.65%（见表 4-4）。

表 4-4　延边朝鲜族自治州第七次全国人口普查各市（县）年龄构成情况

县（市）	占总人口比重（%）			
	0～14 岁	15～59 岁	60 岁及以上	65 岁及以上
全州	10.96	64.10	24.93	16.57
延吉市	12.15	65.58	22.27	14.82
图们市	7.37	60.42	32.20	21.13
敦化市	11.45	63.50	25.05	16.85
珲春市	12.11	65.76	22.12	14.36
龙井市	7.44	61.69	30.87	20.43
和龙市	8.29	62.51	29.20	19.16
汪清县	9.65	63.49	26.86	18.00

县（市）	占总人口比重（%）			
	0~14 岁	15~59 岁	60 岁及以上	65 岁及以上
安图县	11.04	62.01	26.94	18.16

资料来源：延边朝鲜族自治州第七次全国人口普查公报。

二　吉林省传统村庄的特征

　　我国的东北地区在自然地理上属于松辽平原地带，是地势平坦开阔的黑土地，是中国的粮仓。东北这片黑土地在清王朝时期被实施封禁政策长达 200 余年。顺治元年（1644）顺治帝下达了封禁长白山的命令，且以柳条设置围栏把长白山周围全部围起来，以达到不让人进入的目的。康熙七年（1668），康熙皇帝关闭了满洲的大门，他认为满人的发祥地应该成为他们自己的宝地，而汉人移民流入会影响当地满人的人参贸易。同时为了保持满人尚武的部族习俗，满洲被当作一个辽阔的猎场。出于以上这些原因，清朝康熙皇帝在法律上使满洲成为一个真空地区，并立"柳条边"将南满与北满、东满及内蒙古分开①。由于上述原因，东北平原地区的大规模农业耕种发生在比较晚近的时期，直到 19 世纪后期东北地区的人口依然十分稀少。

　　在实行封禁的 200 多年时间里，除清朝皇帝和一些祭拜官员之外，其他人都不允许进入这个区域。而这一封禁命令一直持续到咸丰时期，咸丰帝在 1860 年解除了对长白山的封禁，至此内地人口才大规模地自发移民到东北地区。在传统的农耕时代，东北地区肥沃的土地和丰富的矿藏足以供养大量来自华北的过剩人口。实际上，在 1860 年东北地区解除封禁以前，甚至在明末清初的时候，就有朝鲜族先民从朝鲜半岛跨过鸭绿江和图们江迁居于此。起初是一些朝鲜半岛北部边民因连年不断的自然灾害和李朝政府的残酷剥削，不顾两国政府严酷的"封禁令"，偷渡到图们江和鸭绿江以北

---

　　①　何炳棣：《明初以降人口及其相关问题（1368—1953）》，葛剑雄译，中华书局，2017。

地区，从事挖参狩猎或开垦荒地以谋生。①

（一）吉林省传统村庄的建立始自清末破除"封禁令"后关内和朝鲜流民的大量涌入

第一次全国人口普查数据显示，1953 年我国有朝鲜族人口 111.13 万人，朝鲜族人口在 2000 年达到峰值，为 192.38 万人，而之后人口持续下降。第七次全国人口普查数据显示，朝鲜族人口为 170.25 万人，比 2000 年减少了 22.13 万人（见表 4-5）。

表 4-5　历次全国人口普查时的朝鲜族人口

单位：万人

民族	1953 年	1964 年	1982 年	1990 年	2000 年	2010 年	2020 年
朝鲜族	111.13	133.96	176.52	192.34	192.38	183.09	170.25

资料来源：国家民族事务委员会经济发展司、国家统计局国民经济综合统计司编《中国民族统计年鉴 2021》，中国统计出版社，2023。

截至 2020 年，吉林省延边朝鲜族自治州有朝鲜族人口 74.2 万人，占全州总人口的 35.8%。② 延边朝鲜族自治州作为边疆民族地区，一直是民族团结示范地区，从 1994 年到 2015 年 5 次被国家民委评为"全国民族团结进步模范集体"。

（二）近代以来东北地区人口的流入及其原因

1. 西方列强觊觎我国东北地区的领土压力迫使清政府实施移民举措

在 1840 年鸦片战争之后，外国列强对中国东北区域虎视眈眈，其中沙俄通过与清政府签订《瑷珲条约》和《中俄北京条约》夺占了黑龙江以北、乌苏里江以东 100 多万平方公里的土地。面对日益加深的边疆危机和国内强大的舆论压力，清政府被迫解除对东北的"封禁令"，开始推行移民实边政策。由于朝鲜流民的大量涌入，1885 年清政府在图们江北岸的海兰江开辟

---

① 宋念申：《西南东北间的中国》，《读书》2021 年 11 期。

② 延边朝鲜族自治州人民政府网站，http://www.yanbian.gov.cn/。

"韩民专垦区"，授予朝鲜移民合法开垦耕地的权利，大批朝鲜边民移居图们江北岸，使延边地区逐渐成为中国最大的朝鲜移民聚居区。1910 年日本强制吞并朝鲜，并向朝鲜进行大规模政治移民。他们把日本的"过剩人口"迁往朝鲜，企图改变朝鲜半岛的居民构成，把朝鲜变成第二个日本，再把因日本移民的挤压而破产的朝鲜农民迁往中国东北，使之变成第二个朝鲜，达到吞并整个东北地区的目的。除上述原因，破产农民自动迁入也未停止。① 那时候，许多不愿当亡国奴的朝鲜人纷纷移居东北，朝鲜反日团体和武装也蜂拥而来，转战鸭绿江和图们江流域。1931 年日本发动"九一八"事变，东北沦陷。日本为了加强对我国东北资源的掠夺，妄想把东北变成侵略中国和东亚的跳板和基地，招募大批日本国内民众和朝鲜半岛农民"开拓移民"，东北境内的朝鲜移民急剧增加。

清朝末年，俄罗斯觊觎我国东北大片领土。俄罗斯的尼古拉·穆拉维耶夫伯爵（Count Nicholas Muraviev）对我国黑龙江和乌苏里地区有侵略的野心和举动。黑龙江将军在清朝咸丰四年（1854）的奏折中就提出，挫败俄国领土阴谋的唯一办法是充实满洲北部的巨大真空地带。于是清政府在光绪三十三年（1907）将满洲建为东三省区之前，对汉人移民的一切禁令均已取消。② 根据英国牛庄领事谢立山博士（Sir Alexander Housie）估计，光绪三十年（1904）东北全部人口大约为 1700 万人，这可能比光绪三十三年官方的初步统计数据更接近事实。③

2. 东北富饶的土地资源有很大的人口承载能力

东北地区是富饶的黑土地平原地区，是中国人的粮仓。在 20 世纪 20 年代末和 30 年代初，东北完全垄断了世界的大豆和豆油出口，1931~1937 年的平均产量是 4268000 吨，而中国其他地区的平均产量是 6092750 吨。④ 富饶的土地资源是吸引华北农民移民至此从事农业耕种的最直接原因。20 年

① 舒展：《中国朝鲜族的形成与贡献》，《中央民族大学学报》（哲学社会科学版）2007 年第 3 期。

② 参见何炳棣《明初以降人口及其相关问题（1368—1953）》，葛剑雄译，中华书局，2017。

③ 何炳棣：《明初以降人口及其相关问题（1368—1953）》，葛剑雄译，中华书局，2017，第 191 页。

④ 何炳棣：《明初以降人口及其相关问题（1368—1953）》，葛剑雄译，中华书局，2017，第 191 页。

代，华北平原由于人口、内战、苛捐杂税和饥荒形成了持续压力，而满洲的充裕、相对安宁和政治稳定与此形成了对比，这增加了向满洲移民的推动力。

东北富饶的土地资源也吸引了朝鲜半岛的流民前往。19世纪中叶，朝鲜北部发生严重水旱灾害，朝鲜灾民大批越界流入我国的东北边疆地区垦种农田，形成了一个流动的高潮。1840年甲午战争之后，朝鲜农民的各种税收负担日益加重，大批朝鲜民众不顾清政府的封禁政策流入中国东北边疆地区，到以图们江北岸、鸭绿江沿岸为中心的中国边境地区垦田耕种，维持生计。据学者的不完全统计，1937~1944年，被日本强制迁入东北的朝鲜人达30856户147744人。[①] 1910~1926年，朝鲜移民有298940人，其中居住在延边的有126974人，居住在通化、临江（此两地均属今吉林省）、宽甸（今宽甸满族自治县）的有111324人，居住在其他地区的有60642人。[②] 1952年9月3日，延边朝鲜族自治区宣告成立，在全国众多少数民族聚居区中，成为第三个实行民族区域自治的地方。1955年8月30日，撤销延边朝鲜族自治区，成立延边朝鲜族自治州。

3. 东北的铁路和工业的发展创造了更多就业机会吸引流民移入

根据南满铁路公司研究局的估计，1930年辽宁省、吉林省和黑龙江省的总人口为3430万人。[③] 从1904年到1930年这1/4个世纪里，东北三省的总人口不止翻了一番，人口增长的主要原因是人口流入。至1953年全国人口普查时，东北三省人口为4700万人。[④]

至1945年日本战败前，中国境内的朝鲜人已有200多万人。日本投降后，中国境内的几十万朝鲜人陆续返回朝鲜半岛，留在中国境内的朝鲜人则投入中国共产党领导的土地革命和解放战争，进而在中华人民共和国成

---

① 车哲九：《中国朝鲜族的形成及其变化》，《延边大学学报》（哲学社会科学版）1998年第3期。

② 玄圭焕：《韩国移民史（上）》，三和印刷株式会社，1976。转引自邰静波《改革开放以来我国东北朝鲜族人口流动及其影响》，硕士学位论文，陕西师范大学，2011。

③ 何炳棣：《明初以降人口及其相关问题（1368—1953）》，葛剑雄译，中华书局，2017，第193页。

④ 何炳棣：《明初以降人口及其相关问题（1368—1953）》，葛剑雄译，中华书局，2017，第193页。

立之后成为中国合法公民。1952年9月3日，延边朝鲜族自治区宣告成立，延边的朝鲜族在中国共产党民族政策的指引下，获得了民族自治的权利。

从上述历史可以看出，吉林省边境传统村庄的历史不是很长。由于处于平原地带，村庄呈现规模聚集的形态，建筑以内地汉族民间建筑形式和朝鲜族建筑形式为主。村庄的农户生计以平原地区的稻作农业经济为主，吉林省延边州的人均耕地面积只有0.178公顷，且当地人多以种植水稻为生。种水稻的季节性很强，一年的劳动期只有4个月左右，农闲期长达8个月。因此，利用长白山进行林下经济也是延边朝鲜族自治州农民的传统生计产业之一，这里的林下经济主要是人参产业。由于延边朝鲜族自治州紧邻图们江，靠江吃江也是当地居民的重要生存手段，生活在图们江沿岸的居民季节性地在图们江捕鱼，不过专门从事捕鱼业的居民数量并不多。总体而言，吉林省边境地区的传统村庄是平原地带的农耕类型村庄，调查样本聚集而居，比较集中。

三　吉林省调查样本的生活现状和生活意愿

（一）吉林省调查样本的基本信息

1. 吉林省调查样本的年龄情况

本次问卷调查收集到的吉林省调查样本的年龄结构与延边朝鲜族自治州第七次全国人口普查数据呈现一致的样貌。整体来看，人口结构的老龄化程度比较高，高于总体的平均水平，同时也高于内蒙古自治区与云南省。吉林省46~60岁及60岁以上的调查样本在所有调查样本中的占比较高，分别为40.53%和11.14%（见表4-6）。

表4-6　吉林省调查样本的年龄分布与样本总体对比

单位：%

年龄	吉林省 （N=449）	样本总体 （N=1110）
18~30 岁	4.23	11.89
31~45 岁	44.10	45.14

年龄	吉林省 （N = 449）	样本总体 （N = 1110）
46~60 岁	40.53	35.41
60 岁以上	11.14	7.57

2. 吉林省调查样本的受教育情况

吉林省的调查样本受教育程度与样本总体的情况相比偏低。在最高学历为"初中及以下"和"高中/中专/技校"的调查样本中，吉林省的占比均最高，分别为 49.78% 和 29.60%（见表 4-7）。

表 4-7　吉林省调查样本的受教育程度分布与样本总体对比

单位：%

最高学历	吉林省 （N = 446）	样本总体 （N = 1101）
初中及以下	49.78	44.60
高中/中专/技校	29.60	24.98
大学专科	8.74	12.90
大学本科	10.54	16.35
硕士及以上	1.35	1.18

3. 吉林省调查样本的个人月收入较低

吉林省调查样本的个人月收入总体而言偏低，但是方差较大，收入最高的群体的占比也是三省中最高的。调查数据显示，吉林省个人月收入为"500元以下"、"500~1000元"、"1001~1500元"、"1501~2000元"、"10001~20000元"及"20000元以上"的调查样本占比高于样本总体水平，分别占15.80%、14.07%、11.85%、15.06%、1.23%及1.98%（见表4-8）。

表 4-8　吉林省调查样本的个人月收入分布与样本总体对比

单位：%

个人月收入	吉林省 （N = 405）	样本总体 （N = 1015）
500 元以下	15.80	12.41

续表

个人月收入	吉林省 （N = 405）	样本总体 （N = 1015）
500 ~ 1000 元	14.07	13.10
1001 ~ 1500 元	11.85	10.44
1501 ~ 2000 元	15.06	14.19
2001 ~ 3000 元	17.04	18.33
3001 ~ 5000 元	18.02	17.34
5001 ~ 8000 元	3.95	8.47
8001 ~ 10000 元	0.99	3.55
10001 ~ 20000 元	1.23	1.08
20000 元以上	1.98	1.08

4. 吉林省调查样本的主要收入来源为务农

吉林省调查样本的主要收入来源是务农，其占比远高于样本总体水平。在吉林省，近 2/3 的调查样本以"务农"为主要收入来源，占比高达 60.13%（见表 4-9）。吉林省调查样本务农比例高也可以说明前文提及的调研结果：调查样本的年龄偏大、受教育程度偏低、收入水平偏低。延边地区年轻劳动力大量外流，农村只有老年人在从事农业生产，从而导致了上述调查结果。

表 4-9   吉林省调查样本的收入来源分布与样本总体对比

单位：%

主要收入来源	吉林省 （N = 449）	样本总体 （N = 1110）
务农	60.13	41.80
外出务工或经商	15.37	25.41
在家经商	4.01	3.78
财政补贴	5.12	6.94
其他	15.37	22.07

5. 吉林省调查样本的家庭呈现小型化特征

吉林省调查样本的家庭规模较小。在吉林省调查样本中，家庭人口在 1~

3人的比例为64.81%，而样本总体的该比例为50.63%（见表4-10）。

表4-10 吉林省调查样本的家庭人口分布与样本总体对比

单位：%

家庭人口	吉林省 （N=449）	样本总体 （N=1110）
1~3人	64.81	50.63
4~7人	34.08	48.47
8~10人	1.11	0.90

6. 吉林省调查样本家庭半年以上在外务工（上学）人口占比高于样本总体水平

吉林省在家里有0人或1人半年以上在外务工（上学）的调查样本比例高于样本总体水平，分别占35.19%和34.74%。在家里有2人和3人及以上半年以上在外务工（上学）的调查样本中，吉林省的比例低于样本总体水平，分别占22.05%和8.02%。详情见表4-11。

表4-11 吉林省调查样本家庭半年以上在外务工（上学）人口分布与样本总体对比

单位：%

家庭半年以上在外务工 （上学）人口	吉林省 （N=449）	样本总体 （N=1110）
0人	35.19	28.83
1人	34.74	31.53
2人	22.05	28.20
3人及以上	8.02	11.44

7. 吉林省调查样本中"全年都在家务农"的比例最高

吉林省调查样本中"全年都在外务工"的比例最低，仅占9.58%，而样本总体的该比例为22.97%。"超过6个月时间在外务工"的调查样本占比亦低于样本总体水平（12.07%），为9.13%。"全年都在家务农"的调查样本占比达63.03%，高出样本总体水平（45.14%）近20个百分点。详情见表4-12。

表 4-12　吉林省调查样本的在村时间分布与样本总体对比

单位：%

在村居住时间	吉林省 （N = 449）	样本总体 （N = 1110）
全年都在家务农	63.03	45.14
全年都在外务工	9.58	22.97
超过6个月时间在外务工	9.13	12.07
基本在家务农，零星时间出去打零工	17.82	15.77
在外面上学	0.45	4.05

（二）吉林省调查样本所在村庄和生产生活的基本情况

1. 吉林省调查样本家里土地的承包利用率较高

本次问卷调查显示，吉林省调查样本中将家里的土地"承包给他人"和"自己种植"的比例均高于样本总体水平，同时吉林省的调查样本将家里承包的土地"抛荒"的比例为0.00%。由此可见，吉林省的调查样本家里土地的承包利用率较高、农业经济发展状况较好，其主要原因是吉林省的土地平整连片，便于耕种。详情见表4-13。

表 4-13　吉林省调查样本的土地承包利用情况与样本总体对比

单位：%

土地承包利用情况	吉林省 （N = 449）	样本总体 （N = 1110）
自己种植	60.36	53.87
承包给他人	28.95	21.53
抛荒	0.00	2.70
其他	10.69	21.89

2. 吉林省调查样本家里房屋空置的比例较低

吉林省调查样本家里因为人员外出而空置房屋的情况相对较少。吉林省调查样本家里有因人员外出而空置房屋的比例为19.38%，而样本总体的该比例为22.88%（见表4-14）。

表 4-14　吉林省调查样本的房屋空置情况与样本总体对比

单位：%

家里是否有因为人员外出而空置的房屋	吉林省 （N=449）	样本总体 （N=1110）
有	19.38	22.88
没有	80.62	77.12

3. 吉林省调查样本所在村庄成立专业生产合作社的比例较高

吉林省调查样本所在村庄成立专业生产合作社的比例较高，达 44.77%，而样本总体的比例为 32.97%。由此可见，吉林省调查样本所在村庄农业经济发展规范化、专业化和集约化的水平较高。详情见表 4-15。

表 4-15　吉林省调查样本所在村庄专业生产合作社成立情况与样本总体对比

单位：%

村庄是否有专业生产合作社	吉林省 （N=449）	总体 （N=1110）
有	44.77	32.97
没有	36.53	48.02
不知道	18.71	19.01

4. 吉林省调查样本参与本村专业生产合作社的比例较高

吉林省调查样本加入本村专业生产合作社的比例较高，达 25.17%，样本总体的该比例只有 18.11%（见表 4-16）。由于调查样本加入本村专业生产合作社的比例与村庄专业生产合作社的成立比例密切相关，吉林省的调查样本所在村庄成立专业生产合作社的比例较高，因此村民的参与度也高。

表 4-16　吉林省调查样本加入本村专业生产合作社情况与样本总体对比

单位：%

有没有加入本村专业生产合作社	吉林省 （N=449）	样本总体 （N=1110）
有	25.17	18.11
没有	74.83	81.89

5. 吉林省调查样本所在村庄有企业（小作坊）的比例较高

吉林省调查样本所在村庄有企业（小作坊）的比例较高，达 35.86%，样本总体的该比例只有 29.37%（见表 4-17）。由此可见，吉林省农村经济的工业化程度较高。

表 4-17　吉林省调查样本所在村庄有企业（小作坊）的情况与样本总体对比

单位：%

村庄是否有企业（小作坊）	吉林省 （N = 449）	样本总体 （N = 1110）
有	35.86	29.37
没有	64.14	70.63

6. 吉林省调查样本所在村庄村委会组织村民开展集体活动的比例较高

调研数据显示，吉林省调查样本所在村庄村委会组织村民开展集体活动的频率较高。吉林省调查样本所在村庄村委会不组织集体活动的仅占 17.59%；1 年组织 2~5 次及 5 次以上集体活动的比例较高，分别占 46.10% 和 20.71%，而样本总体的该比例为 36.31% 和 16.04%（见表 4-18）。

表 4-18　吉林省调查样本所在村庄村委会开展集体活动情况与样本总体对比

单位：%

村委会每年开展集体活动频率	吉林省 （N = 449）	样本总体 （N = 1110）
无	17.59	30.00
1 年 1 次	15.59	17.66
1 年 2~5 次	46.10	36.31
1 年 5 次以上	20.71	16.04

（三）吉林省调查样本对村庄的主观描述和生活意愿分析

1. 吉林省调查样本描述的村庄空心化情况

吉林省调查样本表示"村庄大部分劳动力都外出务工了，村里只有老人孩子"以及"村庄好多家庭都搬出去了，好多年都不回来"的比例较高，分别为 63.70% 和 28.73%，而样本总体选择这两个选项的比例为 53.06% 和 21.80%。很多村庄的调查样本外出务工，每年春节都会回到村庄过年，但是吉林省调查样本认为"村子里过年也没什么人，外出务工的很少回来"的比例较高，占 24.50%，样本总体的该比例为 14.41%。在土地使用方面，吉林省的调查样本认为"村里的土地大多数都撂荒了"的比例较低，仅占 2.00%。在对村庄未来居住人口预测方面，吉林省调查样本认为"我们村庄可能再过 10 年就没什么人住了"的比例较高，占 12.03%，样本总体的该比例为 7.93%。详情见表 4-19。

表 4-19　吉林省调查样本对村庄生活状态的主观描述与样本总体对比

单位：%

以下哪种描述很像你居住的村庄	吉林省 （N=449）	样本总体 （N=1110）
村庄大部分劳动力都外出务工了，村里只有老人孩子	63.70	53.06
村庄好多家庭都搬走去了，好多年都不回来	28.73	21.80
村子里过年很热闹，外出务工的都回来	20.27	36.49
村子里过年也没什么人，外出务工的很少回来	24.50	14.41
村里的土地大多数都撂荒了	2.00	8.65
我们村庄可能再过 5 年就没什么人住了	2.90	2.79
我们村庄可能再过 10 年就没什么人住了	12.03	7.93
我们村庄可能再过 20 年就没什么人住了	11.80	9.73

2. 吉林省调查样本未来在村生活意愿

吉林省调查样本中更愿意生活在农村的比例高于样本总体水平，为 60.80%，样本总体水平为 57.75%（见表 4-20）。这样的表现与调查样本的年龄偏大有关。吉林省调查样本以老年在村务农群体为主，所以更多地表现出居住在农村的生活意愿。

表 4-20　吉林省调查样本在村生活意愿与样本总体对比

单位：%

更愿意生活在农村还是城市	吉林省 （N=449）	样本总体 （N=1110）
农村	60.80	57.75

续表

更愿意生活在农村还是城市	吉林省 ($N=449$)	样本总体 ($N=1110$)
城市	20.71	23.06
无所谓	18.49	19.19
合计	100.00	100.00

3. 吉林省调查样本未来在村生活及养老意愿

如表 4-21 所示，吉林省调查样本的养老意愿和生活意愿表现出不同的倾向。吉林省调查样本表示"即便我有条件在城市养老，我老了以后还是想要回到村庄里生活"的比例为 72.16%，低于样本总体水平（73.78%）；而认为"我大概 10 年后会离开村庄，到城市生活"的比例高于样本总体水平（见表 4-21）。上述看似矛盾的数据可以解释当下在农村生活的这部分人纠结的心理状态，也从一个侧面暴露了当地的养老条件。

表 4-21　吉林省调查样本未来在村生活及养老意愿与样本总体对比

单位：%

下列哪些想法跟你相似	吉林省 ($N=449$)	样本总体 ($N=1110$)
即便我有条件在城市养老，我老了以后还是想要回到村庄里生活	72.16	73.78
如果有条件，我想在城市里养老	18.93	19.82
如果有条件，我以后不想回到村庄了，想生活在城市	13.36	12.07
我 5 年内想离开村庄生活	3.12	3.06
我大概 10 年后会离开村庄，到城市生活	3.56	3.24

4. 吉林省调查样本返乡创业意愿

调查数据表明，与其他调研省区相比，吉林省调查样本返乡创业意愿更强烈，态度更积极。调查样本表示"想，并且一直在寻找合适的项目"的比例较高，达 44.77%，高于样本总体水平（41.53%）（见表 4-22）。

表 4-22　吉林省调查样本返乡创业意愿与样本总体对比

单位：%

如果有条件，想不想回到村庄创业	吉林省 （N = 449）	样本总体 （N = 1110）
想，并且一直在寻找合适的项目	44.77	41.53
想，但是恐怕没有这样的条件	35.19	37.57
不想，还是在城市里打工好	3.34	3.96
没想好	16.70	16.94

（四）吉林省调查样本在村生活意愿、养老意愿、创业意愿的年龄差异分析

1. 吉林省调查样本中年龄在 46 岁及以上的未来更愿意生活在农村

吉林省调查样本的未来在村生活意愿在年龄上存在显著差异（Pr = 0.000<0.001），年龄大的调查样本未来更愿意生活在农村。表 4-23 汇报的是吉林省不同年龄的调查样本的未来在村生活意愿及卡方检验结果。其中，年龄为 46~60 岁的调查样本未来更愿意生活在农村的比例最高，达 67.58%；60 岁以上的调查样本次之，占 66.00%；年龄为 18~30 岁的调查样本比例最低，仅为 15.79%。由此可见，年龄在 46 岁及以上的吉林省调查样本更倾向于未来生活在农村。

2. 吉林省的中年调查样本更愿意在农村养老

吉林省调查样本的养老意愿在年龄上存在显著差异（Pr = 0.002<0.01），中年调查样本更愿意在农村养老。表 4-24 汇报的是吉林省不同年龄的调查样本的养老意愿及卡方检验结果。其中，年龄为 31~45 岁的调查样本更愿意在农村养老的比例最高，达 78.79%；年龄为 46~60 岁的调查样本次之，占 71.43%；年龄为 60 岁以上的调查样本比例最低，占 52.00%。由此可见，相较于青年和老年的调查样本，中年的吉林省调查样本即便有条件在城市养老，还是更倾向于老了以后在农村生活。

3. 吉林省的中青年人想返乡创业的比例最高

统计结果显示，吉林省调查样本的返乡创业意愿在年龄上存在显著差异（Pr = 0.001<0.01），中年调查样本返乡创业的意愿更为强烈，青年调查

表 4-23　吉林省调查样本的年龄与未来在村生活意愿交互分析

单位：%

更愿意生活在农村还是城市	年龄				
	18~30岁 (N=19)	31~45岁 (N=198)	46~60岁 (N=182)	60岁以上 (N=50)	总体 (N=449)
农村	15.79	57.58	67.58	66.00	60.80
城市	42.11	20.20	20.88	14.00	20.71
无所谓	42.11	22.22	11.54	20.00	18.49

表 4-24　吉林省调查样本的年龄与养老地点意愿的交互分析

单位：%

即便我有条件在城市养老，老了以后还是想要回到村庄里生活	年龄				
	18~30岁 (N=19)	31~45岁 (N=198)	46~60岁 (N=182)	60岁以上 (N=50)	总体 (N=449)
是	63.16	78.79	71.43	52.00	72.16
否	36.84	21.21	28.57	48.00	27.84

样本的态度与行动更为积极。表 4-25 汇报的是吉林省不同年龄的调查样本返乡创业意愿及卡方检验结果。在表示"想，并且一直在寻找合适的项目"的吉林省调查样本中，年龄为 18~30 岁的调查样本的占比最高，达 52.63%；年龄为 31~45 岁的调查样本的占比次之，为 51.01%；60 岁以上的调查样本的占比最低，仅为 28.00%。在表示"想，但是恐怕没有这样的条件"的吉林省调查样本中，年龄为 60 岁以上的调查样本的占比最高，为 38.00%；年龄为 46~60 岁的调查样本的占比次之，为 37.91%；年龄为 18~30 岁的调查样本的占比最低，为 15.79%。由此可见，中年吉林省调查样本有更为强烈的返乡创业意愿，但态度与行动上的积极性低于青年人。

表 4-25　吉林省调查样本的年龄与返乡创业意愿交互分析

单位：%

如果有条件，想不想回到村庄创业	年龄				
	18~30岁 (N=19)	31~45岁 (N=198)	46~60岁 (N=182)	60岁以上 (N=50)	总体 (N=449)
想，并且一直在寻找合适的项目	52.63	51.01	41.76	28.00	44.77

续表

如果有条件，想不想回到村庄创业	年龄				
	18~30 岁 (N = 19)	31~45 岁 (N = 198)	46~60 岁 (N = 182)	60 岁以上 (N = 50)	总体 (N = 449)
想，但是恐怕没有这样的条件	15.79	33.84	37.91	38.00	35.19
不想，还是在城市里打工好	15.79	3.03	2.75	2.00	3.34
没想好	15.79	12.12	17.58	32.00	16.70

四　吉林省边境县（市、区）农村人口减少和传统村庄空心化的案例

吉林省有 10 个陆地边境县（市、区），分别是：白山市浑江区、图们市、珲春市、龙井市、和龙市、安图县、临江市、集安市、抚松县、长白朝鲜族自治县。现就其中 6 个边境县（市）的人口发展情况做深入分析。

（一）和龙市人口发展情况

1. 和龙市人口规模在 2010~2020 年急剧减少

和龙市为延边朝鲜族自治州的边境市，和龙市东直距中俄边境仅 60 公里，直距日本海 80 公里。和龙市与朝鲜民主主义人民共和国的咸境北道、两江道隔图们江相望。1883 年，清朝政府与朝鲜签订《吉林朝鲜商民贸易地方章程》（以下简称《章程》），"和龙峪"一名始见于《章程》中，"和龙"在满语中意为"山谷"。2015 年和龙市被评为吉林省优秀旅游市，2016年被列入"国家全域旅游示范区"创建名单。2017 年 12 月，国家民委将和龙市命名为第五批全国民族团结进步创建示范区（单位）。

第七次全国人口普查数据显示，2020 年和龙市常住人口为 117087 人（见表 4-2）。和龙市的人口中，0~14 岁人口占 8.29%，15~59 岁人口占 62.51%，60 岁以上人口占 29.20%，其中 65 岁以上人口占 19.16%（见表 4-4）。从数据上看，和龙市自 2017 年以来总人口下降速度较快。第六次全国人口普查数据显示，2010 年末和龙市户籍总人口为 197885 人。从 2010 年到 2020年，和龙市总人口减少了 80798 人，这 10 年是和龙市自 1964 年以来人口减

少规模最大的 10 年，见表 4-26。

表 4-26 吉林省和龙市人口发展情况

	年份							
	1964	1982	1990	2000	2010	2015	2017	2020
常住人口数（人）	181716	241152	242417	223819	197885	179671	171427	117087
出生率（‰）	46.04	17.81	16.07	—	—	3.06	1.8	—
死亡率（‰）	13.55	6.69	7.65	—	—	9.91	13.01	—
总和生育率（‰）	—	—	—	—	—	1.38	0.87	—

资料来源：延边州发展和改革委员会提供。

2. 和龙市人口负增长特点

和龙市"人户分离"现象日益明显。不同于一般的人口自然负增长，20 世纪 90 年代以来，和龙市出现了人口负增长与大量"空挂户"交叉重叠的现象。随着人口负增长的持续，这种"空挂户"现象日益增多。由于各种社会原因和经济利益驱动，流动人口使"人户分离"现象日益明显。随之而来的"空挂户"现象则进一步加快了人口减少的速度，最终使和龙市人口日渐递减和不断空心化。具体表现为以下几个现象。

一是青年人口外流严重。随着经济社会的快速发展，作为生育主体的青年人外出打工和出国务工的越来越多，当地适龄未婚青年大幅度减少，并且当地高中毕业后到外地大学就读的学生大学毕业后 80% 以上选择在外地就业。

二是生育率持续下降和老龄化严重。虽然截至本调研进行时，吉林省已实行了全面二孩政策，但是人口出生率仍然在下降。这一方面是由于个人生育意愿较低，即综合考虑多生育一个孩子所要付出的物质成本和机会成本、高素质教育费用以及将来孩子的就业因素等，很多育龄夫妇不愿意多生育孩子；另一方面是由于多数朝鲜族民众选择外出务工，晚婚、晚育现象导致客观上不具备生育二孩的条件。生育率下降和年轻人口外流使和龙市人口老龄化程度不断加深。

生育率持续走低会导致学校未来没有生源。按现在的人口缩减速度发展下去，再过几年和龙市半数以上的乡镇中心校将面临没有学生的问题。

过去 20 年的农村教育布局调整，把各村小学、教学点全部撤并到镇中心校集中办学，但学生的数量还在减少，比如和龙市南坪镇南坪学校全校共有 3 名学生、10 位老师，这些学生毕业后，学校很难继续正常开办。

（二）长白朝鲜族自治县人口发展情况

长白朝鲜族自治县（以下简称长白县）是边境县，隔鸭绿江与朝鲜民主主义人民共和国两江道的一市五郡相对。长白县的陆界有 3.5 公里，水界以鸭绿江为界，长 257 公里。鸭绿江水面为中朝两国共有。长白县的林业资源丰富，森林总面积 232895.6 公顷，森林覆盖率达 92%。长白县现有林业用地 3.3 万公顷。①

长白县也呈现人口外流的态势。截至 2018 年末，流动人口登记 3089 人，其中流入 1095 人、流出 1994 人。长白县流动人口的特征如下：一是流出人口以农村人口为主，大学生返乡的越来越少，外出务工人口与往年基本持平；二是流入人口以县城或其周边的人参场务工人口为主，长白县人参产业面积的减少，使外来务工人员随之减少；三是人口流出国外（韩国居多）；四是流出人口中，大学生较多，朝鲜族人口相对较多。整体来看，流动人口中普遍是学历太低的出不去，学历高的不回来，中等文化水平的能来回流动。

表 4-27　吉林省长白县人口发展情况

	年份							
	1964	1982	1990	2000	2010	2015	2017	2020
常住人口数（人）	45823	76257	82409	85971	85389	81107	78985	58266
出生率（‰）	49	17.66	16.5	7.63	7.6	5.98	7.3	—
死亡率（‰）	13.5	4.9	4.8	8.11	7.3	8.48	13.7	—
出生人口（人）	2186	1333	1346	661	620	487	579	—

资料来源：根据吉林省发改委提供数据以及长白县统计局《长白朝鲜族自治县第七次全国人口普查公报（第一号）》（http://www.changbai.gov.cn/zwgk/gsgg/202107/t20210706_684923.html）整理。

---

① 《长白县情》，http://www.changbai.gov.cn/cbgk/cbxq/201801/t20180108_257116.html，最后访问日期：2024 年 12 月 10 日。

（三）集安市人口发展情况

集安市隶属于吉林省通化市，位于吉林省东南部，东南与朝鲜民主主义人民共和国隔鸭绿江相望，边境线长 203.5 公里，是我国对朝三大口岸城市之一。集安市总人口从 2010 年开始呈现下降态势，2017 年，全市常住总人口为 238974 人。2010 年，全市人口开始负增长，人口出生率由 2010 年的 6.71‰下降到 2017 年的 3.80‰。

表 4-28　吉林省集安市人口发展情况

年度	常住总人口（人）	出生率（‰）	死亡率（‰）	出生人口（人）	自然增长率（‰）
1964	176283	44.34	11.25	7825	33.18
1982	208104	15.28	62.50	3178	9.03
1990	239849	12.81	6.10	2851	6.71
2000	239849	7.82	6.07	1812	1.75
2010	232278	6.71	12.21	1509	-5.50
2015	238252	4.40	5.60	928	-1.20
2017	238974	3.80	5.40	793	-1.60

资料来源：根据历年统计年鉴汇总。

国家施行的全面二孩政策并未扭转集安市的出生率下降趋势。在 2016 年 1 月全国施行全面二孩政策的同时，集安市作为边境城市实施全面放开三孩政策，但出生人口没有因此出现增长（见表 4-29）。

表 4-29　集安市 2016 年与 2017 年出生人口情况

单位：人

年份	出生人口	一孩数	二孩数	多孩（三孩及以上）数
2016	910	496	374	40
2017	793	379	359	55

（四）临江市人口发展情况

临江市位于吉林省东南部、长白山腹地、鸭绿江中上游，与朝鲜民主主义人民共和国隔江相望，边境线长 146 公里，辖区面积 3008.5 平方公里，辖 7 个乡镇、6 个街道、70 个行政村、22 个社区，总人口 14.64 万人[①]。临江市是中国高山红景天之乡，也是亚洲硅藻土储量第一的硅藻土工业城。近年来，临江市人口呈现以下几个变化趋势。

一是临江市总人口截至 2018 年末为 168013 人，出生率为 3.54‰，死亡率为 4.92‰，自然增长率为 -1.38‰，人口绝对数量减少。其中男性 84522 人，女性 83491 人；城镇人口 63120 人，农村人口 104893 人；60 岁以上人口 42577 人，占总人口的 25.34%；15 岁以下人口 14315 人，占总人口的 8.52%。2016~2018 年，常住人口数量呈减少趋势：2016 年常住人口为 176701 人，2017 年常住人口为 164380 人，2018 年常住人口为 160783 人。

二是自 2016 年实施全面二孩政策以来，生育率无明显变化。2016 年末出生人口 941 人，其中一孩 536 人、二孩 367 人、多孩 38 人；2017 年出生人口 751 人，其中一孩 401 人、二孩 318 人、多孩 32 人；2018 年出生人口 595 人，其中一孩 325 人、二孩 241 人、多孩 29 人。与未实施全面二孩政策之前的 2015 年相比，二孩出生率无明显差别（2015 年全市出生人口 799 人，其中一孩 512 人、二孩 259 人、多孩 28 人）。

三是人口净流出多。截至 2018 年末，全市流出人口 8554 人，流入人口 867 人；流动人口的年龄大多在 18~49 岁。

就目前的人口数据来看，临江市将逐步进入老龄化社会。目前二孩生育意愿无显著提高，人口出生率无太大变化，但是人口自然增长率连续为负。由于生育成本、经济负担、照料负担等问题，相当一部分家庭存在不敢生、不愿生的现象。此外，临江市经济发展较为落后，就业机会较少，教育医疗等配套设施不够完善，越来越多的青壮年人口选择到发展空间大的城市学习、工作、生活，导致临江市不仅人口减少问题较为突出，还出现了人口结构失衡问题。

（五）龙井市人口发展情况

龙井市地处吉林省东部、延边朝鲜族自治州东南部、长白山东麓。全

---

① 《临江概况》，http://www.linjiang.gov.cn/ljlj/，最后访问日期：2024 年 12 月 10 日。

市面积 2208 平方公里，森林覆盖率达 71.5%，2020 年总人口 12.9 万人①。龙井市下辖 5 个镇、2 个乡和 1 个社区管委会。截至 2017 年底，龙井市户籍人口为 15.68 万人（以下数据均为户籍人口），人口出生率为 6.2‰，死亡率 14.6‰，自然增长率为 -8.4‰，总和生育率为 22.3‰，男女人口比为 97∶100，城镇与农村人口比为 195∶100，汉族人口占 32.2%，朝鲜族人口占 66.4%，满族人口占 1.1%。总体来说，龙井市人口发展呈现以下趋势。

一是新中国成立后龙井市总人口先增后减。在 1990 年之前，龙井市人口呈增加态势，1965 年至 1990 年共增长 3.8 万人，但 1990 年至 2000 年，龙井市人口开始逐步减少。第七次全国人口普查数据显示，2020 年龙井市总人口为 129286 人，与 2010 年第六次全国人口普查时相比减少 47948 人。

二是乡村人口占比下降。"七普"数据显示，龙井市人口中，居住在城镇的人口为 96972 人，占全市人口的比重（城镇化率）为 75.01%；居住在乡村的人口为 32314 人，占 24.99%。与 2010 年第六次全国人口普查时相比，龙井市城镇人口减少 25093 人，乡村人口减少 22855 人，乡村人口占比下降了 6.14 个百分点。

三是人口老龄化现象严重。"七普"数据显示，龙井市人口中，0~14 岁人口为 9623 人，占 7.44%；15~59 岁人口为 79755 人，占 61.69%；60 岁及以上人口为 39908 人，占 30.87%，其中 65 岁及以上人口为 26413 人，占 20.43%。与 2010 年第六次全国人口普查时相比，0~14 岁人口占比提高 0.75 个百分点，15~59 岁人口占比降低 12.18 个百分点，60 岁及以上人口占比提高 11.43 个百分点，65 岁及以上人口占比提高 7.59 个百分点。

四是人口外流严重。"七普"数据显示，龙井市人口中人户分离人口为 35263 人。其中，吉林省内人户分离人口为 30674 人，跨省流入人口为 4589 人。与 2010 年第六次全国人口普查时相比，人户分离人口增加 14835 人，增长 72.62%。其中，省内人户分离人口增加 13591 人，增长 79.56%；跨省

①《龙井市第七次全国人口普查公报》，http://www.longjing.gov.cn/zw/gggs/202106/t20210610_342563.html，最后访问日期：2024 年 12 月 10 日。

流入人口增加 1244 人，增长 37.19%。

龙井市人口减少的主要原因是工业经济的衰退、行政区划的调整以及朝鲜族民众赴韩国打工的热潮。

一是 20 世纪 90 年代国企改革后当地就业岗位大幅减少。20 世纪 60~80 年代，龙井市的工业发达。1993 年，全市有工业企业 198 家，工业总产值超过 9 亿元，占全省工业总产值的 1.1%，在县级市中名列前茅，工业的发达直接带动了人口的聚集。因此，1990 年之前，龙井人口呈增加态势。国企改制后，大部分国有企业转为民营企业。改制后的企业受到国际市场价格竞争、技术落后、销售渠道受限等影响，造纸、印刷、皮革、化工、机械、纺织、建材、木材加工等行业企业纷纷宣布破产、倒闭，其中包括国内知名的开山屯化纤厂、龙井拖拉机厂、龙井皮革制品厂、龙井造纸厂、龙井水泥厂、朝阳川酿酒厂、延边亚麻厂等 40 多家企业，工业产业衰退现象非常明显。以开山屯化纤厂为例，该厂建于 1936 年，是我国制浆、造纸行业的综合大型国有企业和粘胶纤维木浆生产基地，1990 年工业产值达到 1.2 亿元，企业职工过万人。但改制后由于企业负担太重、管理体制不适应时代发展需要，加之国家对树木采伐的限制导致原材料成本增加，企业最终破产。总体来说，国企改革后，由于经济的衰退，龙井总人口开始逐步减少。

二是行政区划调整对人口产生直接影响。新中国成立以后，延边州几经行政区划改革，龙井市相继划出了图们、烟集、长安、依兰、八道的部分地区。特别是 2008 年，龙井市工业重镇朝阳川镇被划归至延吉市。据统计，划转前朝阳川有户籍人口 5.2 万人，是龙井市人口最多的乡镇。根据当时的政策，这 5.2 万人的户籍将统一划转到延吉市，因此龙井市人口在 2007~2008 年锐减，由 24 万人减少到 18.6 万人。

三是劳务经济对人口增长产生的副作用明显。从 20 世纪 80 年代起，延边州逐渐兴起了出国务工的劳务经济浪潮。进入 21 世纪后，出国务工的劳务经济发展更为迅速。以 2010 年为例，延边州出国劳务人员数量达到 20 万人，其中以去韩国务工为主，每年实现劳务收入 8 亿美元。在城镇人口中，将近 1/7 的劳动力都选择出国打工。而在农村，这一比例达到了 1/3，很多朝鲜族家庭都出国打工，家中只剩下老人和小孩留守。这种现象，在朝鲜族人口相对集中的龙井更为明显。由于劳务经济存在较多不确定性，公安、人社、商务等部门无法对具体情况进行翔实统计，但可以肯定的是，劳务经济的发展势必对人口规模造成影响，这也是龙井人口减少的原因之一。

（六）珲春市人口发展情况

珲春市地处吉林省东南部、图们江下游，与朝、俄两国陆路相连，与朝、俄、韩、日水路相通。珲春市距图们江入海口仅 15 公里，是中国经由日本海连接北美、北欧的最近点，也是连接朝鲜半岛、俄罗斯、日本、蒙古国的重要贸易走廊。由于地处图们江区域国际合作开发的核心地带，珲春也被称为东北亚的"金三角"。珲春市面积 5134 平方公里，与俄罗斯滨海边疆区的哈桑区接壤，边境线全长 246 公里；与朝鲜咸镜北道相邻，边境线全长 139.5 公里。珲春市 2023 年末有户籍人口 22.01 万人，比 2022 年减少 2670 人。其中，18 岁以下人口 2.84 万人，60 岁以上人口 5.93 万人。2023 年地区生产总值为 115.65 亿元，全口径财政收入 23.61 亿元，全年财政总支出 41.83 亿元。全年城镇常住居民人均可支配收入 3.29 万元，农村常住居民人均可支配收入 1.91 万元。①

1. 珲春改革开放以来经济社会发展概况

珲春是东北亚的"金三角"，在 20 世纪 90 年代，它是东北地区的"小深圳"。近代以来，珲春有两次移民潮，一次是 20 世纪 30~40 年代山东流民闯关东和朝鲜流民的大规模移入，另一次是 90 年代初的东北亚开发热潮引发的移民潮。总体来看，珲春的人口流动和发展与世界时局及国家政策相关性很大。

国家的对外开放政策为延边朝鲜族自治州经济尤其是涉外经济发展带来了机遇。早在 20 世纪 50 年代，延边地区便开始了对外贸易，1954 年经中央人民政府政务院（现国务院）批准，延边地区同朝鲜咸镜北道开展边境小额易货贸易。后因"文化大革命"，中朝边境贸易中断。1982 年，延边

---

① 《珲春市 2023 年国民经济和社会发展统计公报》，http://www.hunchun.gov.cn/hcszfxxgkw/xzjdkfq_1247/cyqybz/xxgkml/202406/t20240615_460949.html。

地区重新开展了对朝鲜的边境易货贸易。总体而言，1982～1987年，延边地区的对外贸易仅仅是边境易货贸易且数量有限，整个20世纪80年代延边朝鲜族自治州的对外贸易额都不大。

从改革开放之初到20世纪80年代末，珲春逐渐由封闭走向开放，从1985年起，图珲公路、图珲铁路、珲春电厂、珲春煤矿等项目相继开工建设，城市基础设施得到改善。利用图们江开辟吉林省对外贸易口岸的课题被提上日程。1986年6月，国家批准珲春对朝贸易经营权；1988年4月，国务院批准珲春可以与苏联哈桑区进行直接贸易；1988年7月，国务院批准珲春撤县建市。同年12月，省政府批准珲春为省级开发区；长岭子口岸被国务院批准为对苏（联）边境贸易口岸。同年，围绕图们江出海权问题正式开展了外交谈判；1990年实现了经图们江第一次出海试航成功，由此拉开了珲春全面开发开放的序幕。

1988年，边境易货贸易之外的其他贸易形式开始被允许进行，因此贸易额出现了较大幅度增长。1990年，联合国开发计划署（UNDP）提出了多国联合开发图们江流域的建议，拟在20年内筹资300亿美元，在该地区建设一个具有全球水平的集港口、机场、铁路于一体的交通枢纽及商贸和金融中心。此举引起了国际社会对图们江地区开发的高度关注和热情参与。国务院于1992年3月批准珲春为进一步对外开放的边境城市，9月批准设立珲春边境经济合作区。国家还拟定了《图们江下游珲春地区综合开发规划大纲》。同期，朝鲜在罗津-先锋地区设立自由经济贸易区，俄罗斯在滨海边疆区设立了"大海参崴自由经济区"。这一阶段对外开放最显著的特点是开发力度大、层次高、参与面广、成效显著。1992年和1993年，珲春市的主要经济指标实现了爆发式增长。

1991年，联合国开发计划署正式提出图们江地区国际开发计划。中、俄、朝三国制定各种优惠政策，吸引国际资本，形成了图们江地区开发的第一次热潮。1995年12月，中、俄、朝签署了《关于建立图们江地区开发协调委员会的协定》，与此同时，中、俄、朝、韩、蒙古五国签署了《关于建立图们江经济开发区及东北亚协商委员会的协定》以及《关于建立图们江经济开发区及东北亚环境准则谅解备忘录》，标志着图们江地区开发进入实质性阶段。此后，我国投入大量资金，以珲春市为中心，重点建设交通、通信、能源等基础设施，口岸条件得到了极大改善，为图们江地区开发创造了有利条件。但是，由于受多方面因素的制约，图们江地区开发在20世纪90年代中后期以后逐渐冷了下来，与国内其他地区相比，图们江地区的开发进展相对缓慢。

真正推动珲春发展的是1992年8月中国与韩国正式建立外交关系。建交以后，中韩双边关系日益密切，发展良好。两国领导人保持互访，各领域合作不断加强。1998年，中韩两国政府决定把两国关系提升为"合作伙伴关系"；2003年，中韩两国政府进一步把两国关系发展为"全面合作伙伴关系"，加强两国高层交往，扩大双方各部门和各层次的对话与交流；2015年，谈判已久的中韩自贸协定获得了双方批准，中韩正式建立中韩自由贸易区。中韩建交和友好关系的不断发展，为中韩两国经贸关系发展创造了良好的政治前提。1992年，中韩双边贸易额为50余亿美元，到20年后的2012年，中韩双边贸易额达到2500多亿美元，中国成为韩国的第一大贸易伙伴和最大的投资对象国，而韩国成为中国的第三大贸易伙伴。

1989年，韩国企业开始在延边投资，这一年延边朝鲜族自治州首次引进了外资，其中实际利用外资101.1万美元。从延边地区吸引外资的情况来看，中韩建交后，韩国一直是延边朝鲜族自治州的最大外商投资来源国。截至2001年，"共有23个国家和地区向延边投资，共建立580家企业，其中韩国企业就有414家，占71.4%"。韩国实际投资延边的资金为23935万美元。[1] 在外商投资总额中，韩国实际投资额在总的境外投资额中所占比例一直在60%以上。[2] 对延边投资的外资主要是韩国资金。[3] 在此基础上，珲春市以建设繁荣兴旺的口岸城市为目标，坚持投资拉动战略和开放带动战略，围绕通道建设、项目建设和城市建设三条主线，至2008年工业经济总量已跃居吉林省第九位，人均地方财政收入和人均固定资产投资额分列全省第二和第一，此后一直保持这样的发展态势。在珲春地方经济获得发展的同时，当地朝鲜族人口外出务工赚回的劳务汇款额同延边自治州的预算

---

① 沈万根：《图们江地区开发中延边利用外资研究》，民族出版社，2006，第145页。
② 李承律：《东北亚时代的朝鲜族社会》，世界知识出版社，2008，第321页。
③ 管延江：《延边对韩劳务研究》，延边人民出版社，2010，第107页。

相等。新华网吉林省频道报道"延边州外派劳务人员年赚回亿美金……"①，这种对外劳务输出给当地带来巨额收入的现象，一度被称为"延边模式"。

在珲春市的发展过程中，比较有代表性的时间节点还有 2013 年。这一年，珲春市根据周边国家经济发展情况，创新性地提出了出口加工的对外贸易加工模式，这个变革为珲春市带来了外贸领域划时代的变化。2013 年到 2017 年底，珲春市出境加工净贸易额已占全市对外贸易额的 25%，贸易伙伴覆盖了 82 个国家和地区，包括俄罗斯、朝鲜、韩国、蒙古国、美国等。一个比较典型的案例是珲春加工朝鲜海域的水产品，然后出口到韩国。珲春与朝鲜罗先相邻，朝鲜海域的明太鱼、鳕鱼、鱿鱼等水产品资源十分丰富，年捕捞量达 85 万吨，经珲春出口加工区的明太鱼制品已占据韩国市场的 80%。

2. 珲春市改革开放以来的人口发展情况

珲春市是改革开放以来以对外贸易为支柱产业兴起的边贸城市，临近的类似城市有黑龙江省的黑河、绥芬河，内蒙古自治区的满洲里，类似的边境城市还有广西壮族自治区的北海、防城港等。边贸的发展带动了当地的餐饮、住宿、物流、旅游、商品批发与零售等第三产业发展，吸引了周边农村人口向边贸城市聚集，推动了边境地区经济的增长，提高了边境地区人民的生活水平。

珲春市经济发展的同时，人口结构随之调整。改革开放以来，珲春市的户籍人口从 1978 年的 14.2 万人增加到 2017 年的 22.9 万人。珲春市的人口增加与国家给予的对外开放政策息息相关。1991 年 11 月 18 日，国务院批准珲春市为甲级开放城市。1992 年 3 月 9 日，国务院批准珲春市为边境开放城市，并批准设立珲春边境经济合作区。自此，珲春市承担起我国沿边开放开发和国际合作开发的双重历史使命。与此同时，伴随着计划生育政策的实施，珲春的出生率从 1978 年的 23.75‰ 下降到 2017 年的 9.46‰（见表 4-30）。

---

① 罗澳缔：《中国延边朝鲜族自治州的移民资本流动》，关祎译，《广西民族大学学报》（哲学社会科学版）2008 年第 2 期。

表 4-30   1978 年以来珲春市户籍人口情况

	1978 年	1992 年	2017 年	2020 年
户籍人口（人）	142337	187005	228763	239359
出生率（‰）	23.75	10.5	9.46	—
城镇人口（人）	35093	115805	179636	—
农业人口（人）	107244	71200	49127	—

资料来源：《2018 年延边州统计年鉴》。

1978~2017 年，珲春市户籍人口整体在增加，朝鲜族户籍人口一直保持在 8 万人以上，但占总人口的比例有所下降；与此同时，汉族人口增加了 1.56 倍（见表 4-31）。

表 4-31   1978 年以来珲春市户籍人口的民族分布情况

单位：人

	汉族	朝鲜族	满族	回族	蒙古族	其他民族
1978 年	47686	80347	13992	277	7	28
1992 年	82760	85407	18174	493	134	37
2017 年	121985	82935	22346	743	585	169

资料来源：《2018 年延边州统计年鉴》。

珲春市的朝鲜族人口发展停滞与赴韩务工的潮流有关。1992 年中韩建交以来，珲春市大量朝鲜族居民利用自身的语言文化优势到韩国务工这一趋势表现得非常明显，一般是个人先行流出，在流入地寻找到合适的机会之后家庭随同迁入。跨国务工使延边州朝鲜族传统村庄的人数不断减少，加之朝鲜族育龄妇女生育意愿低，造成当地朝鲜族人口多年呈负增长状态，朝鲜族人口在总人口中的比例逐年下降。

表 4-32   1992 年以来延边州朝鲜族人口变化情况

单位：%

	1992 年	1997 年	2002 年	2007 年	2013 年
朝鲜族人口增长率	0.16	-0.16	-0.28	-0.18	-0.71
朝鲜族人口占全州总人口比例	40.05	39.18	38.12	37.04	36.36

资料来源：《2014 年延边州统计年鉴》。

珲春县志和民政部门的资料显示，珲春市自 2000 年以来减少了 6 个村庄，其中有 3 个村庄是水库移民村，还有村庄的兼并，最近的一次是 1997 年大红旗村兼并人口较少的小红旗村。珲春市为了改变人口结构问题，近年来做了如下一系列的工作。

（1）实施 15 年免费教育

2015 年，珲春市实施了学前三年及高中阶段基本免费教育政策，在吉林省率先实现 15 年基本免费教育。自 2015 年 8 月起，按照《珲春市普通高中免费教育实施方案（试行）》，珲春市对公办高中生实行基本免费教育，免除了学杂费和教科书费等费用。每年秋季开学前，市财政局根据高中学籍备案情况做出公用经费预算，按照每人 3500 元的标准统一拨付。2015 年 12 月，珲春市又制定下发了《珲春市学前三年基本免费教育实施方案》和《学前三年基本免费教育工作相关问题解答》，建立珲春市学前教育管理信息系统，政府给予民办幼儿园每名幼儿 270 元/月免费教育资金，每年按十个月计算。截至 2018 年，共拨付 4203.8 万元。珲春市还对学校布局调整造成上学路途过远的学生提供食宿和交通补助，对朝鲜族中小学校寄宿生实行食宿费全免政策，减轻群众的家庭教育负担。

（2）延边大学珲春校区建成

2016 年 12 月 20 日，吉林省人民政府下发《关于同意筹建延边大学珲春校区的批复》，正式拉开了延边大学珲春校区的建设序幕。珲春校区的建立，既是延边大学与图们江区域开发开放、"一带一路"建设、振兴东北老工业基地等的紧密对接，也是对高教强省精神的深入贯彻，旨在为区域经济建设和社会发展服务，为"先导区"开发开放提供人才、智力和科技的有力支持。

2017 年 1 月 5 日，延边大学与珲春市人民政府筹建延边大学珲春校区签约仪式在珲春市举行。珲春校区的建立，不仅能够将珲春的区位优势、产业优势与延边大学的科技优势、人才优势有效结合，助力珲春实现科技强市、文化强市的目标，而且能够为延边大学在"十三五"时期实现新发展、新跨越带来新的契机，成为东北亚地区开放合作办学的重要窗口和创新平台。

2017 年，延边大学珲春校区一期建设完成。延边大学珲春校区建成并实现招生办学，圆了珲春人民期盼多年的"大学梦"。该校预计的招生规模为8000人。

珲春校区依托延边大学学科专业优势，结合珲春市地域发展特色及需求，以区域经济社会发展需要的专业为起点，坚持同标准、同水平的原则，2017年开设了旅游英语、商务日语、应用韩语三个专科专业，总计招收来自全国9个省份的学生400余人。未来将以全日制普通本科、专科教育为主，同时发展研究生教育、留学生教育，开展非全日制学历教育和非学历教育等多层次办学，将逐渐形成珲春校区与延吉校区互为依托的办学格局。同时，珲春校区还将汇聚高等教育资源，搭建互通共享平台，与国内外高校协同合作，开展实习实训、协同创新创业、联合科研攻关、拓展学术交流，设立吉林省大学生创新创业教育基地、吉林省虚拟大学园区、吉林省大学国际学术交流基地，提升珲春市和珲春校区的影响力和知名度。珲春校区的目标是要建设成为区域特色突出、社会服务显著、学科专业优势明显、国际化办学特色鲜明的东北亚地区合作办学的示范校。为拓宽专科学生的就业、升学渠道，珲春校区为专科学生提供了"3+2"学习模式，即在珲春校区学习3年后，可赴韩国、俄罗斯等国签约合作学校继续学习2年，达到听课标准，无须考试即可拿到我国教育部承认的留学学校本科证书、学士学位证书和延边大学专科毕业证书。2018年，延边大学珲春校区已与韩国4所高校签订了合作协议，与俄罗斯1所高校签订了合作意向书，正在与日本1所高校开展洽谈。

（3）推动返乡创业

在市场经济条件下，一个国家的生产要素与商品是可以在各地区之间自由流动的，这种自由流动的结果是农村劳动力的流动，最终带来的是"不均衡"。资本和劳动力总是以不同的途径在城市和农村之间流动。在这种情况下，由政府出面、返乡创业人员出资、当地人出力共同完成地方产业链的搭建，可以有效带动人口流出地经济的发展，为具有地方特色的经济发展奠定基础。

珲春市大力开展返乡创业工作，打造良好的发展环境，吸引外出务工人员返乡，为归家游子创业引路。2016年，珲春市被国家发展和改革委员会批准为首批国家级农民工等人员返乡创业试点城市。但是，返乡创业的长期效果还有待观察。笔者调研时，一个基层干部认为，返乡创业计划能不能长期留住这些人，当前还很难讲，他说：

> 我们也搞了一个返乡创业，开展这项工作，引导一些年轻人回去，回去没有产业，农村除了种地以外，有什么可做的？扶贫我也负责一个村，我去了以后买瓶水，整个村里没有一个商店，我们还得开车出去到离村很远的商店才能买一瓶水，村里没有什么产业，这个是没有办法的事，目前这种状况很难解决。返乡创业给回来的人贷款，支持他，但是成效怎么样？当时可能能行，过个一年两年能行，五年六年不好说，十年八年更不好说了。60岁以上老头儿老太太我们也搞培训，能干点啥干点啥，效果不是太明显。也让应届毕业生到村里实习，去村里搞一些服务，但这只是短期的，他们留不下，他们待一段时间就走了。（访谈资料20180718005）

地处边境地区的珲春市的返乡创业工作存在很多其他地方所没有的困难。首先，边境村屯管理层级较多，产业项目难以开展。边境村地理位置特殊，一直都属于多头管理地区。以珲春市的敬信镇为例，辖区内同时有森工集团林区、边防管区、防川景区、国家湿地公园、东北虎豹国家公园，仅东北虎豹国家公园在珲春市的占地面积就达3566平方公里，超过珲春总面积的2/3。有关部门在边境地区的多重管控对边境地区的稳定和生态环境保护做出了重大贡献，但同时也不可避免地制约了边境村屯的开发开放。农业产业化项目、种植养殖业等都受到用地限制，产业发展受到了较大影响。

其次，创业环境不具备比较优势。珲春市在工资待遇、政策环境、社会福利、基础设施建设等方面与大城市相比仍存在很大差距，珲春籍在外人员特别是成功人士和高校毕业生选择留在大城市发展定居的较多，返乡创业就业的意愿不强。边境村在道路交通、项目用地等方面与市区有较大差距，创业成本相对较高。

再次，难以吸引高学历的返乡创业人员。在外务工人员和返乡创业人员中高中以下学历的占大多数，他们虽然在外打工积累了一定经验，但文化程度偏低、知识结构不完善等制约着他们的视野和思维模式，使他们在创业项目选择、规划和风险规避等方面难以把握，容易创业信心不足甚至创业失败。同时，在接受新知识、新思想、新理念等方面，他们缺乏宏观长远的考虑，普遍存在小富即安思想，不愿扩大发展规模和转型发展。

最后，现有产业结构缺乏对高层次在外人才的承载力。受经济发展制约，珲春市现有企业多属劳动密集型产业，现代服务、高新技术等产业比重低、数量少，导致珲春籍在外高层次人才缺少返乡创业就业、施展才华的平台。

单纯地针对珲春籍人才实施返乡创业，无法满足珲春市经济社会发展需要。珲春市最大的特色在于开发开放，最大的优势在于先行先试。珲春市实施"边境一线"计划，加强统筹协调，加强边境村基础设施和医疗教育等社会保障体系建设，改善人居环境，解决返乡人员后顾之忧。珲春市结合各边境村实际情况，因地制宜包装创业项目，加大政策倾斜，逐步形成特色产业，以产业发展带动人员回流和创业就业。

调研期间，课题组在珲春发现一个返乡创业的典型案例。具珍森是现任珲春市英安镇双新村村委会主任，他生于1974年，2009年到韩国务工，2013年返回双新村，他说"走出农村后，开阔了眼界，看到了差距，回乡创业敢教日月换新天的豪气在心底油然而生"（访谈资料20180718007，下同）。具珍森返乡后，全体村民选举他为村委会主任。

双新村由于村内人口老龄化严重，村民们大多将耕地承包出去，收取租金成了大多数村民的主要经济来源。具珍森刚回村时，村里无企业、无项目，贫困人口脱贫压力比较大。具珍森说，"刚回到村里时我很失望，走了这些年，村里没有多大改变，我想给村里带来一些变化"。他上任后的第一件事就是思考如何发展壮大村级经济。可是办企业，一缺资金，二缺门路，三缺人才。具珍森带领村干部、返乡创业青年、农业技术户等，多次自费赴韩国以及我国黑龙江省、辽宁省考察取经，回来后召开党员大会，使村民们统一思想，结合双新村的产业优势、区域优势，筹备创办了村办企业——珲春市金穗农业科技有限公司，为双新村发展开辟了新局面。甜菜、芥末等无公害蔬菜陆续上市，在珲春、延吉、长春各大超市备受追捧，供不应求。截至笔者调研的2021年，双新村已完成投资900万元，建成温室大棚 21 栋，解决了农村剩余劳动力 200 余人的就业问题，人均可增收 1500 元，为双新村开辟了一条致富的新路。具珍森还结合村情实际，依托"万亩果园"筹建苹果梨深加工项目。他计划将双新村建成一个采摘、体验、品尝一体化的旅游观光点，把高铁带来的旅客变成双新村的游客。在努力发展村集体经济的同时，具珍森与村干部筹建了一个养老福利院，内设 60 多张床位。

具珍森作为村委会主任，带领村民发展经济是其工作的一方面，其背后更深层的意义是组织村民、凝聚民心。具珍森作为年轻的村委会主任，他的思路也紧跟潮流。近年来，电子商务悄然兴起，各种淘宝店、微商店进入了寻常百姓生活。在当前电子商务蓬勃发展的大背景下，具珍森争当农村电子商务领域的"弄潮儿"，打造珲春电子商务第一村，带领村民大力发展电子商务、做好地区性品牌建设和推广。他在双新村村部专门配备了 6 台电脑，安排了 2 名专职人员从事电商工作。由于他以诚信为本，加之采取精品营销策略，双新村电商营销网络从珲春市向延边州其他县市、吉林省及国内其他城市不断拓展，拥有了固定货源和畅通的销售渠道，双新村无公害蔬菜的知名度和信誉度直线上升。

由具珍森返乡的案例可以看出，边疆村庄通过劳务输出，带回来的不仅是资金，还有先进的设备、技术以及全新的创业理念和管理经验。一方面，劳务输出人员的回国创业催生了延边州服务业的多元化发展。延边州是典型的消费拉动经济增长的地区，物品对外依赖度高，消费升级快，这就为服务业的发展提供了广阔的市场。在这种市场条件下，许多在外务工人员在积累了创业资本后就会选择回国创业，个体经商在延边州遍地开花。另一方面，回国后继续从事农业生产的农民也会购买先进的农具、农机，拥有先进的耕种理念。比如，延边州的许多绿色果园农场等对农村经济的发展与农民个人收入的提高起到了积极的促进作用。

（4）促进土地流转

珲春的农村面临的最大问题是人口日益减少，一些村屯常住人口不足百人且以老年人为主，过低的人口规模给居民日常生活带来了诸多难题，但也促进了土地的整合、建立家庭农场进行规模化生产、农民农业生产和家庭生活异地化等工作。这些工作在更好地为边境地区居民提供服务的同时，也有利于维护边境安全。

笔者在调研中了解到，珲春农村耕地无撂荒现象，有流转大户 182 户，流转面积为 13243.47 公顷，占全市二轮承包面积的 75%。全市农村土地流转户数为 9753 户，约涉及 3.2 万名农民，每公顷流转资金大多数为：水田 4000~4500 元、旱田 2500~3000 元。土地流转的规模效益和技术增加值已日渐凸显，推动了当地农业生产的革新与发展。

外出务工和出国劳务分流了珲春市的农村剩余劳动力，增加了农民收入，提升了他们的生活质量。同时，由于大量朝鲜族农村劳动力大规模地向国外流动，促进了土地的流转，为土地集约化规模经营提供了条件①。

（5）积极推动边境游

在人口流动日趋频繁的背景下，推动边境地区经济社会发展，促进边境地区人口有序合理流动，对于保障边境地区社会稳定和人民安定团结具有重要作用。珲春市在积极推动"边境游"中拓展与俄罗斯和朝鲜的双边和多边关系，实现国家间的共赢。在珲春市坐上长途汽车，花上几个小时便可抵达俄罗斯远东第一大港符拉迪沃斯托克（海参崴），还可以报名珲春当地的旅行社，申请进入朝鲜旅游。珲春市正在努力打造东北版的"海上丝绸之路"的东方起点。

珲春市已建成连接中国东北地区、俄罗斯远东地区和韩国东海岸之间距离最短的"新蓝海"航线。该航线包括珲春（中）—扎鲁比诺（俄）—束草（韩）。自 2013 年 3 月 19 日"新蓝海"航线正式开通运营至 2017 年，航线旅客已突破 1 万人次大关。该航线是一条集货物运输、旅游观光于一体的经济、快捷航线，以运输中国东北地区至韩国的货物为主，具有运距短、时间省等优势，被称为北方的"黄金航线"。航线全长 316 海里（约 585 公里），航运速度约每小时 20 海里，从韩国的束草到俄罗斯扎鲁比诺港当日出发、次日到达，从扎鲁比诺港到珲春的 71 公里公路需 1 小时左右。在该航线运营的"新蓝海"号是一艘客货混装船，运输能力为 750 名乘客和 182

---

① 廉松心、徐芳：《朝鲜族农村经济现状与发展对策研究——以舒兰市朝鲜族农村社会调查为例》，《世界农业》2009 年第 5 期。

个集装箱；每周两个班次定期运行，每周三、周日从韩国束草出发，次日到达扎鲁比诺，再进入珲春境内，延边乘船时间是每周二、周四在珲春口岸离境，次日到达韩国束草，单程票价 970 元，往返 1770 元。"新蓝海"航线推动了中国图们江区域（珲春）国际合作示范区的建设，对促进中俄韩三国经贸、文化、旅游等方面的交流发挥了积极的作用。

五　吉林省边境地区传统村庄消失的特征、原因和危机

当前东北地区的人口锐减加剧了东北农村的空心化、空巢化、老龄化现象，边境村庄也呈现同样的趋势。吉林省边境地区这一现象与全国其他地区既有一致的地方，也有其独特的地方。

（一）吉林省边境地区农村人口减少和传统村庄空心化的特征

1. 吉林省边境农村人口往省会城市和口岸城市集中

首先，吉林省的常住人口城镇化率从 2010 年的 53.36% 提升至 2020 年的 62.64%。[①] 2020 年吉林省东部、中部、西部地区人口占比分别为 19.80%、56.86%、23.34%。与 2010 年第六次全国人口普查时相比，东部地区常住人口占比减少 1.66 个百分点，中部地区常住人口占比增加 4.56 个百分点，西部地区常住人口占比减少 2.90 个百分点。[②] 与 2010 年第六次全国人口普查时相比，2020 年第七次全国人口普查时，仅长春市常住人口有所增加，十年间净增加 299531 人，其他地区常住人口均有不同程度的减少（见表 4-33）。

---

① 吉林省统计局：《吉林省第七次全国人口普查公报（第一号）》，https://www.jl.gov.cn/shengqing/tzfz/ndbg/sjcx/zfsj/pcgb/202105/t20210524_2978782.html，最后访问日期：2024 年 12 月 10 日。

② 吉林省统计局：《吉林省第七次全国人口普查公报（第二号）》，https://www.jl.gov.cn/shengqing/tzfz/ndbg/sjcx/zfsj/pcgb/202105/t20210524_2978783.html，最后访问日期：2024 年 12 月 10 日。

表 4-33　吉林省第七次和第六次全国人口普查地区和年龄分布情况

地区	"七普"常住人口（人）	人口占比（%）		年龄人口占比（%）		
		2020 年	2010 年	0~14 岁	15~59 岁	60 岁及以上
全省	24073453	100	100	11.71	65.23	23.06
长春市	9066906	37.66	31.94	12.14	67.01	20.85
吉林市	3623713	15.05	16.08	10.93	63.81	25.25
四平市	1814733	7.54	8.35	11.83	63.68	24.48
辽源市	996903	4.14	4.28	10.71	63.89	25.41
通化市	1302778	5.41	6.23	11.24	62.86	25.90
白山市	951866	3.95	4.72	10.97	63.70	25.33
松原市	2252994	9.36	10.49	13.19	65.31	21.50
白城市	1551378	6.44	7.40	11.06	65.34	23.59
延边朝鲜族自治州	1941700	8.07	8.27	10.96	64.10	24.93
长白山管委会	61146	0.25	—	11.76	67.61	20.63
梅河口市	509336	2.12	2.24	11.86	64.06	24.08

资料来源：《延边朝鲜族自治州第七次全国人口普查公报》。

其次，吉林省边境地区的人口往口岸城市聚集，导致了非口岸边境地区人口的净流出。统计数据显示，吉林省边境地区户籍人口的迁入迁出较为活跃，人口流动较为频繁。整个东北地区的边境口岸系统开发较早，设施较为完善，交通运输较为便利。目前已开通多条国内直达东北地区的陆地边境城市龙井、图们、绥芬河、黑河等的线路，同时口岸城市也与毗邻国家铁路接轨；公路方面也有多条公路直接与邻国公路联网。东北地区在口岸建设上形成了以绥芬河、东宁、珲春、临江为主的一类公路口岸，以绥芬河、集安、图们为主的一类铁路口岸和以黑河、漠河、大安港为主的一类水运口岸。东北的口岸城市拥有较好的基础设施，对人口聚集有很大的吸引力。

2. 边境村庄人口年龄结构失衡

吉林省边境地区过低的人口自然增长率导致了其人口老龄化的加速。吉林省边境地区农村人口已进入老龄化阶段。延边朝鲜族自治州的人口老龄化程度严重，60 岁及以上老人的占比为 24.93%，高于吉林省的 23.06%，也高于全国的 18.70%；0~14 岁人口的占比为 10.96%，远远低于全国的17.95%。以珲春市为例，调研结果显示，珲春市现有农民党员 3078 人，平均年龄为 54 岁；现有农村党支部书记 120 人，平均年龄为 52.5 岁。很多边境村已是老人村。

吉林省边境地区的外流人口中，中青年人口占大多数，为了能在他乡更好地发展，很多人不得不选择晚婚晚育。此外，生育、培养孩子成本高，教育等公共资源不足也是造成边境地区生育率较低的重要社会因素。计划生育政策的实施使延边州居民的生育观念发生了根本的转变。随着市场经济的不断发展和人民群众生产生活条件的不断改善，特别是计划生育政策和男女平等价值理念的宣传普及，越来越多的青年夫妻选择少生育或者不生育子女。婚姻的目的从传宗接代转向追求个人生活幸福；养儿防老的观念越来越淡薄，父母不在乎子女将来能否留在身边，而以子女能到更大的城市甚至国外发展为荣；性别偏好发生变化，父母对生男生女不太在意，关心的是子女能否接受良好的教育。同时，大量农村女性受过高等教育以后走出农村，留在城市工作生活，怀孕、生产及哺乳对高学历、高收入和高职位的城市职业女性影响相对较大，其生育子女的机会成本和经济代价远远高于农村妇女和家庭妇女。

延边州的出生率始终保持在较低水平，2015 年至 2017 年，全州人口出生率分别为 5.20‰、5.95‰、5.16‰。延边州边境市（县）的少年儿童占比较低，第七次全国人口普查数据显示，有些边境地区 0~14 岁人口的占比不足全国平均水平的一半：图们市为 7.37%，龙井市为 7.44%，和龙市为 8.29%。

3. 大量朝鲜族居民赴韩国务工

1978 年，韩国首次允许中国公民中在韩国有亲属且年龄在 50 岁以上的老年人到韩国探亲。1984 年，中韩双方开始允许本国公民到对方国家探亲，延边州的朝鲜族居民赴韩国探亲的人数有所增加。这一时期，延边地区到韩国的主要途径是探亲，这些最先去韩国的人多是在韩国有亲属，但由于中韩之间还没有建立正式的外交关系，他们往往是先通过韩国亲属的邀请，然后从延边经由香港等地转去韩国。到了 20 世纪 80 年代末 90 年代初，赴韩探亲的人利用探亲的便利在韩国务工赚钱的现象开始出现。许多朝鲜族居民以探亲为由进入韩国之后滞留在韩国打工，但是这种滞留劳务并没有得到两国官方的认可，当时滞留在韩国务工的人是极少数。1992 年中韩建交后，韩国并没有立即开放本国的劳务市场，直到 1994 年韩国的"产业研修生制度"向其国内覆盖实施后才逐渐对外开放劳务市场。1994 年之前，延边州对韩国的劳务都是通过第三国输出的，实际上对韩国本土并未进行直接的劳务输出，劳务主要发生于韩国在国外的承包工程和海外企业中。延边州的对外劳务合作带来了大量的劳务收入。劳务收入一直是延边州积累建设资金的重要途径，有关统计资料显示，1999 年至 2008 年，延边州的居民储蓄存款大量增加，劳务外汇收入超过 59 亿美元，为 1990 年的 26 倍。① 截至 2005 年初，经正常与合法渠道出境，延边州已有 12 万人通过赴韩劳务走上了再就业及致富之路，每年自韩国汇到中国的就业劳务收入超过 7 亿美元。② 有人称此现象为"延边模式"。

目前，中国人赴韩劳务的正规方式有两个：雇佣许可制和访问就业制。雇佣许可制适用于所有人员，须通过商务部经济合作局及吉林、黑龙江、山东、河南四省地方公共机构办理有关手续。访问就业制仅针对年龄在 18 岁及以上的朝鲜族人员，其他民族人员不能通过访问就业制赴韩工作。中韩雇佣许可制劳务合作仅在吉林、黑龙江、山东及河南四省试行。

从 2011 年 11 月起，中国朝鲜族公民赴韩访问就业制有了新政策。为了向在韩无亲属的中国朝鲜族公民提供入境韩国的机会，韩国法务部实施"访问就业事先申请制度"，并发放访问就业签证，取消原来的韩国语考试环节，只要是年满 25 周岁的中国朝鲜族公民，无论在韩国有无亲属，都可以申请。申请人通过网上报名，不收取报名费用。在事先申请者中，只有抽签抽中的人能得到访问就业签证。有关学者调查了"去韩国的费用"来源，结果显示，使用积蓄或是变卖资产的占 46.1%，向家族、亲属、朋友借钱的占 39.8%，向中介借钱的占 6.0%，向银行贷款的占 4.2%。访问就业制实施以来，入境韩国的费用大幅度下降。不通过中介去韩国，费用只

---

① 秦世宝、张永学：《边境地区劳务输出问题及对策研究——以吉林省延边州为研究对象》，《人民论坛》2011 年第 8 期。

② 朴美兰：《民族学视野下的延边朝鲜族人口问题》，博士学位论文，中央民族大学，2009。

需要 2000 元人民币。① 2014 年至 2018 年，在韩滞留的中国朝鲜族人口分别为 590856 人、626655 人、627004 人、679729 人、708082 人。② 据韩国法务部统计，2014 年在韩的中国朝鲜族居民总数为 59 万多人，加之已获得韩国国籍者，在韩的中国朝鲜族居民总数已超过 60 万人。③

劳务输出对延边州有积极影响，朝鲜族农村外出务工者的承包地大量闲置，他们将这些承包地转包给留守的农民，就给土地集中提供了可能。土地集中后便于大规模机械化耕作，为农业产业化经营提供了条件，使传统农村一家一户的承包制农田逐渐演变为规模较大的机械化、产业化经营的农场。

劳务输出也会给延边州带来一些负面的影响，最严重的就是造成了朝鲜族人口比例持续下降、青壮年劳动力严重缺失的问题。吉林省边境人口总量呈逐年下降态势，2015 年为 211.15 万人，2016 年为 207.69 万人，2017 年为 200.08 万人，特别是朝鲜族人口已经连续 20 年呈负增长，延边州朝鲜族人口占全州总人口的比例由 1952 年建州时的 62% 下降到 2017 年的 35%。这就导致了农村青壮年劳动力的不足，大批农村青壮年加入劳务输出的大军后，延边州的大多数农村只剩下老人。城市的情况也不容乐观，工业与服务业缺乏劳动力，许多需要体力的行业劳动力供不应求。韩国颁布的《海外同胞法案》对非韩国国籍的朝鲜族给予签证的极大自由，以吸引在韩国有亲属关系的非韩国朝鲜族民众到韩国就业。同时，韩国的务工收入高于中国国内，朝鲜族居民到韩国务工又有语言上的优势，因此大量的吉林省朝鲜族民众到韩国务工。从吉林省陆地边境地区流出人口的民族构成来看，排在首位的是朝鲜族（86.34%），其次分别为汉族（11.03%）、满族（1.91%）、土家族（0.48%）、回族（0.05%）和布依族（0.05%）。有学者调查显示，在吉林省人口跨境流出前五位的国家中，前往韩国的流

---

① 参见方艳花《中国朝鲜族在韩国就业的问题研究》，硕士学位论文，中央民族大学，2009。
② 李梅花、崔金南：《少数民族人口流动与边疆社会治理困境——以延边朝鲜族自治州为例》，《重庆三峡学院学报》2019 年第 4 期。
③ 朴今海、王春荣：《流动的困惑：朝鲜族跨国流动与边疆地区社会稳定——以延边朝鲜族自治州边境地区为例》，《中南民族大学学报》（人文社会科学版）2015 年第 2 期。

出人口占比达到了 92.38%。①

根据国家人口计生委流动人口服务管理司发布的《2011 年三类地区流动人口及其影响因素监测调查》，吉林省边境地区农村家庭全户外出比重高达 54.04%。朝鲜族社会人口流动造成了聚居地空洞化问题和朝鲜族人口的负增长。李辉认为，延边朝鲜族妇女的生育意愿、迁移流动是造成当地人口负增长的两个最为关键的因素。② 朴美兰认为，朝鲜族人口再生产模式日渐趋向现代化，人口增长速度略低于其他民族，人口翻番时间略长于汉族和其他少数民族。③ 在对延边朝鲜族人口负增长原因探析方面，朴美兰提出人口负增长与下列因素相关：国家计划生育政策、人口流动（尤其是女性人口流动）、民族教育观念（人口教育投入、女性受教育程度）、婚姻家庭生活变迁（人口的性别角色期待、家庭生活变迁）等。④ 在对延边朝鲜族人口负增长的影响研究方面，赵月峰提出人口减少导致了社会经济问题等。⑤ 孙春日认为，中朝边境许多村庄的"空巢化"现象已成为中朝边境安全的不确定因素。⑥

1992 年中韩建交之后，越来越多的延边青壮年去韩国打工。不过，韩国在签证、社会福利和入籍方面多有限制，使得本就与韩国人存在语言文化差异的中国朝鲜族居民并没有在韩国找到归属感，他们反而在资本主义体系的等级分工中强化了中国国民认同。

（二）吉林省边境地区农村人口减少和传统村庄空心化的原因

人口的流动性是社会适应的一种表现。在市场经济条件下，哪里能生

① 王哲：《我国陆地边境地区人口流出及对流出地的影响分析》，博士学位论文，吉林大学，2013。
② 李辉：《吉林延边朝鲜族人口安全问题研究》，《东北亚论坛》2007 年第 2 期。
③ 朴美兰：《建国以来延边朝鲜族人口演变的特点》，《延边大学学报》（社会科学版）2010 年第 4 期。
④ 朴美兰：《20 世纪 90 年代以来延边朝鲜族人口负增长原因探析》，《东疆学刊》2010 年第 1 期。
⑤ 赵月峰：《延边朝鲜族人口负增长及其影响》，《黑龙江民族丛刊》2010 年第 2 期。
⑥ 孙春日：《中朝边境地区人口流失及对策——以延边朝鲜族自治州为例》，《北方民族大学学报》2010 年第 3 期。

存人们就会选择去哪里，哪里能活得更好就去哪里，这种生存与发展的逻辑使人们可以自主地选择去哪里生活。现代经济具有人口聚集效应，对于一个地区而言，人口外流会导致经济衰败，经济衰败又进一步加速人口外流，从而形成恶性循环。

1. 东北地区整体的经济衰退

东北地区人口流动的根本原因是地区间发展不平衡，经济因素是人口流动的主要动机。自 2000 年以来，尤其是近 10 年来东北地区是全国人口流出最为严重的地区。因此，必须承认东北地区整体的经济衰退是影响本地区人口发展、造成人口负增长的一个核心因素。东北地区整体的经济衰退造成当地的就业机会少，教育医疗等配套设施不完善，越来越多的青壮年人口选择到发展空间大的城市学习、工作、生活，尤其是受教育程度比较高的群体在其他地区的工作机会更多、工作待遇更高。比如，吉林省同岗位的劳动报酬较发达省份低很多，导致初中文化程度的人口占流出人口的 75.9%。同时，高学历人才外流，在省内外就学的高校毕业生大多选择到外省就业。

笔者在调研中了解到，吉林省珲春市所辖的边境村处于"三化"状态：老龄化、空心化、空巢化。对于调查样本的生活状态，有被访者说："村里如果打麻将，我们村里一副麻将就够了，因为凑不齐两桌，而且岁数都是60 岁往上。……种粮食不挣钱，从过完年以后弄种子什么的，在地里忙活就几万块钱。而他们去日本打工，一个月收入 17000 块钱（人民币），所以很多人出去打工、赚钱。粮价比较低，种地没有什么效益。再一个在农村也没有什么意义，没有事，大家就是为了种点地。（农村）年轻人通过升学也好，打工也好，（在城里）站住脚以后，他们把家里的孩子、父母都接走了，村里就剩下房子了。"（访谈资料 20210728004）

毫无疑问，一个地区的经济状况与人口流出之间存在内在的联系，外出务工人员不仅是人离开那么简单，他们外出务工对当地的经济发展也有重要的影响。珲春市的朝鲜族居民外出务工带动了当地的经济发展，从韩国汇入珲春市的资金是当地 GDP 的三倍，当地家庭的经济来源也有很大一部分来自汇款，因此人口流出可以转变为经济效益。而经济效益又进一步助推了当地人口的流出，成为人口流出的推动机制。这样就造成了生产地点和消费地点的分离，其长期的社会影响有待观察。

2. 一个悖论：受教育程度越高的人口向外的流动率越高

统计数据显示，东北地区的整体受教育程度高于全国平均水平（见表2-7）。2018 年的统计数据显示，吉林省人均预期寿命从 2010 年的 76.18 岁提高到 2017 年的 78 岁，这个数据也高于全国平均水平；同时，孕产妇死亡率和婴儿死亡率 2010 年为 28.50/10 万和 6.78‰，2017 年降低至 16.00/10 万和 4.20‰，明显低于全国平均水平。2010 年吉林省高等教育毛入学率为35%，2017 年达到 57%，高出全国平均水平近 17 个百分点。与 2010 年第六次全国人口普查时相比，全省常住人口中，15 岁及以上人口的平均受教育年限由 9.49 年增长至 10.17 年。①

上述数据表明，吉林省的人口素质和社会发展整体上高于全国平均水平，也说明作为老工业基地的吉林省有很好的人力资源基础。过往的研究表明，东北地区的高学历人口减少最为严重：在东北流出人口中，大专及以上受教育程度的人口比例较高。东北地区的非农户口人群比例降低，东北流出人口中的非农户口人口占比达到 42.9%，为东北流入非农人口占比的一倍多，并且他们具有较强的长期异地居留意愿。年富力强者和事业有成者偏好于非东北地区。在东北流出的"70 后"和"80 后"群体中，年龄越大者在流入地的长期居留意愿越强，超过 45 岁的人口在流入地长期居留意愿并未明显弱于其他群体，甚至强于"90 后"②。还有一个现象是女性的受教育程度高也增加了其流动性，受过高等教育的女性走出家庭、进入职业领域，进一步带动了大规模的社会流动。

3. 基础设施和公共服务供给不足

我国边疆地区由于偏远又特殊的地理位置，在基础设施和社会公共服务发展的诸多方面，比如教育、医疗卫生、社会保障、政治民主等，与其他地区有较大的差距，这种发展的不平衡加剧了当地人口的流出。

首先，边疆农村地区的教育资源配置落后。农村家庭的整体流出很大

---

① 吉林省统计局：《吉林省第七次全国人口普查公报（第四号）》，https://www.jl.gov.cn/shengqing/tzfz/ndbg/sjcx/zfsj/pcgb/202105/t20210524_297878.5.html，最后访问日期：2024年 12 月 10 日。

② 杨东亮：《东北流出流入人口的城市居留意愿比较研究》，《人口学刊》2016 年第 5 期。

程度上是基于对下一代教育环境和教育质量的考量，父母希望通过城市的优质教育资源提升下一代的文化素质。根据国家人口计生委流动人口服务管理司发布的《2011年三类地区流动人口及其影响因素监测调查》，中国陆地边境地区只有29.5%的村设有小学，在10公里之内有中学的村庄占70.5%，与最近的中学距离在40公里以上的占15.9%，最远的甚至达到67公里。吉林省边境村拥有小学的比例为33.31%。吉林省边境地区少年儿童数量减少的问题，从一个侧面反映出近年来吉林省边境地区人口增长缓慢、生源不足的状况，学生数量减少则进一步导致了教育资源投资空心化的现实，从而造成恶性循环。

就本次调研的珲春市而言，珲春市教育局提供的数据显示，2017年珲春市共有15所乡镇中小学和1个乡镇幼儿园，其中小学6所、中学4所、九年一贯制学校5所、幼儿园1个。就教育设施而言，边境村几乎没有小学，大部分小学、中学都在乡镇和市区，并且距离村落较远，难以实现当地学生的就近入学需求，因此很多边境村的居民为了孩子上学而举家迁移到城市居住，村中只有留守老人。这更加剧了边境村的人口外流。

其次，边疆农村地区的医疗卫生设施配置落后。随着经济的发展，人们对身体健康状况日益重视，对良好医疗设施的追求成了当代人对美好生活的愿景之一。边境地区在优质医疗资源拥有量以及质量方面与城市存在明显的差距，越来越多的人选择去大城市生活，其背后的原因之一是想享受好的医疗条件和医疗保障，从而提高生活质量。从本次调研的珲春市的情况来看，尽管改革开放以来其常住人口从14万人增加到22万人，但是乡村医生、乡村卫生院及其床位数没有明显增加（见表4-34）。

表4-34　珲春市卫生院和病床数量变化

	1978年	1992年	2017年
卫生院（个）	12	11	11
床位（张）	150	173	178
医护（人）	254	61	122
卫生室（个）	9	125	110
乡村医生（人）	53	103	58

　　国家卫生健康委员会编《中国卫生健康统计年鉴（2022）》显示了全国各省份 2021 年医院床位利用情况。全国平均病床使用率为 74.6%，全国边疆九个省区中，只有云南省的病床使用率高于全国平均水平，其余八个边疆省区的病床使用率均低于全国平均水平。其中，使用率最低的是黑龙江省，为 55.5%，低于全国平均水平将近 20 个百分点。病床使用率比较高的省份有：上海（89.3%）、河南（80.1%）。这一数据也从侧面反映了当地的人口状况。①

　　4. 生活成本高和区域经济一体化

　　边疆地理位置偏远造成的交通成本高企以及生产地点和消费地点的分离，直接导致了陆地边境地区基本生活必需品的价格高于内地城市，与当地的收入水平相比也过高。

　　生产地点和消费地点分离，即指在外面赚钱然后回家乡消费的现象。由于外出务工的报酬较高，由外出务工人员寄回家乡的资金形成了以第三产业为主的消费型经济，造成了过度消费。边境地区的制造业发展较为落后，这造成了经济发展不是源自地区生产总值的增加，而是依赖强劲的消费能力的泡沫化现象。

　　区域经济一体化政策是中央政府推动区域平衡发展的重要策略，在区域经济一体化的推动下，区域内的优势资源尤其是人才，将自动向区域中心流动，因此区域经济一体化政策的一个未预期后果是进一步加速了边境地区的人口外流。珲春市的地理位置连三国通五国，从珲春市防川村沿图们江至日本海仅 15 公里，珲春市是我国通向东北亚的窗口和欧亚大陆桥的起点之一，也是通过陆海联运从水路到俄、朝、韩东海岸、日本西海岸以及北美、北欧的最近点，还是"长吉图开发开放先导区"的核心区域。珲春市的高铁开通后，我国内陆腹地经济发达地区将对珲春市人口形成虹吸效应。区域经济一体化建设的成就使人才和物资进出边境地区更加容易，这也导致人口进一步往中心城市集中。

　　5. 东北虎豹国家公园和严格的环保政策

　　2021 年 10 月 12 日，习近平主席以视频方式出席《生物多样性公约》

---

① 　http://www.nhc.gov.cn/mohwsbwstjxxzx/tjtjnj/202305/6ef68aac6bd14c1eb9375e01a0faa1fb.shtml，最后访问日期：2024 年 10 月 25 日。

第十五次缔约方大会领导人峰会并发表主旨讲话。在讲话中，习近平主席宣布中国正式设立三江源、大熊猫、东北虎豹、海南热带雨林、武夷山等第一批国家公园。[①]

东北虎豹国家公园（以下简称虎豹公园）地处我国吉林、黑龙江两省交界的老爷岭南部（珲春—汪清—东宁—绥阳）区域，总面积为140.65万公顷。涉及吉林省珲春、汪清、图们3个县（市）的17个乡镇，以及黑龙江省东宁、穆棱、宁安3个县（市）的9个乡镇。其中，吉林省涉及面积95.57万公顷，占虎豹公园总面积的67.95%；黑龙江省涉及面积45.08万公顷，占虎豹公园总面积的32.05%。虎豹公园东起吉林省珲春林业局青龙台林场，与俄罗斯滨海边疆区接壤，西至吉林省大兴沟林业局岭东林场，南自吉林省珲春林业局敬信林场，北到黑龙江省东京城林业局三道林场。这片区域是东北亚海拔最高的一片林海，是欧亚大陆同纬度地区生物多样性最丰富的物种基因库，是野生东北虎和东北豹生生不息的故土。

早在2016年12月5日，《东北虎豹国家公园体制试点方案》便已由中央全面深化改革领导小组第三十次会议审议通过，从此开启了虎豹公园的体制试点工作。试点工作开始时，珲春市片区总面积为356632.3公顷，占珲春市行政区划面积的74%，其中集体林57989.4公顷，集体林木蓄积量583.3万立方米。虎豹公园使珲春的城市扩展空间减少，人口聚集能力减弱。同时，由于国家公园对于环境保护的要求提高，吉林省边境地区很多矿产的开采被禁止，以往以矿产为主业的当地人口大量减少。

6. 邻国政局波动限制边贸发展

边境地区的独特优势就是与邻国接壤，因此边境地区在东北对外开放格局中占据重要地位。以珲春市为例，珲春市拥有国际合作示范区、边境经济合作区、出口加工区、中俄互市贸易区等诸多政策红利，同时享受沿边开放、东北振兴、边疆民族、西部开发四大政策。

珲春中俄互市贸易区占地面积9.6公顷，2001年12月试运营，2005年6月正式运营，是吉林省唯一对俄开放的边境贸易功能区。互市贸易区

---

① 《建设国家公园体系守护万物和谐共生》，https://www.gov.cn/lianbo/bumen/202410/content_6981989.htm，最后访问日期：2024年12月10日。

成立以来，中俄互市贸易上升势头十分明显。2011 年实现俄边民入区 12
万人次，同比增长 41.18%；2012 年 1~7 月实现俄边民入区 8.4 万人次，
同比增长 24.3%。2015 年，俄边民入区 5.7 万人次，对俄旅游贸易出口
额 1.66 亿美元。① 珲春出口加工区是首批设立的全国 15 个出口加工区试
点之一，规划面积 2.44 平方公里，2001 年 5 月 31 日正式封闭运行。随着
国家产业政策的不断调整和出口加工贸易转型升级要求的不断提高，珲春
出口加工区的功能优势日益显现，逐步进入了快速发展轨道。2011 年实
现进出口额 2.69 亿美元，同比增长 23%；区内企业由 2005 年的 17 家发
展到 67 家。2012 年上半年实现进出口额 1.23 亿美元，同比增长 22%，
其中出口额 0.74 亿美元、进口额 0.49 亿美元。2023 年，珲春市持续扩
大对外贸易规模，中俄互市贸易区进口商品 38488 吨，交易额 5.8 亿元，
交易额较 2020 年增长 20.83%②；跨境电商进出口贸易额达 51 亿元，增长
44%，稳居全国对俄陆路口岸首位③；互贸区完成贸易额 6 亿元，落地加工
产值 1.5 亿元。2023 年，正式开展市场采购贸易，吸引百余户企业入驻综
合管理平台。深化跨境电子商务综合试验区建设，阿里菜鸟优选仓、OZON
供应链基地、京东联合运营仓相继落地，中俄 "双创" 基地、电商孵化基
地投入使用，开通中俄国际邮件 "9610" 出口业务。

　　珲春市现有连接俄罗斯和朝鲜的 4 个国家级口岸，包括 3 个公路口岸和
1 个铁路口岸。在珲春，中、俄、朝、韩、日五国水路相通，珲春是我国直
接进入日本海的唯一通道，也是我国从水路到俄罗斯、朝鲜东海岸、日本
西海岸乃至北美、北欧的最近点。从珲春口岸出境的货物，经俄罗斯或朝
鲜的港口运往韩国和日本，各港口间距离大多在 500 海里以内，当天即可到
达。中俄珲春口岸为国家一类口岸，位于珲春市东南部，距市区 14.1 公里，
是吉林省唯一的对俄公路口岸，对面是俄罗斯滨海边疆区的克拉斯基诺口

---

① 参见吉林省统计局、国家统计局吉林调查总队编《吉林统计年鉴 2016》，中国统计出版社，
2016。
② 《珲春市 2023 年中俄互市贸易额达 5.8 亿》，https://www.jl.gov.cn/yaowen/202401/t202401
18_3024709.html，最后访问日期：2024 年 10 月 25 日。
③ 《政府工作报告（2023 年）——2024 年 1 月 10 日在珲春市第十九届人民代表大会第三次会
议上》，http://www.hunchun.gov.cn/zw_1910/gzbg/202401/t20240110_448266.html，最后
访问日期：2024 年 10 月 25 日。

岸。中俄珲春口岸设计年过客、过货能力分别为 60 万人次、60 万吨。依托该口岸，1998 年开通了珲春至扎鲁比诺港及符拉迪沃斯托克（海参崴）等地的旅游线路；2000 年开通了珲春经俄罗斯扎鲁比诺港至韩国束草的陆海联运航线；2009 年开通了珲春（中国）—扎鲁比诺（俄罗斯）—新潟（日本）—束草（韩国）陆海联运航线。2013 年，珲春（中国）—扎鲁比诺（俄罗斯）—束草（韩国）"新蓝海"航线正式复航。

圈河口岸为国家一类口岸，以图们江为界与朝鲜的元汀里口岸相对应。该口岸位于珲春市区东南部，距市区 39 公里，距朝鲜罗津港 48 公里，是中国与朝鲜罗先地区直接相通的唯一通道。圈河口岸设计年过客、过货能力分别为 60 万人次、60 万吨。该口岸 1995 年通客过货，现已开通珲春经朝鲜罗津港至韩国釜山的陆海联运航线。

上述国家口岸给珲春带来了繁荣，但事情总有两面性，作为边境的优势在有些时候又转变成劣势。比如，珲春的对外贸易受制于俄罗斯和朝鲜的国内政策和国际形势。自 2017 年联合国制裁朝鲜以来，珲春的对外贸易受到了很大的影响。2020 年的新冠疫情也使口岸经济受到了严重影响。此外，由于延边地区的劳务输出以国外为主，因此劳务输出受国际经济环境影响较大。比如，受国际金融危机的影响，韩元和美元贬值，造成劳务人员的实际收入大幅度下降，有关统计资料显示，2009 年赴韩国劳务人员的实际劳务收入比 2008 年下降了 40%。同样受金融危机的影响，劳务输出对象国的企业经营困难，停产、破产企业增多，企业欠薪和劳务纠纷相比之前要严重，特别是一些以出口加工为主的劳动密集型企业，而这些企业又恰恰是吸纳劳务人员较多的企业，需求减少使劳务输出人员不得不回国返乡。

（三）吉林省边境地区农村人口外流和传统村庄空心化带来的危机

人口安全是国家安全的基础和保障，没有一定数量的人口，以及人口年龄结构的失衡会危害边境地区的稳定和国家安全。目前，吉林省由于生育水平偏低和人口流动，边境地区的人口增长速度偏低，个别地区甚至出现人口负增长，对吉林省边境地区经济社会发展的可持续性造成了危害。

1. 边境沿线人口逐年减少，安边戍边隐患较大

吉林省边境线上的农村较多，随着城镇化水平的不断提升，农村人口大量向城镇聚集，造成边境农村空心、住户空巢、老人留守。笔者在对 12 个边境朝鲜族村的调查中了解到，边境村空心化现象十分严重，户籍人口中实际居住的人口占比平均为 30.4%；实际居住人口占比最高的村庄为 47.1%，最低的仅为 15.8%。

2. 人口减少导致经济活力不足

人口流动给吉林省边境地区造成的最直接影响就是青壮年劳动人口的流出和务工收入的流入，这两方面都会给边境地区的经济和社会带来复杂而深远的影响。一方面，吉林当地农村人口流出有效地将农村剩余劳动力转化为城镇劳动力；另一方面，流出的人口在外务工获得的经济收入会投入到人口流出地的生产和消费中。整体来看，人口流入地和人口流出地分别获得了所需的资源，实现了社会整体效益最大化。但是，人口流出地不再是生产地而是消费地，这直接导致了当地经济活力不足。

3. 基层治理困境

人口减少带来的人口老龄化、农村基层组织老化、农业生产效率下降等问题，不仅仅制约了当地经济的发展，更加深层的影响是带来了村庄内生组织缺乏新生力量、公共生活严重退化、社区治理水平下降等问题。在人口大规模外流的情况下，我们依然不能忽视东北地区农村基层社会治理。习近平总书记在吉林省考察时指出："推进国家治理体系和治理能力现代化，社区治理只能加强、不能削弱。"① 乡村没有一定数量的人口，治理也无法有效进行。

---

① 《习近平在吉林考察：坚持新发展理念深入实施东北振兴战略 加快推动新时代吉林全面振兴全方位振兴》，2020 年 7 月 24 日，https://www.gov.cn/xinwen/2020-07/24/content_5529791.htm，最后访问日期：2023 年 12 月 2 日。

第五章
西南边疆山区类型的传统农村
——云南省案例

云南省是我国的陆地边疆省，接壤的国家有缅甸、老挝和越南。陆地边界线长 4060 公里，占全国陆地边界线总长的 18.5%。云南省 129 个市（县）中，有 25 个市（县）属于边境市（县）（见表 5-1）。在云南省的 25 个边境市（县）中，有 110 个边境乡镇。边境乡镇总人口为 183 万人，占云南省总人口的 4.1%。边境乡镇的面积为 9.21 万平方公里，占云南省面积的 23.2%。

表 5-1　云南省的边境市（县）

城市	所辖边境市（县）
保山市	腾冲市、龙陵县
普洱市	江城哈尼族彝族自治县、孟连傣族拉祜族佤族自治县、澜沧拉祜族自治县、西盟佤族自治县
临沧市	镇康县、耿马傣族佤族自治县、沧源佤族自治县
红河哈尼族彝族自治州	绿春县、金平苗族瑶族傣族自治县、河口瑶族自治县
文山壮族苗族自治州	麻栗坡县、马关县、富宁县
西双版纳傣族自治州	景洪市、勐海县、勐腊县
德宏傣族景颇族自治州	芒市、瑞丽市、盈江县、陇川县
怒江傈僳族自治州	泸水市、福贡县、贡山独龙族怒族自治县

新时代以来，中央对于云南省的发展有全新的定位。2015 年 1 月 19 日

至 21 日，习近平总书记考察云南并发表重要讲话，提出希望云南省"努力成为我国民族团结进步示范区、生态文明建设排头兵、面向南亚东南亚辐射中心"①。新时代云南省发展的三个定位是立足于云南省自身的地缘和自然资源条件，着眼于全国一盘棋而做的战略布局。

首先，云南省虽然不是民族自治区，但是少数民族人口占全省总人口的 1/3。2019 年，昆明市、红河哈尼族彝族自治州被国家民委命名为"全国民族团结进步示范区（单位）"。在云南省的 25 个边境市（县）中，有 23 个是少数民族自治县。云南省有 16 个跨境民族，包括壮族、傣族、哈尼族、苗族、拉祜族、瑶族、傈僳族、佤族、阿昌族、独龙族、布朗族、景颇族、彝族、布依族、怒族、德昂族。② 这些跨境民族在历史上有互婚互市的传统。

其次，云南省拥有良好的生态环境和丰富的自然资源，作为我国重要的生物多样性宝库和西南生态安全屏障，承担着维护区域、国家乃至国际生态安全的重大战略任务。云南省是我国西南地区的生态宝库，是我国和东南亚国家的"水塔"、"碳库"和"生态屏障"，是我国乃至世界生物多样性聚集区和物种遗传基因库，云南省还是长江、澜沧江、怒江和珠江等国内重要河流的上游，是东南亚几条重要的国际性河流的上游。云南省作为边疆省的特殊地理区位，使它肩负着生态建设和环境保护的重担，云南省的可持续发展对中国以及东南亚国家都有直接而重要的影响。

与此同时，云南省也是生态环境较为脆弱敏感的地区，肩负着保护生态环境和自然资源的重大责任。习近平总书记在考察云南时明确提出："云南省生态地位重要，是中国西南生态安全屏障，承担着维护区域、国家乃至国际生态安全的重大职责。"③ "要把生态环境保护放在更加突出位置，像保护眼睛一样保护生态环境，像对待生命一样对待生态环境，在生态环境

---

① 《习近平在云南考察工作时强调：坚决打好扶贫开发攻坚战》，https://www.gov.cn/xinwen/2015-01/21/content_2807769.htm，最后访问日期：2024 年 12 月 10 日。

② 陈德顺、普春梅：《境外流动人口对云南省边境地区社会治理的影响与对策》，《社会学评论》2014 年第 4 期。

③ 王宁：《扎实推进高质量跨越式发展 奋力谱写好中国梦的云南篇章》，http://theory.people.com.cn/n1/2022/0923/c40531-32532298.html，最后访问日期：2024 年 12 月 10 日。

保护上一定要算大账、算长远账、算整体账、算综合账，不能因小失大、顾此失彼、寅吃卯粮、急功近利。"① 坚持绿色发展，争当全国生态文明建设排头兵，不仅是国家赋予云南省的光荣使命，更是云南省社会经济发展的内在要求。

由于受到生态环境的限制，云南省的城镇化率在边疆九省区中属于比较低的水平，从表 2-9 中可以看出，2020 年末云南省的城镇化率（50.05%）在边疆九省区中仅高于西藏自治区（35.73%），低于全国的平均水平（63.89%）。

再次，云南省地处中国西南边陲，与越南、老挝、缅甸直接接壤，毗邻南亚、东南亚，具有对外开放的天然地缘优势，曾是"古南方丝绸之路"和"茶马古道"的必经之地和重要中继站。习近平总书记指出，"云南省的优势在区位，出路在开放"。② 因此，云南省的传统村庄消失问题不仅仅涉及一般的农业农村问题，更重要的是牵扯上述云南省所承担的三个方面重要责任的问题。

最后，云南省的人口在 2010~2020 年增加了 124.25 万人（见表 2-3），是边疆九省区中四个人口增加的省区之一。云南省是全国为数不多的在1996~2016 年行政村的数量增加了的省区。根据第一次全国农业普查数据，1996 年底云南省登记在册的行政村有 13374 个③，2016 年第三次全国农业普查数据显示，登记在册的行政村有 13691 个④。20 年间行政村数量增加了317 个。本次调研选取云南省比较有代表性的两个县，分别是云南省西北部高海拔山区的玉龙县和地处干热河谷的红河县。

---

① 《习近平在云南省考察工作时强调 坚决打好扶贫开发攻坚战加快民族地区经济社会发展》，《人民日报》2015 年 1 月 22 日。

② 《以大开放促进云南大发展》，https://baijiahao.baidu.com/s? id=1672465452391113842&wfr=spider&for=pc，最后访问日期：2024 年 12 月 10 日。

③ 《分省区市乡镇、行政村（居委会）及村户数、人口情况（1996 年底）》，https://www.stats.gov.cn/sj/pcsj/nypc/dycnypc/202302/t20230221_1915324.html，最后访问日期：2024 年 10 月 25 日。

④ 《第三次全国农业普查主要数据公报（第一号）》，https://www.gov.cn/xinwen/2017-12/14/content_5246817.htm，最后访问日期：2024 年 10 月 25 日。

一 云南省传统村庄的特点

（一） 云南省北部山区的传统村庄——玉龙纳西族自治县

云南省玉龙纳西族自治县隶属于丽江市，是全国唯一的纳西族自治县，位于云南省西北部的高海拔山区。玉龙纳西族自治县以玉龙雪山、虎跳峡、长江第一湾、拉市海、宝山石头城、东巴文化、白沙壁画等独特的自然资源和文化资源而闻名。

1. 2010～2020 年云南省玉龙纳西族自治县 60 岁及以上老龄人口比例增加

2020 年末，云南省玉龙纳西族自治县总人口（常住人口）为 224039 人。其中，0～14 岁人口为 35866 人，占总人口的 16.01%；15～59 岁人口为 147591 人，占总人口的 65.88%；60 岁及以上人口为 40582 人，占总人口的 18.11%，其中 65 岁及以上人口为 30405 人，占总人口的 13.57%。与 2010 年第六次全国人口普查时相比，0～14 岁人口的比重下降了 0.43 个百分点，15～59 岁人口的比重下降了 4.40 个百分点，60 岁及以上人口的比重上升了 4.83 个百分点，65 岁及以上人口的比重上升了 4.19 个百分点。

2. 2010～2020 年云南省玉龙纳西族自治县的城镇化水平提高

第七次全国人口普查数据显示，2020 年云南省城镇人口占总人口的比重为 50.05%，与 2010 年"六普"时相比，城镇人口比重提高了 14.85 个百分点。玉龙纳西族自治县的城镇化率低于云南省的整体水平。玉龙纳西族自治县全部人口中，居住在城镇的人口为 78961 人，占总人口的 35.24%；居住在乡村的人口为 145078 人，占总人口的 64.76%。与 2010 年第六次全国人口普查时相比，城镇人口增加 51214 人，乡村人口减少 41872 人，城镇人口比重提高 22.32 个百分点（见表 5-2）。

表 5-2　玉龙纳西族自治县第七次全国人口普查和第六次全国人口普查情况

指标	第七次普查	第六次普查
常住人口（人）	224039	214697
城镇人口（人）	78961	27747

指标	第七次普查	第六次普查
城镇化率（%）	35.24%	12.92%
男性（人）	116411	112002
女性（人）	107628	102695
男女比例（%）	108.16	109.06
少数民族人口占比（%）	77.73	82.84
家庭户数（户）	68542	51970
家庭人口（人）	211526	199043
户规模（人/户）	3.09	3.83

资料来源：红黑人口库，https://www.hongheiku.com/xianjirank/ynsgxsq/8495.html，最后访问日期：2024年10月25日。

从第七次全国人口普查数据来看，在云南省玉龙纳西族自治县的总人口中，纳西族人口占比最高。截至2020年底，玉龙纳西族自治县总人口为224039人，纳西族人口为110118人，占49.15%（见表5-3）。

表5-3　玉龙纳西族自治县第七次全国人口普查常住人口民族分布

民族	常住人口（人）		
	合计	男	女
汉族	49888	27783	22105
纳西族	110118	56056	54062
傈僳族	23866	11949	11917
白族	18691	9406	9285
彝族	10148	5305	4843
普米族	5339	2713	2626
藏族	2162	1065	1097
苗族	1671	884	787
其他民族	2156	1250	906

资料来源：玉龙纳西族自治县第七次全国人口普查主要数据公报。

3. 云南省玉龙纳西族自治县传统村庄的形态

云南省玉龙纳西族自治县是高海拔的山区县，森林覆盖率72.5%，是云南省的重点林区，也是川滇森林及生物多样性生态功能区。玉龙县有种子植物 145 科 758 属 3200 余种、药材 2000 余种，被誉为"高山植物王国"和"药材之乡"。玉龙县按照"山尖药材，山腰林果，山脚烤烟、蔬菜"的农业产业布局，重点发展药材、核桃、雪桃、油橄榄、烤烟、马铃薯、蔬菜等特色优势产业。玉龙县为"云南省高原特色农业示范县""全国林下经济产业示范县""中央生猪调出大县""云南省云药之乡""云南省可持续发展实验区"。①

玉龙纳西族自治县人口以纳西族为主，但也杂居着傈僳族、白族、彝族、普米族、藏族等少数民族居民，因此玉龙纳西族自治县的传统村庄呈现多样的民族特色。

（二）云南省南部山区的传统村庄——红河哈尼族彝族自治州

红河哈尼族彝族自治州位于云南省的南部，因国际性河流"红河"穿境而过得名。红河州是中国唯一的哈尼族、彝族自治州。红河州北靠昆明，东接文山，西邻玉溪，南与越南社会主义共和国接壤。红河州的州府蒙自市距离省会昆明 243 公里，距越南河内 400 公里，距越南海防港 511 公里。红河州边境线长 848 公里，河口、金平、绿春 3 个边境县与越南接壤。红河州地处昆明和越南河内的中间点，是中国陆路通往东盟的重要通道，是国家"一带一路"建设的重要节点和云南省建设面向南亚东南亚辐射中心的重要前沿。

1. 红河哈尼族彝族自治州的人口信息

红河哈尼族彝族自治州的民族人口众多，有汉族、哈尼族、彝族、苗族、傣族、壮族、瑶族、回族、布依族、布朗族、拉祜族 11 个少数民族。2020 年末，红河州有户籍人口 469.03 万人，其中，汉族 180.52 万人、哈尼族 89.93 万人、彝族 116.80 万人、壮族 11.94 万人、傣族 12.30 万人、苗族 36.46 万人、回族 7.74 万人、拉祜族 1.35 万人、瑶族 10.19 万人、布朗族 0.099 万人、布依族 0.40 万人。户籍人口中，有男性 241.74 万人，女性 227.29 万人；有汉族 180.52 万人，少数民族 288.51 万人，少数民族人口占

---

① 资料来自玉龙纳西族自治县人民政府官方网站。

总人口的 61.5%。① 2019 年 12 月，国家民委将红河哈尼族彝族自治州命名为"全国民族团结进步示范区（单位）"。2010 年以来，红河州的人口结构发生了变化。

首先，2010~2020 年，红河哈尼族彝族自治州的家庭规模在缩小。第七次全国人口普查数据显示，红河哈尼族彝族自治州总人口（常住人口）为447.84 万人。全州共有家庭户 137.99 万户，集体户 4.69 万户，家庭户人口为 416.17 万人，集体户人口为 31.67 万人。平均每个家庭户的人口为 3.02人，比 2010 年第六次全国人口普查时减少了 0.67 人。

其次，红河哈尼族彝族自治州人口中青少年的占比比较高，劳动力储备充足。第七次全国人口普查数据显示，红河哈尼族彝族自治州 0~14 岁人口为 94.08 万人，占总人口的 21.01%；15~59 岁人口为 286.90 万人，占总人口的 64.06%；60 岁及以上人口为 66.86 万人，占总人口的 14.93%，其中 65 岁及以上人口为 47.77 万人，占总人口的 10.67%。与 2010 年第六次全国人口普查时相比，0~14 岁人口的比重下降了 0.47 个百分点，15~59 岁人口的比重下降了 3.65 个百分点，60 岁及以上人口的比重上升了 4.12 个百分点，65 岁及以上人口的比重上升了 3.26 个百分点。

最后，红河哈尼族彝族自治州在 2010~2020 年也出现了人口向城市集中的态势。第七次全国人口普查数据显示，红河哈尼族彝族自治州居住在城镇的人口为 213.63 万人，占总人口的 47.70%；居住在乡村的人口为234.21 万人，占总人口的 52.30%。与 2010 年第六次全国人口普查时相比，城镇人口增加了 52.50 万人，乡村人口减少了 54.76 万人，城镇人口占总人口的比重提高了 11.9 个百分点。

2. 红河县传统村庄的特征

红河县位于红河哈尼族彝族自治州的西南部，地处红河谷绿色经济走廊前沿，是滇中、滇西、滇东南三大经济圈的交通节点。红河县是多民族的边疆县，汉族、哈尼族、彝族、傣族、瑶族 5 个民族世居于此，少数民族人口占 96.55%，其中哈尼族人口占 80.4%，红河县是全国最大的哈尼族人口聚居县。红河县的自然资源和人文资源丰富，是云南省第二大侨乡，截

---

① 参见红河哈尼族彝族自治州人民政府网站。

至 2024 年，全县在外华侨有 1 万余人，分布于 18 个国家和地区。①

红河县域的哈尼梯田面积有 26.46 万亩，哈尼梯田是世界山地生态农业的典范，红河县的哈尼梯田是世界文化遗产、全球重要农业文化遗产红河哈尼梯田文化景观的重要组成部分。哈尼族是云南省世居少数民族之一，哈尼族的人口在云南省 25 个少数民族中居第三位。红河州的哈尼族人口大约有 90 万人，占全国哈尼族总人口的 54.2%。②

红河哈尼梯田文化景观是世界文化遗产，其形成经历了漫长的历史。哈尼族原是青藏高原上的氐羌游牧部落，以畜牧为生，无种植农作物为食的习惯。在南迁途经今四川凉山彝族自治州时，受当地民族影响开始学会耕耘田亩。随着哈尼先民的继续南迁，哈尼族的水稻栽培技术也越来越先进。因此，哈尼梯田形成的首要原因是哈尼族与南迁过程中遇到的各个民族的交流。哈尼族充分利用了云南省南部亚热带山地独特的自然环境，形成了与当地的气候条件相得益彰的耕种方式。与在平原地带种植水稻不同，耕种哈尼梯田需要全年密集的劳动。为维持梯田的保水性，哈尼人对不同坡度的梯田采取不同的措施。如高山区和中山区梯田采用长年淹水的方式，而低山区梯田采用季节淹水（种水稻时才淹水）的方式。同时，在栽插水稻之前和收割之后把梯田的田埂铲干净，并用田泥糊在田埂上。这样做一方面可为梯田增加肥料，另一方面可杜绝田鼠等动物破坏梯田的保水性。除这种经常的维护，哈尼人民还在雨季到来之前出动大量人力，把所有水渠修通，并在暴雨季节派人疏通水渠，随时排走多余的水，以保证梯田和水渠的安全。③

哈尼梯田农业是具有高产出的传统山地农业。④ 梯田的高产出刺激了哈尼人口的增加，使哈尼族聚居的村寨不断壮大，于是村寨周围的山坡被不断开挖成梯田。当新开挖的梯田与村寨的距离超过一天的路程时（也可认

---

① 《走基层·侨乡行｜迤萨：一个百年侨乡的传奇》，https://baijiahao.baidu.com/s？id = 1715584416300640485&wfr=spider&for=pc，最后访问日期：2024 年 12 月 10 日。
② 《红河概况》，http://www.hh.gov.cn/mlhh，最后访问日期：2024 年 10 月 25 日；《哈尼族》，https://www.neac.gov.cn/seac/ztzl/hnz/gk.shtml，最后访问日期：2024 年 10 月 25 日。
③ 王清华：《梯田文化论——哈尼族的生态农业》，云南大学出版社，1999。
④ 尹绍亭：《一个充满争议的文化生态体系——云南刀耕火种研究》，云南人民出版社，1991。

为是增加的人口在原有的梯田内得不到足够的食物时），哈尼族便采取分寨的对策。即一些有极强血缘的群体便自动从原来的村寨——"母寨"搬迁到其他地方择寨定居形成新的村寨——"子寨"。这是人口主动适应自然环境而采取的分寨对策，环境的人口负荷被分散，从而保证了梯田文化系统的长期稳定。经过很多年以后，便形成了如今规模巨大的哈尼梯田景观。

哈尼梯田是哈尼族文化与自然环境和谐发展的农业生态系统。哈尼梯田文化和哈尼村寨景观形成了独特的能量和物质流动。第一，森林对地表径流截留，加之梯田修成水平面，并有一高出水平面的田埂，使地表径流及其携带的泥沙在梯田中逐级沉淀，因而哈尼梯田文化景观具有保持水土的功能。第二，森林—村寨—农田在不同海拔高度上的错落分布，使哈尼人生产生活所产生的生活污水、垃圾粪便截留在梯田之中，不仅使梯田肥力增加、地力提高，还减少了人对环境所造成的污染，形成自净系统。第三，天然降水经森林截留和储存后，以溪流或山泉的形式流入村寨，成为村寨清洁的生活用水。村寨在梯田之上，还有利于村寨的安全。第四，水稻及其他绿色植物将太阳辐射总能量的 1%~2% 固定为化学能，然后被各种动物吸收利用，转化为肉、毛、皮、蛋等，最后以农产品的形式提供给哈尼人消费。[1]

二　云南省调查样本的生活现状和生活意愿

（一）云南省调查样本的基本信息

云南省调查样本的年龄比样本总体年轻。在样本总体中，18~30 岁调查样本的占比为 11.89%，而云南省 18~30 岁的调查样本占比为 15.86%（见表 5-4）。

表 5-4　云南省调查样本的年龄情况

单位：%

年龄	云南省 （N = 372）	样本总体 （N = 1110）
18~30 岁	15.86	11.89

① 角媛梅、程国栋、肖笃宁：《哈尼梯田文化景观及其保护研究》，《地理研究》2002 年第 6 期。

年龄	云南省 ($N=372$)	样本总体 ($N=1110$)
31~45 岁	51.61	45.14
46~60 岁	29.57	35.41
60 岁以上	2.96	7.57

云南省调查样本的受教育程度低于样本总体水平。在样本总体中，受教育程度在"初中及以下"调查样本的占比为 44.60%，而云南省的该比例为 46.61%（见表 5-5）。

表 5-5　云南省调查样本的受教育程度

单位：%

受教育程度	云南省 ($N=372$)	样本总体 ($N=1100$)
初中及以下	46.61	44.60
高中/中专/技校	21.68	24.98
大学专科	14.36	12.90
大学本科	16.80	16.35
硕士及以上	0.54	1.18

云南省调查样本的月收入水平比样本总体略高。样本总体月收入在 500 元以下的比例为 12.41%，而云南省调查样本月收入在 500 元以下的比例仅为 7.58%（见表 5-6）。

表 5-6　云南省调查样本的月收入情况

单位：%

收入	云南省 ($N=372$)	样本总体 ($N=1100$)
500 元以下	7.58	12.41
500~1000 元	13.41	13.10
1001~1500 元	10.20	10.44
1501~2000 元	13.99	14.19
2001~3000 元	23.32	18.33

续表

收入	云南省 ($N = 372$)	样本总体 ($N = 1100$)
3001~5000 元	11.08	17.34
5001~8000 元	12.83	8.47
8001~10000 元	6.71	3.55
10001~20000 元	0.87	1.08
20000 元以上	0.00	1.08

云南省调查样本的收入来源中，"外出务工或经商"的调查样本的占比高于样本总体水平。在样本总体中，"外出务工或经商"的调查样本的占比为 25.41%，而云南省的该比例为 33.33%（见表 5-7）。

表 5-7 云南省调查样本的收入来源情况

单位：%

主要收入来源	云南省 ($N = 372$)	样本总体 ($N = 1100$)
务农	33.33	41.80
外出务工或经商	33.33	25.41
在家经商	5.11	3.78
财政补贴	5.11	6.94
其他	23.12	22.07

云南省调查样本的家庭规模较大。在样本总体中，家庭人口为 4~7 人的比例为 48.47%，而云南省的该比例为 78.49%（见表 5-8）。

表 5-8 云南省调查样本的家庭人口情况

单位：%

家庭人口数	云南省 ($N = 372$)	样本总体 ($N = 1110$)
1~3 人	20.43	50.63
4~7 人	78.49	48.47
8~10 人	1.08	0.90

云南省调查样本家庭半年以上在外务工（上学）的比例较高。在样本总体中，家庭半年以上有 2 人在外务工（上学）的比例为 28.20%，而云南省的该比例为 36.83%（见表 5-9）。

表 5-9　云南省调查样本家庭半年以上在外务工（上学）人口情况

单位：%

家庭半年以上 在外务工（上学）人口	云南省 （N = 372）	样本总体 （N = 1110）
0 人	23.39	28.83
1 人	27.15	31.53
2 人	36.83	28.20
3 人及以上	12.63	11.44

云南省调查样本"全年都在外务工"的比例较高。在样本总体中，"全年都在外务工"的调查样本的占比为 22.97%，而云南省的该比例为 30.65%（见表 5-10）。

表 5-10　云南省调查样本的在村时间情况

单位：%

在村居住时间	云南省 （N = 372）	样本总体 （N = 1110）
全年都在家务农	31.99	45.14
全年都在外务工	30.65	22.97
超过 6 个月时间在外务工	15.32	12.07
基本在家务农，零星时间出去打零工	18.28	15.77
在外面上学	3.76	4.05

（二）云南省调查样本村庄和生产生活的基本情况

1. 云南省调查样本土地承包利用情况

云南省调查样本"自己种植"土地的比例较高，为 63.17%，而样本总体的该比例为 53.87%；将土地"承包给他人"的比例较低，为 8.60%，而样本总体的该比例为 21.53%；将土地"抛荒"的比例（5.38%）高于样本总体

（2.70%）（见表 5-11）。

表 5-11　云南省调查样本土地承包利用情况

单位：%

土地承包利用情况	云南省 （$N=372$）	样本总体 （$N=1110$）
自己种植	63.17	53.87
承包给他人	8.60	21.53
抛荒	5.38	2.70
其他	22.85	21.89

2. 云南省调查样本房屋空置情况

云南省调查样本的房屋空置比例（26.08%）高于样本总体水平（22.88%）（见表 5-12）。

表 5-12　云南省调查样本的房屋空置情况

单位：%

家里是否有因为人员 外出而空置的房屋	云南省 （$N=372$）	样本总体 （$N=1110$）
有	26.08	22.88
没有	73.92	77.12

3. 云南省调查样本所在村庄专业生产合作社的成立情况

云南省调查样本所在村庄成立专业生产合作社的比例较低，只有 27.42%，而样本总体的该比例为 32.97%（见表 5-13）。

表 5-13　云南省调查样本所在村庄专业生产合作社成立情况

单位：%

村庄是否有专业生产合作社	云南省 （$N=372$）	样本总体 （$N=1110$）
有	27.42	32.97
没有	50.54	48.02
不知道	22.04	19.01

4. 云南省调查样本参加本村生产合作社的情况

如表 5-14 所示，尽管云南省调查样本所在村庄成立专业生产合作社的比例低于样本总体水平，但是参与率比较高（19.35%），且高于样本总体水平（18.11%）。

表 5-14　云南省调查样本参加本村生产合作社情况

单位：%

有没有加入你们村的生产合作社	云南省 （N=372）	样本总体 （N=1110）
有	19.35	18.11
没有	80.65	81.89

5. 云南省调查样本所在村庄成立企业（小作坊）的情况

云南省调查样本所在村庄有企业（小作坊）的比例（27.96%）低于样本总体水平（29.37%）（见表 5-15）。

表 5-15　云南省调查样本所在村庄有企业（小作坊）的情况

单位：%

村庄是否有企业（小作坊）	云南省 （N=372）	样本总体 （N=1110）
有	27.96	29.37
没有	72.04	70.63

6. 云南省调查样本所在村庄村委会开展集体活动情况

云南省调查样本所在村庄村委会开展集体活动的比例较高，每年不开展集体活动的比例为 26.88%，样本总体的该比例为 30.00%；每年举办 1 次集体活动的比例为 22.04%，高于样本总体水平（17.66%）（见表 5-16）。

表 5-16　云南省调查样本所在村庄村委会开展集体活动情况

单位：%

村委会每年开展集体活动情况	云南省 （N=372）	样本总体 （N=1110）
无	26.88	30.00

续表

村委会每年开展集体活动情况	云南省 （N = 372）	样本总体 （N = 1110）
一年 1 次	22.04	17.66
一年 2~5 次	33.87	36.31
一年 5 次以上	17.20	16.04

（三）云南省调查样本对村庄的主观描述和生活意愿

1. 云南省调查样本描述的村庄空心化情况

云南省调查样本认为"村庄大部分劳动力都外出务工了，村里只有老人孩子"的比例（45.43%）低于样本总体（53.06%）；认为"村子里过年很热闹，外出务工的都回来"的比例（56.18%）高于样本总体（36.49%）（见表5-17）。

表 5-17　云南省调查样本对村庄生活状态的主观描述与样本总体对比

单位：%

以下哪种描述很像你居住的村庄	云南省 （N = 372）	样本总体 （N = 1110）
村庄大部分劳动力都外出务工了，村里只有老人孩子	45.43	53.06
村庄好多家庭都搬出去了，好多年都不回来	9.95	21.80
村子里过年很热闹，外出务工的都回来	56.18	36.49
村子里过年也没什么人，外出务工的很少回来	3.76	14.41
村里的土地大多数都撂荒了	19.62	8.65
我们村庄可能再过 5 年就没什么人住了	1.61	2.79
我们村庄可能再过 10 年就没什么人住了	4.03	7.93
我们村庄可能再过 20 年就没什么人住了	4.30	9.73

2. 云南省调查样本在村生活意愿

云南省调查样本更愿意生活在农村的占 69.09%，高于样本总体的该比例（57.75%）（见表5-18）。

表 5-18　云南省调查样本在村生活意愿

单位：%

更愿意生活在农村还是城市	云南省 （N＝372）	样本总体 （N＝1110）
农村	69.09	57.75
城市	14.25	23.06
无所谓	16.67	19.19

3. 云南省调查样本未来在村生活及养老意愿

云南省调查样本选择"即便我有条件在城市养老，我老了以后还是想要回到村庄里生活"的比例（85.22%）高于样本总体（73.78%）；选择"如果有条件，我以后不想回到村庄了，想生活在城市"的比例（6.72%）远远低于样本总体（12.07%）；选择"如果有条件，我想在城市里养老"的比例（13.71%）也低于样本总体（19.82%）（见表5-19）。

表 5-19　云南省调查样本未来在村生活及养老意愿

单位：%

下列哪些想法跟你相似	云南省 （N＝372）	样本总体 （N＝1110）
即便我有条件在城市养老，我老了以后还是想要回到村庄里生活	85.22	73.78
如果有条件，我想在城市里养老	13.71	19.82
如果有条件，我以后不想回到村庄了，想生活在城市	6.72	12.07
我5年内想离开村庄生活	2.96	3.06
我大概10年后会离开村庄，到城市生活	2.69	3.24

4. 云南省调查样本返乡创业意愿

关于返乡创业意愿，云南省调查样本回答"想，并且一直在寻找合适的项目"的比例（45.97%）高于样本总体（41.53%）（见表5-20）。

表 5-20　云南省调查样本返乡创业意愿

单位：%

如果有条件，想不想回到村庄创业	云南省 （N＝372）	样本总体 （N＝1110）
想，并且一直在寻找合适的项目	45.97	41.53

如果有条件，想不想回到村庄创业	云南省 （N=372）	样本总体 （N=1110）
想，但是恐怕没有这样的条件	34.95	37.57
不想，还是在城市里打工好	3.23	3.96
没想好	15.86	16.94

（四）云南省调查样本在村生活意愿、养老意愿、创业意愿的年龄差异分析

1. 云南省调查样本的年龄与在村生活意愿交互分析

云南省调查样本在村生活意愿在年龄上存在显著差异（Pr = 0.000 < 0.001），年龄大的调查样本更愿意生活在农村。表 5-21 汇报了云南省不同年龄的调查样本在村生活意愿及卡方检验结果。60 岁以上的云南省调查样本更愿意生活在农村的比例最高，占比达 90.91%；年龄为 46~60 岁的云南省调查样本次之，占比为 80.00%；年龄为 18~30 岁的云南省调查样本选择"农村"的比例最低，为 45.76%。由此可见，年龄越大的云南省调查样本越倾向于生活在农村。

表 5-21　云南省调查样本的年龄与在村生活意愿交互分析

单位：%

你更愿意生活在农村 还是城市	年龄				
	18~30 岁 （N=59）	31~45 岁 （N=192）	46~60 岁 （N=110）	60 岁以上 （N=11）	总体 （N=372）
农村	45.76	68.75	80.00	90.91	69.09
城市	22.03	15.10	10.00	0.00	14.25
无所谓	32.20	16.15	10.00	9.09	16.67

注：Pearson chi^2 (6) = 24.76，Pr = 0.000。

2. 云南省调查样本的年龄与养老意愿交互分析

云南省调查样本对于未来养老地点的选择没有显著差异。随着年龄的增加，更多的人选择"即便我有条件在城市养老，我老了以后还是想要回到村

庄里生活"。不过，18~30 岁年龄段和 60 岁以上年龄段选择这一选项的比例相差不大，分别为 83.05% 和 90.91%，总体的该比例为 85.22%（见表 5-22）。

表 5-22 云南省调查样本的年龄与养老地点意愿交互分析

单位：%

即便我有条件在城市养老，我老了以后还是想要回到村庄里生活	年龄				
	18~30 岁（N=59）	31~45 岁（N=192）	46~60 岁（N=110）	60 岁以上（N=11）	总体（N=372）
是	83.05	83.85	88.18	90.91	85.22
否	16.95	16.15	11.82	9.09	14.78

注：Pearson chi^2 (3)= 1.55，Pr= 0.670。

3. 云南省调查样本的年龄与返乡创业意愿交互分析

不同年龄的云南省调查样本返乡创业意愿差别很大，年龄越大的调查样本返乡创业的意愿越强烈。在选择"想，并且一直在寻找合适的项目"的云南省调查样本中，年龄为 60 岁以上的调查样本占比最高，为 54.55%；年龄为 31~45 岁的调查样本的占比次之，为 47.92%；年龄为 18~30 岁的调查样本占比最低，为 38.98%。在选择"想，但是恐怕没有这样的条件"的云南省调查样本中，年龄为 18~30 岁的调查样本占比最高，为 37.29%；年龄为 31~45 岁的调查样本的占比次之，为 36.46%；年龄为 46~60 岁的调查样本占比最低，为 30.91%。由此可见，云南省调查样本中老年返乡创业的意愿更为强烈，态度与行动更为积极。详情见表 5-23。

表 5-23 云南省调查样本的年龄与返乡创业意愿交互分析

单位：%

如果有条件，你想不想回到村庄创业	年龄				
	18~30 岁（N=19）	31~45 岁（N=198）	46~60 岁（N=182）	60 岁以上（N=50）	总体（N=449）
想，并且一直在寻找合适的项目	38.98	47.92	45.45	54.55	45.97
想，但是恐怕没有这样的条件	37.29	36.46	30.91	36.36	34.95
不想，还是在城市里打工好	5.08	2.08	4.55	0.00	3.23
没想好	18.64	13.54	19.09	9.09	15.86

注：Pearson chi^2 (9)= 6.04，Pr= 0.736。

三　云南省农村人口外流和传统村庄空心化的特征、原因以及危机

（一）云南省农村发展的整体特征

1. 云南省的城镇化率比较低，1996~2016年村庄数量增加了

云南省的城镇化率在全国来说是比较低的，从表2-9可以看出，云南省的城镇化率为50.05%，在边疆九省区中仅高于西藏自治区（35.73%）。第一次全国农业普查数据显示，1996年底云南省登记在册的行政村有13374个[①]，2016年第三次全国农业普查数据显示，登记在册的行政村有13691个[②]。也就是说云南省在1996~2016年行政村数量增加了317个。从云南省的统计数据来看，云南省是全国为数不多的在这20年里行政村的数量增加了的省区。

2. 云南人是"家乡宝"

中国的高校里流传着"云南人都是家乡宝"的谚语，意思是云南省外出上大学的学生基本都是要回到云南的，本研究的调研也得出了同样的结论。本研究认为，云南省的自然资源和良好的生态环境，使得农业生活生产空间大，云南人普遍喜欢回到家乡。

云南省位于青藏高原和云贵高原的过渡地带，地形以山地和高原为主，分布着非常多的山脉，整个山区面积达到了全省的94%左右。大面积的山区限制了云南省的城市规模，但同时山区的生态和自然资源也给了农民生计的多样性。调查数据显示，云南省的调查样本更愿意生活在农村的比例在本次调研的三个省区中最高，达69.09%，而比例最低的内蒙古自治区仅为38.41%。同时，云南省调查样本在村养老意愿最高，有85.22%的调查

---

① 《分省区市乡镇、行政村（居委会）及村户数、人口情况（1996年底）》，https://www.stats.gov.cn/sj/pcsj/nypc/dycnypc/202302/t20230221_1915324.html，最后访问日期：2024年10月25日。

② 《第三次全国农业普查主要数据公报（第一号）》，https://www.gov.cn/xinwen/2017-12/14/content_5246817.htm，最后访问日期：2024年10月25日。

样本表示"即便我有条件在城市养老，我老了以后还是想要回到村庄里生活"。在在村生活意愿方面，云南省调查样本想要生活在城市里的比例最低，只有 6.72% 的调查样本表示"如果有条件，我以后不想回到村庄了，想生活在城市"。在返乡创业方面，云南省的调查样本表示"想，并且一直在寻找合适的项目"的比例较高，达 45.97%。云南人是名副其实的"家乡宝"。

（二）云南省农村人口外流和传统村庄空心化的原因

传统的农业生产方式维持生计困难是云南省农村人口外流和传统村庄空心化最主要的原因。

本次调研的红河州，是世界文化遗产地。生活在云南省南部的哈尼族是哀牢山区的世居民族之一，人口居红河州人口的第三位。哈尼族充分利用了云南省南部亚热带山地独特的自然环境，既发展了生产，又保护了环境，创造了民族文化与自然环境协调发展的梯田农业文化景观，是民族文化与自然环境和谐发展的典型。在过去上千年的历史中，哈尼族建造并保存了具有良好水土保持功能的规模巨大的"梯（田）山"。其中元阳哈尼梯田以其"分布之广，规模之大，建造之奇，在中国其他地区没有，在世界罕见"而闻名中外。2001 年 5 月，中国遗产专家考察团通过对元阳哈尼梯田的考察，认为云南省红河哈尼梯田作为文化景观有条件申报世界文化遗产。

哈尼族的梯田稻作是哈尼族人适应自身发展阶段和环境条件的结果，是哈尼人驯化水稻取食而形成的特殊的农耕文化。在山地农业生产中，人们只能选择山地旱作农业、刀耕火种农业、采集和狩猎农业以及山地梯田稻作农业四种生产方式，前三种农业不仅耕作粗放，技术含量低，且其产出较少，只能养活少量人口，适用于地广人稀的地方。梯田稻作农业是一种精耕细作农业，其产量是前三种农业的几倍，且可以吸收大量劳动力，是人口稠密的山区在传统条件下最富有成效的农业生产方式，可以养活大量人口。另外，哈尼族一年中的重要节日都是围绕梯田稻作的，不同节日代表着稻作生产的不同阶段和相应阶段人们对自然界的认识和祈求。然而，随着城镇化的发展，哈尼梯田这种劳动力投入多、收益少的山地稻作农耕类型日益衰微似乎是必然的。

（三）云南省农村人口外流和传统村庄空心化的危机

1. 农业人口减少带来哈尼梯田所蕴含的传统文化的消失危机

哈尼梯田文化景观是哈尼族适应自然、改造自然和创造自然而形成的文化遗产，在红河南岸地区极为典型，也非常壮观，具有极高的美学价值。哈尼人对梯田、水沟和森林的长期保持和维护是哈尼族优秀的文化遗产，是保证文化与环境良性发展的基础。近年来，随着城市化的推进，许多哈尼族的农业生产人口进城务工，哈尼梯田缺少维护，这使哈尼梯田文化景观面临山体滑坡、泥石流等的威胁，影响了哈尼梯田文化景观的持续存在。此外，哈尼族人口的外流，也给哈尼文化的传承带来了危机。哈尼族形成了20余个支系，如哈尼、叶车、阿卡、哈欧、碧约、卡多、白宏、糯比等，各支系均有独特的服饰和丰富多彩的民族风情，哈尼文化多样性是云南省民族文化多样性的重要组成之一。但哈尼族没有统一的语言，更没有自己的文字，文化的传承仅靠为数很少的"摩批"和"贝玛"的口头传唱。在现代信息和传媒的冲击下，很多哈尼人已经不会说哈尼话了，因此在人口大量外流的背景下保护哈尼梯田文化景观，事关民族文化的抢救，也事关文化与环境的可持续发展。

2. 云南边境地区人口跨境流动的后果尚待观察

云南省边境地区的人口流动也呈现跨越国境的特征。在中国边境的小学里读书的好多是境外的孩子。比如云南瑞丽的银井寨，位于有名的中缅边境71号界碑旁。从瑞丽至弄岛的公路将同一傣族村寨一分为二，中方一侧的称为银井，缅方一侧的称为芒秀。2000年，缅甸的民众和中国商量后，决定让缅甸小孩到中国这边的银井边防小学读书，午饭回到缅甸家里吃。此后，他们就和中国小孩一样享受着九年义务教育，学习同样的知识，学习中文、中国文化以及数学等科目。更让人不可思议的是，缅甸的家长们非常放心自己的小孩在这座飘扬着五星红旗的学校上学，并且认为在银井学校学习对他们的将来会更好。①

---

① 《直击中国最奇特边界：邻国孩子每天跨境到中国，接受免费义务教育》，https://www.163.com/dy/article/E24A9NNR05444EO0.html，最后访问日期：2023年12月3日。

边境地区的频繁跨境流动现象不仅在云南，实际上在整个南亚和东南亚地区都比较普遍。美国的社会学家斯科特（James C. Scott）研究"二战"以前东南亚和南亚的农民社会，长期关注喜马拉雅和越南、老挝大部分地区、泰国北部、中国西南部、缅甸北部、印度东北部、孟加拉国东部、不丹、尼泊尔和中国西藏自治区内部延绵的小范围山区。在这片广袤区域中居住着 20 亿人。斯科特在《逃避统治的艺术——东南亚高地的无政府主义历史》①一书中认为，这片区域在地理上分散，文化具有多样性，但它们都共同分享关键的文化、经济和社会特征：山地农业、流动的生活方式、相对平等的社会结构以及在物质文化与观念上的共性，因此许多族群在两个或多个国家边境地区活动时，对他们而言国家边界并不对他们的生活构成限制。斯科特根据对东南亚高地部分人群生活的研究提出定居农业和国家建设并不是人类历史的必然，许多人其实选择了回避这一进程，保持他们的流动性和相对的自由状态。斯科特的研究引发了人类学、历史学、政治科学等多个学科的关注和研究，主要是因为它提出了一种全新的看待历史及地理的视角。然而，对于这一理论，也有一些争议和批评。一些学者指出斯科特可能过度浪漫化了这些地区及生活于此的民众的生活方式，忽视了这些地区也存在着贫困、不平等和压迫等问题。另外一些批评认为，斯科特的理论框架忽视了这些地区与其他地方的交流和互动，对其历史和文化的理解过于简化。

尽管学术界有着争议和批评，但斯科特仍然为学者们提供了一个重要的研究视角，即以非中心化的方式去观察和理解人类社会及历史。这种新的视角有助于揭示被忽略或者被边缘化的历史现象和地理区域，而且通过重新审视这些边缘地区，政策制定者可以更全面地了解这些地区的发展问题和挑战，找到更适合该地区特征的政策方案。

---

① 詹姆士·斯科特：《逃避统治的艺术——东南亚高地的无政府主义历史》，王晓毅译，生活·读书·新知三联书店，2016。

第六章
北部边疆牧区和农牧交错类型的
传统村庄
——内蒙古自治区案例

内蒙古自治区位于中国地理版图的正北方，如同雄鸡的脊背，横跨东北、华北和西北，边境线绵延 4000 多公里。内蒙古自治区涵盖了森林、草原、湿地、河流、湖泊、沙漠等多种自然地理形态，是我国北方面积最大、种类最全的生态功能区，也是"三北"地区重要的生态防线。习近平总书记多次强调内蒙古自治区在我国生态文明建设中的重要战略地位，他在参加十三届全国人大二次会议内蒙古代表团审议时强调："保持加强生态文明建设的战略定力，探索以生态优先、绿色发展为导向的高质量发展新路子，加大生态系统保护力度，打好污染防治攻坚战，守护好祖国北疆这道亮丽风景线。"①

提到内蒙古自治区，全国人民最熟悉的形容词是"扬眉吐气"（羊煤土气），分别指"羊绒""煤炭""稀土""天然气"，这是对内蒙古自治区特点的高度概括。内蒙古是中国最大的牧区，也是矿产资源丰富的地区。

---

① 《习近平参加内蒙古代表团审议》，https://www.gov.cn/xinwen/2019-03/05/content_53710 37.htm，最后访问日期：2024 年 12 月 10 日。

第一，内蒙古自治区是我国最大的牧区。内蒙古自治区有六大草原，分别是：呼伦贝尔草原、锡林郭勒草原、科尔沁草原、乌兰察布草原、鄂尔多斯草原、乌拉特草原，天然草场面积 13.2 亿亩，草原面积占全国草原面积的 22%，占全区土地面积的 74%。① 呼伦贝尔草原、锡林郭勒草原、科尔沁草原等都是我国重要的牧业基地，2017 年内蒙古自治区牛奶、羊肉、羊绒产量均在中国省级行政区中排名第一。呼和浩特市被称为"乳都"，总部位于该市的伊利集团 2018 年营业收入、净利润排名亚洲乳品企业第一。此外，内蒙古自治区是中国 13 个粮食主产省区、6 个粮食净调出省区之一。据 2018 年内蒙古自治区统计公报，内蒙古粮食产量最高的是玉米，其后依次为小麦、大豆、薯类和稻谷。

第二，内蒙古自治区的矿产资源得天独厚。煤炭是内蒙古自治区的优势矿产，此外，稀土、铜、铅、锌、硫铁矿、芒硝、天然碱、池盐储量也十分可观。地处鄂尔多斯市的苏里格天然气田探明储量已达 6025 亿立方米，是世界级的整装油田。而且这些资源、能源在国内外市场上都有非常旺盛的需求，短时间内还不存在存量约束问题。内蒙古自治区正锚定在全国率先构建以新能源为主体的新型电力系统目标，推进新能源开发建设和装备制造业发展。截至 2024 年 5 月底，内蒙古自治区的新能源总装机规模达到 10158 万千瓦，占电力总装机的比重达到 45%，同比提高了 7.3 个百分点，成为全国第一个新能源总装机突破 1 亿千瓦的省区。当前，内蒙古正聚焦高端装备、新材料、现代煤化工、精细化工、绒毛纺织、食品加工、生物医药等优势特色产业领域，加快培育 "139" 先进制造业集群体系，即建成 1 个世界级先进制造业集群、3 个国家级先进制造业集群、9 个自治区级先进制造业集群，初步形成以世界级集群为引领、以国家级集群为骨干、以自治区级集群为基础的先进制造业集群体系，推动制造业攀 "高" 向 "新"。②

第三，党的十八大以来，内蒙古自治区确立了新的战略定位：筑牢 "两个屏障"，建设 "两个基地"，打造 "一个桥头堡"。"两个屏障" 是指

---

① 《林草概况——草原资源》，https：//lcj. nmg. gov. cn/lcgk_1/，最后访问日期：2024 年 10 月 25 日。

② 《7.5% 的含金量有多高？——数读内蒙古经济 "半年报"》，https：//www. nmg. gov. cn/zw-yw/jrgz/202407/t20240730_2548426. html，最后访问日期：2024 年 12 月 10 日。

生态安全屏障和安全稳定屏障。这个定位是 2014 年 1 月习近平总书记考察内蒙古自治区时提出的，他嘱托内蒙古自治区各族干部群众要守望相助，努力把内蒙古自治区建成我国北方重要的生态安全屏障；把内蒙古自治区建成祖国北疆安全稳定屏障。希望内蒙古自治区"保护好内蒙古大草原的生态环境"，"建设美丽草原"。① 生态安全不仅事关内蒙古自治区的发展，也事关全国的发展战略。2019 年 3 月 5 日下午，习近平总书记在参加十三届全国人大二次会议内蒙古代表团审议时指出，内蒙古生态状况如何，不仅关系全区各族群众生存和发展，而且关系华北、东北、西北乃至全国生态安全。把内蒙古建成我国北方重要生态安全屏障，是立足全国发展大局确立的战略定位，也是内蒙古自治区必须自觉担负起的重大责任。② 这意味着内蒙古自治区产业发展不能只盯着以"羊煤土气"为代表的资源型产业，新时代内蒙古自治区要走以生态优先、绿色发展为导向的高质量发展新路子。

第四，内蒙古自治区是我国北方的边疆省区，有 4000 多公里的边境线，19 个边境旗市（15 个旗、4 个市）分布在 7 个盟市（见表 6-1），边境地区总面积 61.9 万平方公里，占全区土地面积的 52.3%；边境地区总人口 180 万人，占全区总人口的 7.2%，其中少数民族人口 60.24 万人，占全区少数民族人口的 10.5%。③ 内蒙古自治区边境地区的东西跨度很大，地理类型也差别很大，比如东部的呼伦贝尔市是森林草原类型，而到了西部的阿拉善盟则是沙漠草原类型。本次的调研点选在乌兰察布市，它属于农牧交错类型的地区。

表 6-1　内蒙古自治区边境旗市

盟市	旗市（市辖区）
包头市	达尔罕茂明安联合旗

---

① 《习近平春节前夕赴内蒙古自治区调研看望慰问各族干部群众》，《人民日报》2014 年 1 月 30 日。

② 《习近平参加内蒙古代表团审议》，https://www.gov.cn/xinwen/2019-03/05/content_5371 037.htm，最后访问日期：2024 年 10 月 25 日。

③ 《内蒙古 19 个边境旗市实现跨越式发展》，https://www.gov.cn/xinwen/2015-01/10/content_ 2802807.htm，最后访问日期：2024 年 10 月 25 日。

盟市	旗市（市辖区）
呼伦贝尔市	满洲里市、额尔古纳市、陈巴尔虎旗、新巴尔虎左旗、新巴尔虎右旗
巴彦淖尔市	乌拉特中旗、乌拉特后旗
乌兰察布市	四子王旗
兴安盟	阿尔山市、科尔沁右翼前旗
锡林郭勒盟	二连浩特市、阿巴嘎旗、苏尼特左旗、苏尼特右旗、东乌珠穆沁旗
阿拉善盟	阿拉善左旗、阿拉善右旗、额济纳旗

草原作为陆地上面积最大的自然景观，不仅具有调节气候、涵养水源、防风固沙、保持水土、净化空气等生态调节功能和碳汇能力，更是广大牧民赖以生存的基本生产资料。草原生态功能的维护对于稳定发展草原畜牧业、维护地区生态安全和牧民持续增收具有举足轻重的作用。草原是极易受到气候影响的生态系统，本章以内蒙古自治区西部的乌兰察布市察哈尔右翼后旗为观察样本，探讨草原生态、气候变化和人口外流之间的相互影响。

一　内蒙古自治区农牧业人口变迁和牧区
传统村庄的特征

中华人民共和国成立以后，内蒙古自治区的人口发展经历了从鼓励人口到草原定居，到引导人口迁移进城市定居两个相反方向的政策阶段。当前，内蒙古自治区生态问题直接的体现是牧区牲畜和人口的数量突破了草原生态承载极限。锡林郭勒盟（浑善达克沙地位于该盟）从新中国成立之初的 20.5 万人增加到目前的 92 万人，净增加 349%。随着人口的增加和人类对物质生活的追求，牲畜数量急剧增加，从 160 万头增加到 2300 万头，净增加 1337.5%，这就使草地的压力急剧加大，超过了其承载极限。支持一个标准羊单位的草地面积直线下降，从原来每 77 亩草地支持一只羊到 7 亩地支持一只羊，草场压力净增加 1000%。①

---

① 蒋高明：《浑善达克沙地的退化、生态系统恢复的对策》，《中国科技论坛》2002 年 3 期。

（一）内蒙古自治区的人口变迁

新中国成立之初，由于生产力水平的限制，内蒙古自治区的草原地广人稀，是典型的风吹草低见牛羊的情景。但是人口过于稀少的状况给中蒙漫长的边境线守卫造成了困扰。中央和内蒙古自治区政府为了改变牧区人口过于稀少的局面，进一步开发和建设边疆，利用行政力量组织集体移民和利用政策鼓励移民自由迁入相结合的方式，吸引外来人口定居草原。这些政策改变了内蒙古自治区人口稀少的状况，内蒙古自治区的人口由新中国成立初期的 600 万人增长至 20 世纪 80 年代初的 1800 万人，人口增长的数字里原有人口、自然增长人口和外来移入人口各占 1/3。[①] 最近 20 多年来，由于内蒙古自治区牧区生态恶化和草场退化，需要疏解草原超量人口，内蒙古自治区把农村和牧区人口转移作为一项长期的战略任务，并且以教育转移和培训转移为重点措施。重点从所有牧区、荒漠草原严重退化沙化地区、"生态恢复禁牧区"三个层面统筹推进农村牧区人口转移工作。同时为了保护环境，退牧还草、移民禁牧的措施也在推进实施[②]。

内蒙古自治区的牧区一共有 10 个盟市、54 个旗县，其中牧业旗 33 个、半农半牧业旗 21 个，总土地面积 97 万平方公里。2023 年，内蒙古自治区在总结第一次基本草原划定工作的基础上，按照"生态优先、绿色发展，应划尽划、应保尽保，尊重历史、照顾现实，统筹协调、有效衔接"的原则，在 12 个盟市、2 个计划单列市、91 个旗县市区，划定调整基本草原7.32 亿亩，占全区草地面积的 89.6%，其中 33 个牧业旗县市区的划定比例都在 90% 以上，为精细管理基本草原、守住草原生态保护底线、持续巩固"三北"工程实施成效奠定了基础。[③] 内蒙古自治区是以蒙古族为主体、汉族为多数的少数民族边疆地区，其传统村庄既包括农业村，也包括蒙古族牧民的嘎查（蒙古族的行政村）。草原上牧民嘎查的特点是居住分散，不像

---

① 王中兴、刘立勤编著《国防历史》，军事科学出版社，2003，第 286 页。

② 于存海、宋跃飞：《内蒙古牧区生态安全的人口转移问题及其社会政策研究》，《内蒙古社会科学》（汉文版）2007 年第 2 期。

③ 国家林业草业局：《内蒙古精准划定基本草原》，https://www.forestry.gov.cn/c/www/dfdt/536890.jhtml，最后访问日期：2024 年 12 月 10 日。

农业村一样人口聚集，比如，在阿拉善，一个浩特（相当于自然村的概念）只有三五户人家，但其占地面积有 10 公里。即便如此，为了减少草原牧区的人畜压力，内蒙古自治区的各级政府仍然采取了多种鼓励政策，希望可以将更多的人口从牧区转移出来。例如，国家给转移人口每人补贴 5000 元，内蒙古自治区的各级政府提供贴息贷款、免费培训等保障牧区生态脆弱区人口的稳定转移。"十一五"期间，内蒙古自治区大力实施移民搬迁工程，坚持就地安置、异地安置和城镇移民相结合，累计移民 30.4 万人。从 2012 年起，内蒙古自治区每年投入财政扶贫资金 10 亿元以上，重点实施集中连片特困地区扶贫开发工程、整村推进扶贫开发工程和移民扶贫开发工程。2013～2017 年，用五年时间在 197.8 万贫困人口中完成 115724 户、366842 人的生态移民搬迁任务。[①] 除了政府鼓励的牧区人口转移，由于牧业生产收入的限制，农牧民自发外出务工的人口占大多数。笔者在乌兰察布调研时发现，当地大部分牧民外出务工了，实际居住在村里的人非常少，察哈尔右翼后旗的一个村支书说："你看不是老的就是残疾的。那些能动有事项的都出去了。真的，现在村里就是这样的。"（调研记录 20211013004）

（二）牧民的生计受气候变化的影响极大

内蒙古自治区的地形狭长，东西直线距离 2400 公里，南北宽度 200～500 公里，连接东北、华北、西北，跨越温带半湿润、半干旱和干旱三个气候带，草原面积约 88 万平方公里，大致占自治区土地总面积的 74%，占全国草原面积的 22%，是中国最大的草原牧区，也是中国北方重要的天然生态屏障和畜产品生产基地。内蒙古自治区有六大草原，自东向西依次为呼伦贝尔草原、科尔沁草原、锡林郭勒草原、乌兰察布草原、鄂尔多斯草原和乌拉特草原。

内蒙古自治区地处中纬度区，远离海洋，地势高，气候干燥，具有明显的温带大陆性气候特征，东西长达 2400 余公里，由于山体阻隔，从东北

---

① 《内蒙古自治区人民政府办公厅关于印发〈内蒙古自治区生态脆弱地区移民扶贫规划〉的通知》，https://www.nmg.gov.cn/zwgk/zfgb/2013n_4872/201309/201304/t20130408_301244.html，最后访问日期：2024 年 12 月 10 日。

向西南，受东南海洋季风影响的程度不同。内蒙古自治区草原处于生态系统的过渡带，整体上属于干旱、半干旱的气候带，因此区域环境脆弱、易变、降水波动明显、对全球气候变化反应敏感，稍有气候变化就可能引起草原生态系统的波动。近年来发生的极端气候事件导致的年际及年内干旱严重影响了内蒙古自治区的农业生产格局和草地生态环境的修复。干旱、半干旱和半湿润地区的干旱荒漠化扩展是全球气候变化背景下世界范围内的突出环境问题。[①] 我国北方地区的干旱不断加剧，特别是 20 世纪 90 年代后期以来，不少地区连年大旱，范围之广、损失之大为近半个世纪之最[②]。气候变化使内蒙古草原类型及其分布格局发生了变化，东部较湿润的草甸草原面积缩小，逐渐被较干旱的典型草原代替，较干旱的典型草原又逐渐被更加干旱的荒漠草原代替，草原干旱化和荒漠化趋势明显。[③] 当前，气候变暖已成为国际社会公认的事实，极端天气与气候事件的发生频率和强度出现了明显变化，内蒙古自治区特别是生态环境极其脆弱的草原牧区受到的影响更为深刻。1954~2005 年，蒙古国和我国内蒙古自治区的中、西部降水呈减少态势，总体在变干。[④] 气候变化不仅导致了地表径流的减少，同时也导致了湖水变浅、矿化度增高、面积缩小，部分湖泊已经干涸，也就是当地人所称的"水泡子都没有了"。

　　长期干旱少雨导致地表水资源枯竭，同时地下水位下降，部分地区出现地下水漏斗区。笔者在调研中也了解到，牧民们普遍感觉地下水位下降，现在打井取水，打井的深度越来越深。过去草原上的"水泡子"，现在也都干涸了。一位被访者说："记得小时候的草原，夏天踩上去软乎乎的，现在都是硬邦邦的。"这是他对地表土壤含水量的最直观感受。牧草生长会受到极大影响。牧民们估测，最近几年牧草的产量减少了一半以上，"过去每亩可以打 200~300 斤草，近两年都不足 50 斤，每年要从外面买草"。（访谈记

---

①　秦大河主编《中国气候与环境演变（上卷）：气候与环境的演变及预测》，科学出版社，2005。

②　卢琦、杨有林：《全球沙尘暴警世录》，中国环境科学出版社，2001，第 1~27 页。

③　盛文萍、李玉娥、高清竹等：《内蒙古未来气候变化及其对温性草原分布的影响》，《资源科学》2010 年第 6 期。

④　陈豫英、陈楠、王式功等：《中蒙干旱半干旱区降水的时空变化特征（Ⅰ）：年降水特征及5~9 月降水的 REOF 分析》，《高原气象》2010 年第 1 期。

录 20211016007）

自然科学家对内蒙古水资源开发利用动态进行的分析发现，考虑到人均用水量的增长因素，按照人均年用水量 930 立方米的标准，水资源充足年份全区可承载 2091.61 万人，2010 年内蒙古常住人口为 2470.63 万人，超载 379.02 万人，水资源短缺年份全区仅能承载 1657.63 万人，超载 813 万人，超载十分严重。从全区水资源开发潜力变化过程来看，全区水资源负载指数不升高，水资源开发潜力不断下降。[①]

二　内蒙古自治区农牧交错带的典型案例

——乌兰察布市

内蒙古自治区在 1996~2016 年行政村数量减少了 1586 个，是本次调研的三个边疆省区中村庄"消失"最多的省区。根据第一次全国农业普查数据，1996 年底内蒙古自治区登记在册的行政村有 14153 个[②]，内蒙古自治区第三次全区农牧业普查时，共调查了 11113 个行政村。[③] 内蒙古自治区的传统村庄大体上有两种情况：一是东北部的草甸草原和典型草原的纯牧区，比如呼伦贝尔市、锡林郭勒盟的传统村庄，由于草场条件好而发展纯粹的传统畜牧业；二是西南部的荒漠草原和草原化荒漠以及荒漠地区，当地的农牧业生产是半农半牧，如乌兰察布市、赤峰市南部的传统村庄。本次调研点选在乌兰察布市的察哈尔右翼后旗，这里属于农牧交错地带。

乌兰察布市位于北京北方 400 公里处，处于气候地理意义上的农牧交错地带，历史上是中原王朝与北方少数民族交汇交融的地区。乌兰察布是蒙古语，意思是"红山口"，这一地名已有 300 多年的历史。在清朝康熙年间（1662~1722 年），先后归附清廷的蒙古四部六旗——四子部落一旗、茂明

---

① 李兴、勾芒芒、王勇：《内蒙古水资源开发利用动态》，《中国农村水利水电》2011 年第 8 期。

② 《分省区市乡镇、行政村（居委会）及村户数、人口情况（1996 年底）》，https://www.stats.gov.cn/sj/pcsj/nypc/dycnypc/202302/t20230221_1915325.html，最后访问日期：2024 年 12 月 11 日。

③ 内蒙古自治区统计局：《内蒙古自治区第三次全区农牧业普查主要数据公报（第一号）》，https://tj.nmg.gov.cn/tjyw/tjgb/202102/t20210209_886013.html，最后访问日期：2024 年 12 月 11 日。

安部落一旗、喀尔喀右翼部落一旗（俗称达尔罕贝勒旗）、乌拉特部落三旗（前、中、后三公旗）首次会盟于四子王旗境内乌兰察布地方，当地有条河名为乌兰察布，遂名为乌兰察布盟。康熙十四年（1675）察哈尔部右翼四旗并入今乌兰察布市东部地区。乌兰察布是大窑文化、仰韶文化、岱海文化的重要发祥地，被考古学家苏秉琦先生赞誉为"太阳升起的地方"。乌兰察布市的旅游资源丰富，有远古遗迹、森林湖泊、温泉火山、全类型草原，拥有"草原云谷""中国草原避暑之都""空中三峡风电之都""吉祥草原神舟家园""中国马铃薯之都""草原皮都""中国燕麦之都""中国草原酸奶之都""中国最美养生休闲旅游城市"等美称。

（一）乌兰察布市的人口规模从1990年开始持续下降，2010～2020年下滑速度最快

乌兰察布市1953年时人口为109.01万人，人口峰值出现在1990年，为259.58万人，2020年时人口为170.63万人。1990～2020年，乌兰察布市的人口减少了88.95万人（见图6-1）。

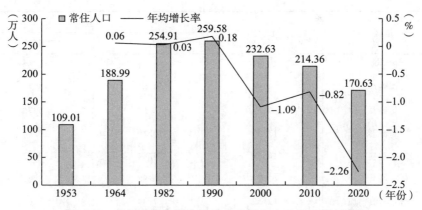

图6-1　乌兰察布市历次人口普查常住人口及年增长率

资料来源：《乌兰察布第七次全国人口普查公告》。

（二）2010～2020年乌兰察布市的汉族人口减少严重

第七次全国人口普查时，乌兰察布市全市常住人口为170.63万人，与

2010 年第六次全国人口普查时的 214.36 万人相比，减少了 43.73 万人，减少了 20.40%，年均增长率为-2.26%（见图 6-1）。

乌兰察布市常住人口中，汉族人口为 162.16 万人，占 95.04%；蒙古族人口为 6.49 万人，占 3.80%；其他少数民族人口为 1.97 万人，占 1.15%。与 2010 年第六次全国人口普查时相比，汉族人口减少了 44.19 万人，减少了 21.42%；蒙古族人口增加了 2606 人，增长了 4.18%；其他少数民族人口增加了 2092 人，增长了 11.85%。以上数据说明，在 2010～2020 年，当地主要是汉族人口外流严重。

（三）2010～2020 年乌兰察布市的人口城市聚集效应明显

2010～2020 年，除了乌兰察布市市政府所在地集宁区的人口比重上升了 8.3 个百分点，其他地区的人口比重都出现了不同程度的下降（见表 6-2）。

表 6-2　乌兰察布市第七次全国人口普查所辖各旗、市、县、区常住人口情况

单位：万人，个百分点

地区	常住人口	比重	
		2020 年	2010 年
集宁区	42.51	24.91	16.61
卓资县	8.56	5.02	6.39
化德县	9.53	5.58	5.76
商都县	17.39	10.19	10.94
兴和县	16.79	9.84	10.27
凉城县	11.91	6.98	8.67
察哈尔右翼前旗	12.52	7.34	7.67
察哈尔右翼中旗	8.61	5.05	6.97
察哈尔右翼后旗	10.36	6.07	7.01
四子王旗	12.94	7.58	8.25
丰镇市	19.52	11.44	11.46

资料来源：《乌兰察布市第七次全国人口普查公报》。

（四）乌兰察布市人口老龄化严重

第七次全国人口普查数据显示，乌兰察布市的劳动力储备不足，老龄化严重。乌兰察布市 0~14 岁人口占比为 11.05%，低于全国平均水平（17.95%）；60 岁及以上人口占比为 29.95%，远高于全国平均水平（18.70%）（见表 6-3 和表 2-6）。

表 6-3　乌兰察布市第七次全国人口普查时的常住人口年龄构成

单位：%

地区	占常住人口比重			
	0~14 岁	15~19 岁	60 岁及以上	其中：65 岁及以上
全市	11.05	59.01	29.95	20.81
集宁区	12.66	68.37	18.97	12.34
卓资县	7.93	52.20	39.87	28.51
化德县	10.14	57.92	31.95	21.78
商都县	10.27	55.49	34.23	24.61
兴和县	12.98	54.08	32.94	23.28
凉城县	10.77	52.58	36.65	26.10
察哈尔右翼前旗	9.33	56.13	34.54	24.55
察哈尔右翼中旗	7.91	53.39	38.70	26.76
察哈尔右翼后旗	9.55	56.28	34.18	23.96
四子王旗	10.59	60.93	28.47	19.21
丰镇市	12.14	57.89	29.97	21.07

资料来源：《乌兰察布市第七次全国人口普查公报》。

（五）乌兰察布市的农村人口比例从 1982 年开始持续下降，2020 年城镇人口第一次超过乡村人口

截至 2020 年 12 月底，乌兰察布市常住人口中，居住在城镇的人口为 101.86 万人，占 59.70%；居住在乡村的人口为 68.77 万人，占 40.30%。与 2010 年第六次全国人口普查时相比，城镇人口增加 11.27 万人，乡村人口减少 55 万人，城镇人口比重上升 17.44 个百分点（见图 6-2）。

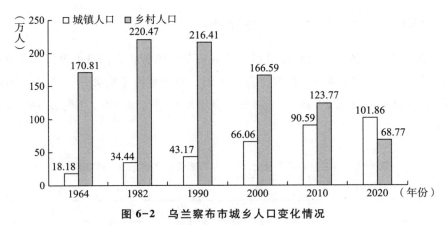

图6-2　乌兰察布市城乡人口变化情况

资料来源:《乌兰察布市第七次全国人口普查公报》。

（六）乌兰察布市察哈尔右翼后旗概况

　　察哈尔右翼后旗是一个以蒙古族人口为主体、汉族人口居多数的边疆少数民族聚居地区，历史上就是中原王朝与北方少数民族交汇交融的地区。截至2019年11月，察哈尔右翼后旗的总人口为22万人，其中蒙古族人口1.3万人，此外还有回族、满族、达斡尔族、鄂温克族、朝鲜族等20多个少数民族分布于此。

　　察哈尔右翼后旗（以下简称察右后旗）是农牧交错地带，也是生态脆弱区。农牧交错地带年降雨量不足，草原一旦被破坏很难恢复，所以草原沙化非常严重。现在察右后旗的主要农产品是马铃薯、玉米以及少量杂粮，除此之外几乎没有种植其他农作物。当前，察右后旗面临着牧区生产和农业生产的双重尴尬。一方面，农业生产需要灌溉用水，但是察右后旗的年降水量只有400毫米，属于半干旱地区，因此从事农业生产受到水资源的制约，"需要抽地下水的，20多年前水井打20米，现在七八十米才能有水，所以这样的情况下干旱加剧。本村的大户能够种田的也不多，都是城市里有钱的承包400亩、500亩，打水井灌溉，当地的农牧民给他打工也不是那么富裕的。周边农村的人已经不种地了，也是养牲畜"（访谈资料20211015007）。另一方面，水资源的限制使当地农村从事农业生产的农户非常少，即便是汉族农民也不怎么种地了，反而以圈养牲畜为生计的主要来源，这给当地本来就十分脆弱的草场又造成了压力。察右后旗的"嘎查人均不足 200 亩草场，没有草场，只能到很小的牧区草场上放牧牲畜，超载放牧搞得这个地区的植被破坏。地方政府不得不采取禁牧的措施，完全禁牧，这样一禁牧牲畜养不成，经济来源就成了大问题"（访谈资料 20211014008）。

草原牧区的发展一直受到党和国家的高度重视。改革开放以来，中央政府颁布了一系列法律法规，旨在保护草原和牧场，使其可持续发展。1985年，《中华人民共和国草原法》的颁布和实施，为管理、保护、建设草原和促进牧区发展提供了保证。1987 年，全国牧区工作会议召开，国务院批转了《全国牧区工作会议纪要》，明确了"牧区要坚持以畜牧业为主、草业先行、多种经营、全面发展的方针；半农半牧区要把畜牧业摆到突出的地位，发挥牧农结合的优势，多种经营，全面发展"，提出要通过多渠道筹集草原建设资金，建立牧区商品基地。会议决定，把牧区的扶贫工作纳入全国的扶贫工作通盘考虑，确定 27 个国家重点扶持的牧区贫困县。[①] 2011 年 6 月，国务院发布了《关于促进牧区又好又快发展的若干意见》，提出了"到 2020年，全面实现草畜平衡，草原生态步入良性循环轨道，牧区经济结构进一步优化；牧民生产生活条件全面改善，基本公共服务能力达到本省（区）平均水平；基本消除绝对贫困现象，牧民收入与全国农民收入的差距明显缩小，基本实现全面建设小康社会"的目标。该文件还提出了一系列扶持政策和重大项目，主要涉及草原生态保护建设、草原畜牧业发展、牧区特色优势产业发展、牧民转产转业、基础设施建设、社会事业发展、扶贫开发、农村综合改革等八个方面。在草原生态保护建设方面，国家将加大退牧还草工程实施力度并提高中央补助标准。在 8 个主要草原牧区省（区）全面实施禁牧补助和草畜平衡奖励政策，中央财政分别按照每亩每年 6 元和1.5 元的测算标准给予补助奖励。提出对设在西部地区的鼓励类产业牧区企业按 15% 的税率征收企业所得税。提出加大生产补贴力度的政策措施，"在实行草原生态保护补助奖励机制的 8 个省（区），实施人工种植牧草良种补贴，中央财政每亩补贴 10 元；对牧民生产用柴油等生产资料给予补贴，中央财政每户补贴 500 元。加大牧区牧业机械购置补贴支持力度。发展多种形

---

① 《全国牧区工作会议纪要》，《中国草业科学》1987 年第 6 期。

式的草原畜牧业保险，对符合条件的畜牧业保险给予保费补贴"。① 截至2016年，"内蒙古自治区每年发放各类政策性补贴收入已占到全区牧民人均纯收入的35%左右，成为牧民收入增长的主要因素；草原'三化'（沙化、退化、盐渍化）面积比2010年减少671.29万亩；草原植被盖度达到44%，比2010年的37%提高7个百分点"。②

草原补贴政策按照草场面积来发放，但是察右后旗的草场面积在内蒙古自治区属于比较小的，就是当地人说的"两头靠不上"，即农业补贴政策靠不上，草原补奖政策靠不上。主要就是面积太小，补贴太少。"国家禁牧政策也给他们一些补贴，200亩补贴不足1000元，所以一家生活困难，大面积有几万亩的，能补个3万、5万，这种半农半牧区正是我们政策上比较边缘的地区，哪一头也占不上。"（访谈资料20211016005）

针对上述这种情况，当地政府采取行政措施引导牧民集中定居，利用财政补贴建设牧民的定居房屋和现代化的牲畜棚圈；积极推动农牧民转移进城，妥善解决进城农牧民的住房问题；同时，根据就业需求，定期开展一些技术培训、讲座、咨询，使牧民具有一定的生存技能，帮助牧民就业；对于创业牧民给予一定的现金补贴或财政贴息小额贷款，鼓励牧民创业就业等，引导他们到城镇定居。

三　内蒙古自治区调查样本的生活现状和生活意愿

察哈尔右翼后旗与内蒙古自治区大多数的草原牧区一样，面临着草场退化、畜牧业生产困难的问题。草场退化造成的畜牧业生产困难是客观现实，政府部门往往将草原的退化归因于牧民过牧，而牧民往往将之归因于天气干旱。对生计困难不同的归因决定了他们采取不同的应对措施。我们的实地调研采用两种调查方法：一是进行农牧民访谈，询问嘎查的历史，特别是草原利用的历史变化和牧民家庭生计状况；二是通过问卷调查收集

① 《国务院关于促进牧区又好又快发展的若干意见》（国发〔2011〕17号），2011年6月1日。
② 《财政部启动新一轮草原生态补助奖励政策》，https://www.gov.cn/xinwen/2016-04/02/content_5060811.htm，最后访问日期：2024年12月11日。

部分定量资料，调查为非随机抽样，因此问卷调查资料仅反映调查样本的情况，不做总体推论。

（一）内蒙古自治区调查样本的基本信息

1. 内蒙古自治区调查样本的年龄情况

内蒙古自治区调查样本的年龄在本次调研的三个省区的被调查者中比较年轻。18~30 岁调查样本的占比为 18.69%，样本总体的该比例为 11.89%（见表6-4）。

表 6-4　内蒙古自治区调查样本的年龄分布情况

单位：%

年龄	内蒙古自治区（N=289）	样本总体（N=1110）
18~30 岁	18.69	11.89
31~45 岁	38.41	45.14
46~60 岁	34.95	35.41
60 岁以上	7.96	7.57

2. 内蒙古自治区调查样本的受教育情况

内蒙古自治区调查样本的受教育程度为初中及以下的占比为 33.92%，低于样本总体的该比例（44.60%），但受教育程度为大学本科的调查样本占比（24.83%）却高于样本总体水平（16.35%）（见表6-5）。

表 6-5　内蒙古自治区调查样本的受教育程度情况

单位：%

受教育程度	内蒙古自治区（N=286）	样本总体（N=1101）
初中及以下	33.92	44.60
高中/中专/技校	22.03	24.98
大学专科	17.48	12.90
大学本科	24.83	16.35
硕士及以上	1.75	1.18

3. 内蒙古自治区调查样本的个人月收入

总体来看，内蒙古自治区调查样本中个人月收入在 500 元以下的比例（13.48%）高于样本总体水平（12.41%），个人月收入为 500~3000 元的比例低于样本总体水平，而个人月收入在 3000 元以上的比例高于样本总体水平（见表 6-6）。

表 6-6 内蒙古自治区调查样本的月收入情况

单位：%

收入	内蒙古自治区 （N = 267）	样本总体 （N = 1015）
500 元以下	13.48	12.41
500~1000 元	11.24	13.10
1001~1500 元	8.61	10.44
1501~2000 元	13.11	14.19
2001~3000 元	13.86	18.33
3001~5000 元	24.34	17.34
5001~8000 元	9.74	8.47
8001~10000 元	3.37	3.55
10001~20000 元	1.12	1.08
20000 元以上	1.12	1.08

4. 内蒙古自治区调查样本主要收入来源

内蒙古自治区调查样本的收入来源中，"务农"的比例只有 24.22%，低于样本总体水平（41.80%）；"在外务工或经商"的比例为 30.80%，高于样本总体水平（25.41%）（见表 6-7）。

表 6-7 内蒙古自治区调查样本的收入来源情况

单位：%

收入来源	内蒙古自治区 （N = 289）	样本总体 （N = 1110）
务农	24.22	41.80
外出务工或经商	30.80	25.41
在家经商	1.73	3.78

续表

收入来源	内蒙古自治区 （$N=289$）	样本总体 （$N=1110$）
财政补贴	12.11	6.94
其他	31.14	22.07

5. 内蒙古自治区调查样本家庭人口情况

内蒙古自治区调查样本的家庭人口比较少，1~3人的比例为67.47%，高于样本总体水平（50.63%）；4~7人的比例为32.18%，低于样本总体水平（48.47%）（见表6-8）。

表6-8 内蒙古自治区调查样本的家庭人口情况

单位：%

家庭人口	内蒙古自治区 （$N=289$）	样本总体 （$N=1110$）
1~3人	67.47	50.63
4~7人	32.18	48.47
8~10人	0.35	0.90

6. 内蒙古自治区调查样本家庭半年以上在外务工（上学）人口情况

内蒙古自治区调查样本半年以上在外务工（上学）的比例基本与样本总计水平接近，有3人及以上外出务工（上学）的比例（15.22%）高于样本总体水平（11.44%）（见表6-9）。

表6-9 内蒙古自治区调查样本家庭半年以上在外务工（上学）人口情况

单位：%

半年以上在外务工（上学）人口	内蒙古自治区 （$N=289$）	样本总体 （$N=1110$）
0人	25.95	28.83
1人	32.18	31.53
2人	26.64	28.20
3人及以上	15.22	11.44

7. 内蒙古自治区调查样本在村居住时间情况

内蒙古自治区调查样本中全年都在家务农的比例（34.26%）低于样本总体水平（45.14%），全年都在外务工的比例（33.91%）高于样本总体水平（22.97%）（见表6-10）。

表6-10　内蒙古自治区调查样本的在村时间情况

单位：%

在村居住时间	内蒙古自治区 （N=289）	样本总体 （N=1110）
全年都在家务农	34.26	45.14
全年都在外务工	33.91	22.97
超过6个月时间在外务工	12.46	12.07
基本在家务农，零星时间出去打零工	9.34	15.77
在外面上学	10.03	4.05

（二）内蒙古自治区调查样本所在村庄生产生活的基本情况

1. 内蒙古自治区调查样本土地承包利用情况

内蒙古自治区调查样本"自己种植"土地的比例（31.83%）低于样本总体水平（53.87%），将土地"承包给他人"的比例（26.64%）高于样本总体水平（21.53%）（见表6-11）。

表6-11　内蒙古自治区调查样本土地承包利用情况

单位：%

土地承包利用情况	内蒙古自治区 （N=289）	样本总体 （N=1110）
自己种植	31.83	53.87
承包给他人	26.64	21.53
抛荒	3.46	2.70
其他	38.06	21.89

2. 内蒙古自治区调查样本房屋空置情况

内蒙古自治区调查样本的房屋空置比例（24.22%）与样本总体水平相

当，略高于样本总体（22.88%）（见表6-12）。

表6-12　内蒙古自治区调查样本的房屋空置情况

单位：%

家里是否有因为人员外出而空置的房屋	内蒙古自治区（$N=289$）	样本总体（$N=1110$）
有	24.22	22.88
没有	75.78	77.12

3. 内蒙古自治区调查样本所在村庄专业生产合作社的成立情况

内蒙古自治区调查样本所在村庄有专业生产合作社的比例（21.80%）低于样本总体水平（32.97%）（见表6-13）。内蒙古自治区农牧业的生产特点是比较分散，所以专业生产合作社比较少，这同时也是其农村产业结构的体现。

表6-13　内蒙古自治区调查样本所在村庄专业生产合作社成立情况

单位：%

村庄是否有专业的生产合作社	内蒙古自治区（$N=289$）	样本总体（$N=1110$）
有	21.80	32.97
没有	62.63	48.02
不知道	15.57	19.01

4. 内蒙古自治区调查样本参加本村专业生产合作社的情况

内蒙古自治区调查样本参加本村专业生产合作社的比例（5.54%）远远低于样本总体水平（18.11%）（见表6-14）。

表6-14　内蒙古自治区调查样本参加生产合作社情况

单位：%

有没有加入你们村的生产合作社	内蒙古自治区（$N=289$）	样本总体（$N=1110$）
有	5.54	18.11
没有	94.46	81.89

5. 内蒙古自治区调查样本所在村庄成立企业（小作坊）的情况

村庄企业是繁荣农村经济的重要力量，它能够带动经济发展，促进农业的整体发展。内蒙古自治区调查样本所在村庄有企业（小作坊）的比例较低，仅为 21.11%，远远低于样本总体水平（29.37%）（见表 6-15）。

表 6-15 内蒙古自治区调查样本所在村庄有企业（小作坊）的情况

单位：%

村庄是否有企业（小作坊）	内蒙古自治区（N=289）	样本总体（N=1110）
有	21.11	29.37
没有	78.89	70.63

6. 内蒙古自治区调查样本所在村庄村委会开展集体活动情况

内蒙古自治区调查样本所在村庄的组织化程度较低，村委会开展集体活动少。全年都没有组织一次集体活动的比例为 53.29%，高于样本总体水平（30.00%）（见表 6-16）。

表 6-16 内蒙古自治区调查样本所在村庄村委会开展集体活动情况

单位：%

村委会每年组织几次集体活动	内蒙古自治区（N=289）	样本总体（N=1110）
无	53.29	30.00
一年 1 次	15.22	17.66
一年 2~5 次	24.22	36.31
一年 5 次以上	7.27	16.04

（三）内蒙古自治区调查样本对村庄的主观描述和生活意愿

1. 内蒙古自治区调查样本描述的村庄空心化情况

内蒙古自治区调查样本认为"村庄大部分劳动力都外出务工了，村里只有老人孩子"的比例（46.37%）低于样本总体水平（53.06%）；认为"我们村庄可能再过 20 年就没什么人住了"的比例（13.49%）高于样本总体水平（9.73%）（见表 6-17）。

表 6-17　内蒙古自治区调查样本对村庄生活状态的主观描述与样本总体对比

单位：%

以下哪种描述很像你居住的村庄	内蒙古自治区 （N=289）	样本总体 （N=1110）
村庄大部分劳动力都外出务工了，村里只有老人孩子	46.37	53.06
村庄好多家庭都搬出去了，好多年都不回来	26.30	21.80
村子里过年很热闹，外出务工的都回来	36.33	36.49
村子里过年也没什么人，外出务工的很少回来	12.46	14.41
村里的土地大多数都撂荒了	4.84	8.65
我们村庄可能再过 5 年就没什么人住了	4.15	2.79
我们村庄可能再过 10 年就没什么人住了	6.57	7.93
我们村庄可能再过 20 年就没什么人住了	13.49	9.73

2. 内蒙古自治区调查样本在村生活意愿

内蒙古自治区调查样本更愿意生活在农村的比例为 38.41%，而样本总体的该比例为 57.75%（见表 6-18）。

表 6-18　内蒙古自治区调查样本在村生活意愿

单位：%

更愿意生活在农村还是城市	内蒙古自治区 （N=289）	样本总体 （N=1110）
农村	38.41	57.75
城市	38.06	23.06
无所谓	23.53	19.19

3. 内蒙古自治区调查样本未来在村生活及养老意愿

内蒙古自治区调查样本选择"即便我有条件在城市养老，我老了以后还是想要回到村庄里生活"的比例（61.59%）低于样本总体水平（73.78%），选择"如果有条件，我以后不想回到村庄了，想生活在城市"的比例（16.96%）高于样本总体水平（12.07%）（见表 6-19）。

表 6-19　内蒙古自治区调查样本未来在村生活及养老意愿

单位：%

下列哪些想法跟你相似	内蒙古自治区 （N=289）	样本总体 （N=1110）
即便我有条件在城市养老，我老了以后还是想要回到村庄里生活	61.59	73.78
如果有条件，我想在城市里养老	29.07	19.82
如果有条件，我以后不想回到村庄了，想生活在城市	16.96	12.07
我 5 年内想离开村庄生活	3.11	3.06
我大概 10 年后会离开村庄，到城市生活	3.46	3.24

4. 内蒙古自治区调查样本返乡创业意愿

关于返乡创业意愿，内蒙古自治区调查样本回答"想，并且一直在寻找合适的项目"的比例（30.80%）低于样本总体水平（41.53%），回答"不想，还是在城市里打工好"的比例（5.88%）高于样本总体水平（3.96%）（见表6-20）。这说明内蒙古自治区调查样本的返乡创业意愿较低。

表 6-20　内蒙古自治区调查样本返乡创业意愿

单位：%

如果有条件，想不想回到村庄创业	内蒙古自治区 （N=289）	样本总体 （N=1110）
想，并且一直在寻找合适的项目	30.80	41.53
想，但是恐怕没有这样的条件	44.64	37.57
不想，还是在城市里打工好	5.88	3.96
没想好	18.69	16.94

（四）内蒙古自治区调查样本在村生活意愿、养老意愿、创业意愿与年龄的交互分析

1. 内蒙古自治区调查样本年龄越大越愿意生活在农村，年轻人（18~30岁）愿意生活在农村的比例最低（11.11%）

内蒙古自治区调查样本的未来生活意愿在年龄上存在显著差异（$Pr=0.000<0.001$），年龄大的调查样本更愿意生活在农村。表 6-21 汇报了内蒙古自治区不同年龄的调查样本的未来生活意愿及卡方检验结果。60 岁以上

的内蒙古自治区调查样本选择更愿意生活在农村的比例最高，达 65.22%；年龄为 46~60 岁的调查样本次之，为 52.48%；年龄为 18~30 岁的调查样本选择更愿意生活在农村的比例最低，仅为 11.11%（见表 6-21）。由此可见，年龄越大的内蒙古自治区调查样本越倾向于生活在农村。

表 6-21 内蒙古自治区调查样本的年龄与未来生活意愿交互分析

单位：%

更愿意生活在农村还是城市	年龄				
	18~30 岁（N=54）	31~45 岁（N=111）	46~60 岁（N=101）	60 岁以上（N=23）	总体（N=289）
农村	11.11	33.33	52.48	65.22	38.41
城市	48.15	46.85	28.71	13.04	38.06
无所谓	40.74	19.82	18.81	21.74	23.53

注：Pearson chi^2（6）= 38.96，Pr = 0.000。

2. 内蒙古自治区调查样本中的老年调查样本（60 岁以上）更愿意在农村养老

内蒙古自治区调查样本的养老意愿在年龄上存在显著差异（Pr = 0.013 < 0.05），年龄大的调查样本更愿意在农村养老。60 岁以上的内蒙古自治区调查样本选择更愿意在农村养老的比例最高，达 73.91%；年龄为 46~60 岁的调查样本次之，为 71.29%；年龄为 18~30 岁的调查样本表示更愿意在农村养老的比例最低，为 48.15%（见表 6-22）。由此可见，年龄越大的内蒙古自治区调查样本越倾向于在农村养老。

表 6-22 内蒙古自治区调查样本的年龄与养老地点意愿交互分析

单位：%

即便我有条件在城市养老，我老了以后还是想要回到村庄里生活	年龄				
	18~30 岁（N=54）	31~45 岁（N=111）	46~60 岁（N=101）	60 岁以上（N=23）	总体（N=289）
是	48.15	56.76	71.29	73.91	61.59
否	51.85	43.24	28.71	26.09	38.41

注：Pearson chi^2（3）= 10.72，Pr = 0.013。

3. 中年内蒙古自治区调查样本的返乡创业意愿更为强烈

内蒙古自治区调查样本返乡创业意愿在年龄上存在显著差异（Pr = 0.000<0.001），中年调查样本返乡创业的意愿更为强烈。在回答"想，并且一直在寻找合适的项目"的内蒙古自治区调查样本中，年龄为 46～60 岁的调查样本占比最高，为 35.64%；年龄为 18～30 岁的调查样本占比次之，为 33.33%；60 岁以上调查样本的占比最低，仅为 8.70%。在回答"想，但是恐怕没有这样的条件"的内蒙古自治区调查样本中，年龄为 31～45 岁的调查样本占比最高，为 52.25%；年龄为 46～60 岁的调查样本占比次之，为 47.52%；年龄为 18～30 岁的调查样本占比最低，为 29.63%（见表 6-23）。由此可见，相较于青年与老年调查样本，中年内蒙古自治区调查样本有更为强烈的返乡创业意愿。

表 6-23　内蒙古自治区调查样本的年龄与返乡创业意愿交互分析

单位：%

如果有条件，你想不想回到村庄创业	年龄				
	18～30 岁（N=54）	31～45 岁（N=111）	46～60 岁（N=101）	60 岁以上（N=23）	总体（N=289）
想，并且一直在寻找合适的项目	33.33	29.73	35.64	8.70	30.80
想，但是恐怕没有这样的条件	29.63	52.25	47.52	30.43	44.64
不想，还是在城市里打工好	9.26	4.50	5.94	4.35	5.88
没想好	27.78	13.51	10.89	56.52	18.69

注：Pearson chi^2（9）= 36.35，Pr = 0.000。

四　内蒙古自治区传统村庄消失的特征和原因

内蒙古自治区的传统村庄空心化甚至消失，其主要原因是内蒙古农牧区的人口数量和牲畜数量受到草原生态承载力的制约，政府主动进行人口外迁。最近十几年来，气候变化带来的干旱以及草原人口和牲畜数量的增加等，导致草原的人、草、畜生态系统平衡被破坏了。为了保护草原生态环境，用行政手段引导和疏解草原生态脆弱地区的人口，是最近十年来内蒙古自治区政府的政策导向，其结果就是快速的人为城市化进程导致了内蒙古自治区传统村庄的消失。内蒙古自治区有漫长的边境线，边境线上的牧民肩负着经济社会发展和戍边的双重重任，多年来其边境安全保卫体系是由边防军守口、武警守片、广大牧民守边的军警民联防构成的，传统村庄的消失显然会给守边带来困扰。

（一）内蒙古自治区农村人口减少和传统村庄空心化的特征

1. "走了就不回来了"

内蒙古自治区人口外流的特点，用当地人的话讲就是"我们这里的人，走了就不回来了"（访谈资料20211015002）。在本次问卷调查中，内蒙古自治区调查样本认为"村庄大部分劳动力都外出务工了，村里只有老人孩子"的比例（46.37%）低于样本总体水平（53.06%）；但是，回答"我们村庄可能再过20年就没什么人住了"的比例（13.49%）高于样本总体水平（9.73%）。这也从另一个角度印证了"走了就不回来了"的判断。

本次问卷调查结果显示，内蒙古自治区的调查样本回答"即便我有条件在城市养老，我老了以后还是想要回到村庄里生活"的比例在三个被调研省区中最低，为61.59%。也就是说，目前阶段就有四成的人不想回到村庄养老。在未来生活意愿方面，内蒙古自治区的调查样本在城市生活的意愿较高，有16.96%的调查样本表示"如果有条件，我以后不想回到村庄了，想生活在城市"，即有将近1/5的人想要在城市，而不是农村生活。在本次调研的三个省区中，内蒙古自治区的年轻人（18~30岁）愿意生活在农村的比例最低（11.11%），与此相对比，云南省的年轻人（18~30岁）愿意生活在农村的比例最高（45.76%）。在未来养老地点的选择上，两个省区的比例相差四倍，足以显示地区之间的差异。

内蒙古自治区调查样本的返村创业意愿在三个被调研省区中也是最低的。内蒙古自治区的调查样本回答"想，并且一直在寻找合适的项目"的比例（30.80%）低于样本总体水平（41.53%），回答"不想，还是在城市里打工好"的比例（5.88%）高于样本总体水平（3.96%）。

2. 村落性别结构和年龄结构严重失衡

一般农村人口外流以后，农村的留守人口都是"三八六一九九部队"，即以妇女、儿童和老人为主的农村人口。但是，在内蒙古自治区调查样本所在村庄却是另外一番景象：村庄里已经没有学龄儿童了，孩子读书都去了乡镇，孩子的母亲和父亲基本都会陪同孩子到乡镇生活；村庄里也没有女青年了。

> 女青年都没有在村里，她们去市里头能找着工作，这是女同志，而且她结婚也容易，但是男青年他去市里头找工作，市里头女青年不找他，他回来村里没有女青年。我朋友的孩子大学毕业，他想回家放牧，但是家里不让，因为找不着对象。去年他找到一个邻村的姑娘，领证了，现在回老家放牧了。（访谈资料20211017009）

3. 村基层组织建设滞后

从本次问卷调查的结果来看，内蒙古自治区调查样本所在村庄的基层组织建设滞后于其他两个被调研省区。首先是村庄的集体经济比较少，体现在村庄拥有专业生产合作社和村民参加专业生产合作社的比例比较低。内蒙古自治区调查样本所在村庄有专业生产合作社的比例（21.80%）低于样本总体水平（32.97%）。内蒙古自治区农村和嘎查的特点是比较分散，农牧业都是以农户为单位进行的，所以专业生产合作社比较少。内蒙古自治区调查样本参加专业生产合作社的比例（5.54%）远远低于样本总体水平（18.11%）。其次，内蒙古自治区调查样本所在村庄的组织化程度较低，村委会开展集体活动少。问卷调查结果显示，内蒙古自治区调查样本所在村庄全年都没有组织一次集体活动的比例为53.29%，而样本总体的平均水平为30.00%。

（二）内蒙古自治区农村人口减少和传统村庄空心化的原因

2019年7月，习近平总书记在内蒙古自治区考察时强调："守好这方碧绿、这片蔚蓝、这份纯净，要坚定不移走生态优先、绿色发展之路，世世代代干下去，努力打造青山常在、绿水长流、空气常新的美丽中国。"[①] 根据《内蒙古自治区国土空间规划（2021—2035年）》，全区87%的面积被

[①]　《内蒙古坚持生态优先绿色发展》，《人民日报》2022年2月13日，第1版。

划入限制开发区域，51%的面积被划入生态保护红线。这意味着未来一段时间里，内蒙古自治区将进一步限制草原的人口数量。

1. 内蒙古自治区的草地资源退化导致牧业人口外流

内蒙古自治区草地资源退化和由此引起的畜牧业持续发展困难是内蒙古传统村庄空心化甚至消失的主要原因。内蒙古自治区草地资源退化的原因是多方面的：第一是气候变化导致草地植被被破坏，进而草地载畜量显著降低，引发了草畜矛盾；第二是农牧业人口增长过快，增加的农牧民为解决温饱问题进行过度放牧，这样的恶性循环进一步导致优良的天然牧场日益减少；第三是草地资源退化导致畜牧食草不足，需要给农畜添加饲料，但是内蒙古自治区的生产结构中缺少稳固的饲草料基地，因此草地畜牧业生产的种草、养畜、加工、销售四个环节严重脱节，导致加工食草供应不足，载畜量进一步受限。

内蒙古自治区的草场退化导致草场产草量下降，牲畜可食饲草减少，牧民购买饲草支出增多；自20世纪80年代至今的几十年里雨量减少，湖泊干枯，地下水位下降，牧民寻找水源和牲畜饮水成本上升，进一步导致牧民生计脆弱性增强。上述情况造成了一个封闭的恶性循环，农牧业整体生产成本的增加，使牧民纯收入增速放缓，于是很多人选择外出务工而放弃继续放牧。

2. 内蒙古自治区政府推动的城市化使农村人口向城市集中

第七次全国人口普查数据显示，边疆九省区中城镇化率高于全国平均水平的省区只有三个，分别为辽宁省、内蒙古自治区、黑龙江省，其城镇化率分别为72.14%、67.48%、65.61%。辽宁省和黑龙江省是中国的老工业基地，所以城市化率在全国边疆省区里是比较高的，内蒙古自治区所呈现的快速城镇化则是由政府推动的、主动的城市化。内蒙古自治区的各级政府为了减轻草原生态压力、促进农牧民增收，在不同的地方采取了不同的举措推动快速的、主动的城市化，比如阿拉善盟实行了集中转移政策，锡林郭勒盟实行了围封转移政策，鄂尔多斯市实行了收缩转移政策。在这些政策的鼓励下，牧区大量农牧业人口向城镇、园区和移民区集中转移。21世纪以来，内蒙古自治区累计投入23亿元，完成生态移民46万人，包括转移牧民10万人。

从国家层面的统计数据来看，整体上讲，内蒙古自治区并不是人口流动大省，当前减少的农牧业人口大多数是去了自治区内的工业化大城市定居，属于农村劳动力就地转移。根据 2015 年全国 1% 人口抽样调查数据，内蒙古自治区流出人口与流入人口大致相当，也就是说，整体而言，内蒙古自治区流出人口与流入人口较为均衡。内蒙古自治区的流出人口最主要是去了北京，数据表明，其流出人口的 23.66% 集中在北京。① 除此之外，天津、河北、辽宁、山西、山东、陕西等北方省区是内蒙古自治区流出人口的主要分布地区，去往这些省区的人口占所有流出人口的 46.23%。② 相关统计数据表明，内蒙古自治区流出人口主要集中在相邻省区，特别是北京，流出人口就近分布的地缘特征十分明显。相比而言，广东、浙江、江苏等全国一般意义上的流入人口聚集大省对内蒙古自治区人口的吸引力并不大。有研究表明，内蒙古自治区的区内流动人口主要集中在呼和浩特市、鄂尔多斯市和包头市。这三个工业城市聚集了区内 70% 以上的流动人口，特别是呼和浩特市，成为流动人口聚集的"超级中心"，集中了区内 44.46% 的流动人口。内蒙古自治区人口最多的赤峰市和通辽市聚集的流动人口比例相对较低。这说明，内蒙古自治区流动人口的分布具有在典型城市聚集的特征，主要集中在自治区首府呼和浩特市，以及经济新兴城市鄂尔多斯市和工业较为发达的包头市。

通过对 2015 年全国 1% 人口抽样调查数据的计算，内蒙古自治区的区内流动人口规模为 291.67 万人，其中汉族流动人口为 239.78 万人，蒙古族流动人口为 44.74 万人。从户口类别来看，蒙古族和汉族流动人口以农业户口为主。其中，80.37% 的汉族流动人口是农业户口，73.47% 的蒙古族流动人口是农业户口。值得注意的是，蒙古族流动人口中有 26.24% 是非农业人口，这一比例明显高于汉族流动人口中非农业人口的占比（19.46%）。这表明，与汉族相比，蒙古族非农业人口的流动参与度相对较高，而农牧业人口的流动参与度相对较低。整体而言，内蒙古自治区人口流动参与度

---

① 段成荣、冯乐安、秦敏：《典型民族地区流动人口状况及特征比较——基于内蒙古自治区的研究》，《内蒙古大学学报》（哲学社会科学版）2017 年第 6 期。

② 段成荣、冯乐安、秦敏：《典型民族地区流动人口状况及特征比较——基于内蒙古自治区的研究》，《内蒙古大学学报》（哲学社会科学版）2017 年第 6 期。

相对较低，低于全国平均水平。这表明内蒙古自治区人口流动并不是十分活跃，还处于相对滞后的状态。①

根据《内蒙古自治区国土空间规划（2021—2035 年）》，到 2035 年，内蒙古自治区的城市化率将会提升至 71%，这意味着未来将有更多的农村人口转移并生活在城市，这项政策对于草原牧区传统村庄的影响有待进一步评估。

3.5 塑造多元宜居城镇空间

城镇化目标

预测到2025年
城镇化率
达到66.2%

预测到2035年
城镇化率
达到71%

图 6-3　《内蒙古自治区国土空间规划（2021—2035 年）》中的城镇化目标

资料来源：《内蒙古自治区国土空间规划（2021—2035 年）》。

3. 草原生计的脆弱性导致大量牧区人口放弃放牧

除了气候变化的影响，生计类型的脆弱性也会使大量牧区人口放弃放牧，进而导致内蒙古自治区农村人口外流和传统村庄消失，这是传统的牧区经济生产特性在面对工业文明的现代化社会时所必然面临的冲击。

（1）牧民面对大自然的脆弱性

传统上，草原牧区生产对于自然条件的依赖明显高于农耕地区，由于牧区天然降雨稀少，且气候变化导致自然灾害频繁，牧区经济的储备性差而应急性高。新中国成立以来，国家对草原牧区大量投入，以改善牧区的各种基础设施，使牧民对抗自然灾害的能力有了很大改善，比如传统上的白灾，即雪灾，是草原牧区的主要灾害，历史上牧民如遇到雪灾，对于那

---

① 段成荣、冯乐安、秦敏：《典型民族地区流动人口状况及特征比较——基于内蒙古自治区的研究》，《内蒙古大学学报》（哲学社会科学版）2017 年第 6 期。

年的生计而言便是灭顶之灾。目前，政府在牧区修建草库伦①，牧民可以储备更多的牧草，从而可以在冰雪灾害中保持牲畜的存活率；通过打井，过去许多缺水的草原得到了利用；通过修建暖圈，幼畜的成活率大大提高。这些措施无疑使牧民对抗自然灾害的能力大大提高。

（2）牧民面对市场的脆弱性

目前，草原牧区的生产方式与传统相比，发生了制度性的大变革：市场已经逐渐成为支配草原牧业发展的主导力量。在市场经济中，个体家庭的力量被特别强调，尤其是在牧区社会中，一个家庭就是一个独立的生产单位，同时也是面对草原灾害的主体和面对市场的主体。这一点与农耕社会不同，牧业生产类型在集体中缺乏必要的社会分工，因而缺少了生产中的互助。

市场化给牧区带来了生产方式的变革，使牧民要单独面对两个市场。第一个是牧草市场。当牧民进入牧草市场时，与牧民生活至关重要的牧草价格完全是不确定的，牧民必须要面对两个不确定因素。一是价格不确定，不知道在什么时候牧草会大幅度涨价、什么时候会降价。近年来牧草都是通过中间商运到嘎查的，每年、每个季节草价都会发生变化。二是牧草的需求数量不确定。因为牧草需求不仅受到牲畜数量的制约，而且也受到天气的制约：当天气变得异常恶劣时，喂草就成为牧民的唯一选择。然而天气比市场具有更大的不确定性。对于市场经济这个新的制度，尽管农业生产地区的传统农户已习以为常，但是牧民应对的难度要比农民更大。

第二个是牲畜产品市场。牲畜产品市场的价格波动巨大，这里跟传统农户兜售农产品类似，谷贱伤农的道理在草原上对于牧民而言是一样的：当遇到灾害天气，牧民希望通过出售牲畜来减少损失的时候，也恰恰是商

---

① 草库伦为蒙古语，意为"草圈子"，是草场围栏的一种形式。用草垡子、木杆、土墙等，把一定范围或面积的草场围圈起来，进行封闭培育，保持牧草的稳产高产，以利有计划地在草库伦内轮流进行放牧或割草。修建草库伦既可充分发挥草场的生产潜力，提高产草量，又能防止超载过牧，使草场资源得以永续利用。草库伦按建设内容和使用目的的不同，分为放牧草库伦、打草草库伦、草料林结合草库伦、草灌乔结合防风固沙草库伦等。在中国，草库伦多作为冬、春缺草季节的抗灾基地，以保证牲畜，尤其是母畜、仔畜或老弱病残畜不受或少受干旱和风雪危害，安全越冬等。

人不断降低收购价格的时候；当牧民希望购买牲畜扩大畜群规模的时候，也往往是商人不断提高牲畜价格的时候。牧民们辛苦养的牲畜最终要在市场上出售，但是有时候售卖的所得连牧草的成本都不能覆盖。

现在内蒙古自治区的草原基本实行定居放牧的方式。尽管都是放牧，但是定居放牧和游牧这两种不同的生计方式有着完全不同的社会意义和经济意义。游牧社会为了应对自然灾害而形成了一套相互帮助的制度，特别是灾害时期的"敖特尔"制度①，即在某户遭受自然灾害的时候，他们可以通过无偿地使用其他牧民的草场，减少灾害损失。在定居放牧以后，失去了民间互助制度的基础，因此牧民社会不再奉行传统上的"敖特尔"制度，牧民们转而借助金融手段来攻克难关。但是，现实中牧业生产巨大的不确定性，使金融帮扶手段反而成为牧民生活的阻碍。一个明显的逻辑是：草原上的灾害越严重，牧草的价格就会越高，如此高的成本是牧民无法承担的，特别是牧民很少有积攒现金的习惯，他们的收入和财产主要就是畜群。为了满足买草的需要，牧民采取了借贷和赊销两种方式。但是由于以下两个因素的加入，借贷和赊销使农民的生活变得更加脆弱。第一个因素是较高的借贷利息，第二个因素是牧民纯收入的减少。在牧区，信用社是提供信贷的主要渠道，但是信用社所提供的资金有限，在现金不充足的时候，牧民往往采用赊销的方式，比如牧草可以先运进来，等到有钱的时候再付钱。这种方式本来可以缓解牧民的资金困难，但是由于赊销往往伴随着一些条件，比如在商定的时间内不能还款，那就要支付利息；而且为了能够赊销到所需要的东西，牧民购买草料和生活品的时候就无法获得较好的价格。笔者调研时，一位村主任讲了他们嘎查在过去几年所经历的事。

> 在2013年、2014年之前羊肉价格上来的时候，我们嘎查羊肉价格上涨，农民为了多养牲畜，贷了好多款，一群一群地养，结果养到2013年、2014年羊肉价格下降，牧民都还不了这个钱的贷款利息。羊

---

① "敖特尔"为蒙古语，意为"走场"。"敖特尔"分为两种情形。一种是在遇到自然灾害，如春季干旱无雨、夏季酷旱、冬季下大雪等时，为抗灾保畜而采取的特殊方法。牧业生产在一般情况下，于相对固定的时间迁移。另一种是在水草肥美时，为了使个别牲畜，尤其是马和骆驼能吃到适合的牧草而远离营地，赶着畜群到远处好的草场放牧若干天。

从 1200 块钱到 500 块钱，最后这个羊得病了，一只羊花个二三百、四五百看病的时候，牧民就不管了，羊生病了能活就活，不能活就算了。很多牧民就穷了，这时候富裕的人有钱他们就买羊，他们就买兽药、买羊，结果这两年羊价格又上来了，人家有东西，当时没钱没投入的人不行，所以资本运作下咱们畜牧业风险也增加了，变化上下浮动也加大了。（调研资料 20211017012）

总而言之，市场法则对牧民生产和社会生活的侵入，导致单独的牧民家庭无法应对气候、市场和社会的多重挤压，牧业生计可持续性遭到破坏，传统的牧区社会结构正在解体。

内蒙古自治区跨东北、华北、西北三个地区，横亘东西 2000 多公里，既有森林茂密的大兴安岭，也有开阔平坦的高原和草原，更有年降水量不足 100 毫米的干旱沙漠，其地形的复杂性和气候多样性绝非"风吹草低"可以简单概括。直到改革开放之前，内蒙古自治区的经济还高度依赖草原的自然禀赋——畜牧业。21 世纪之后，内蒙古自治区的固定资产投资和能源开发带动了经济的快速增长，但是粗放的基建和"羊煤土气"资源采掘模式，造成了当地的环境和生态问题，内蒙古自治区的经济结构面临着资源型地区普遍的困境。如何破解这一困境，是内蒙古自治区的当务之急。

第七章

边疆农村人口减少和传统村庄
空心化的原因

边疆传统村庄空心化乃至消失，整体而言是被时代洪流裹挟的产物，是中国现代化进程中的一部分，但是其也有独特的原因。从宏观方面来看，边疆人口减少的主要原因是国家整体性的人口增长速度降低，以及大规模的城市化进程；从中观的政策层面来看，边疆农村人口减少是由区域性经济衰退和农村的教育政策调整造成的；从微观的个体行为和村庄层面来看，边疆农村人口外流则主要是受到当地生态环境的制约，即一方水土已不能养活一方人的时候，人们被迫外出寻求机会。

一　国家的整体现代化进程

（一）低生育率导致边疆农村人口减少

2010~2020 年，中国边疆九省区的人口总量呈现减少的态势，这与中国整体的生育率下降态势是一致的。

目前从生育率的指标来看，中国已经是低生育率国家。按照中国目前的生育率，中国的人口规模在未来还会继续缩小。除了人口总体规模缩小，中国的人口结构也发生了巨大的变化：中国实施计划生育政策以后，人口结构中 0~14 岁人口的比例持续下降，该年龄段的人口在 1982 年占总人口的比例为 33.6%，而到 2000 年只占 22.9%，到 2015 年为 16.5%。第七次全国人口普查数据显示，我国青少年在总人口中的占比非常低，甚至远远低于世界的平均水平（26.07%），低于印度的 28.79%，也低于美国的 18.95%、法国的 18.48% 和英国的 17.77%。而中国 60 岁及以上人口占比则从 1982 年的 7.63% 升至 2000 年的 10.50%，再升至 2015 年的 16.10%。老龄人口比例大大高于世界平均水平（12.26%）。有学者预料，未来中国 0~14 岁人口所占比例会继续走低到 10% 以下，而 60 岁及以上人口的比例会接近 40% 的水平。中国将成为全球少子化和老龄化最严重的国家之一。[1]

在中国人口总量减少的态势下，边疆地区的农村人口外流以及随之而来的传统村庄的消失也将是一个趋势。到 2035 年以后，中国人口生育最后一次高峰即 1963~1976 年出生的人口都进入了老龄化阶段，那时候的"90后"也将进入中年，2021~2025 年，劳动年龄的人口数量不会增长，并且在 2025 年之后，将会每年下降 0.5%~10%。[2] 从宏观数据来判断，未来中国人口持续减少的趋势不会逆转，农村的人口外流趋势也难以遏制。另外，从本次问卷调查的结果来看，"90后"未来返乡生活的意愿非常低，所以未来边疆农村也许将面临人口断代的问题。摆在我们面前的一个问题是，如果边疆农村没人了，那该怎么办？

（二）中国城镇化建设大潮下大规模的农民非农化

从世界历史进程来看，传统村庄空心化甚至消失，是国家现代化和城镇化进程中出现的必然现象。

第七次全国人口普查数据显示，2020 年全国人口的城镇化率为 63.89%，与第六次全国人口普查时相比提高了 14.21 个百分点。边疆人口城镇化率为

---

① 梁建章、黄文政：《人口创新力：大国崛起的机会与陷阱》，李君伟译，机械工业出版社，2018，第 275 页。

② 梁建章、黄文政：《人口创新力：大国崛起的机会与陷阱》，李君伟译，机械工业出版社，2018，第 243 页。

59.33%，低于全国人口城镇化率 4.56 个百分点，与第六次全国人口普查时相比，城镇人口比重提高了 12 个百分点，边疆九省区的城镇化速度低于全国平均水平。在中国整体现代化的背景下，造成村庄消失的最大因素实际上是城镇化的问题，这是边疆传统村庄无法逃避的时代大背景。但是，我们必须意识到，中国的城镇化建设不会无限制地继续下去，中国作为一个人口大国必须有一定数量的农业人口从事农业活动，才可以保障中国的粮食安全。根据目前中国城镇化的水平来计算，中国还有将近 5 亿的农民生活在农村。这 5 亿农民要继续转移到城市，特别是转移到大中城市是不可能的，所以未来中国一方面是规模仍然巨大的农村人口生活在农村，另一方面则是边疆地区的传统村庄在逐渐消失，这两个方面的落差怎么理解？

首先，必须承认的是，在过去 40 多年的时间里，城市化是农村转移剩余劳动力、提高农民收入水平、改造村落社会结构最重要的方式和手段。这个过程西方世界用了 200 多年时间来完成，中国只用了短短 40 多年，那么这个涉及人口数量巨大的农民的非农化过程，到底是欢庆、喜悦和梦幻的，还是悲伤、无奈和被迫的？这个问题，在世界历史上，不同地方和不同时期有不同的答案。比如，英国自工业化革命以来，持续了近两个世纪的圈地运动给农民造成的伤害是学者们公认的，马克思也深切地同情失去土地的农民，撰写了诸多文章对这个现象进行批判。而第二次世界大战以后，欧洲的农民非农化却与 100 年前的英国有着截然不同的气氛，其中的场景在已经翻译成中文的法国社会学家孟德拉斯的著作《农民的终结》中有比较翔实的描述。该书出版于 1967 年，当时法国还是一个欧洲传统的农业大国，此书的出版对人们的心理产生了巨大的冲击，但是仅仅过了 20 年，1987 年《农民的终结》在法国再版时，已经没有人质疑他提出的命题了。同样，今天在中国谈论"农民的终结"话题也不会让人感到意外了，而这个命题在 40 多年前对中国而言就像天方夜谭。

其次，村庄的消失并不意味着农业生产的消亡，与此相反，村庄消失了但是农产品的供给数量却增加了。世界各国发展的历史都表明，在一个传统的农业社会转变为工业社会和后工业社会的过程中，农民的绝对数量会大幅度减少、人口比例也会大幅度降低，但农业的产出并不会大幅度减少，这是一些发达的工业大国同时也是农业产出大国的经验，如美国、加拿大、澳大利亚、法国、西班牙等。这主要得益于农业生产技术水平和生产效率的提高。孟德拉斯所谓"农民的终结"并不是指农民数量无限地减少，农业的从业者作为基本生活必需品原料的生产供应者是不会彻底消失的，而是指小农生产者的终结，即社会变迁的革命。在西方发达国家，职业农民已经成为一个规模很小的社会职业群体，作为农民象征的传统价值已经失去了现实影响。

中国未来的农村是否会像孟德拉斯所描述的那样呢？中国是一个有几千年农业文明历史的农业大国，经过改革开放40多年的时间，中国进入了由政府推动的以城市为主的社会，这并不是一个自然的城市化进程，而带有极强的行政导向。尽管户口意义上的农民依然大量存在，但是传统小农户生产方式的消失也就是两代人的时间。这样的巨变引起的整个社会的生产方式、生活方式乃至价值观念的变革尚难以估量。边疆传统村庄的消失不仅仅是人口的减少，要从这样的时代背景来透视边疆的社会变迁，才能洞悉其中的意味。

毫无疑问，未来40年的中国一定不会重复前面40年的发展道路。中国经过40多年的城市化高速发展，城市化建设的最高峰已经过去，作为城市吸纳农民工最多的传统建筑行业，对于农民工的需求也在减少。本次调研在新冠疫情期间进行，城市里建筑工地的开工率都很低，但是大量的农民工仍然选择不返乡，这也许可以回答"农民的终结是命运还是选择"这个问题。即农民的"非农化"是农民的主动选择，是农民选择职业自由的增加；而城市化是客观的浪潮，对农民来说是外在的铁律，农民几乎没有什么选择的余地。"非农化"是由于农民自己认为农业的比较收益过低，走向非农产业是因为农业"无利"；[①] 而从世界各国现代化的道路和发展趋势来看，农民的终结或农民的大幅度减少，似乎是铁律和命运，是一种必然的发展趋势。现在中国农村"80后"、"90后"及以后出生的年轻人已经很少务农了，乡村振兴是我们国家的发展战略，也应该是农民的选择，应该给予农民更多的改变命运的选择权利和空间，而不是认为农民没有选择的理

---

① 李培林：《村落终结的社会逻辑——羊城村的故事》，《江苏社会科学》2004年第1期。

性，为农民安排命运。①

改革开放以来，随着社会整体现代化进程的推进，中国整体呈现农村人口向城市转移的大趋势，我国边疆地区的传统村庄也呈现同样的趋势。在边疆农村人口数量逐步减少的大背景下，更为深刻的、隐蔽的变化是农村的生产力和生产关系也发生了根本性的变革，尽管农村的人才储备、基层组织建设、基础设施、公共服务等方面均取得了历史性成就，但是农村人口持续往城市流动的趋势似乎停不下来了。

二　农村集中办学政策

在中国传统的乡村文化中，乡村的学校是知识传播和传承的重要场所，学校和乡村融为一体，共同构成了完整的乡村文化群落。乡村学校中的教师兼有多重身份，他们不仅仅是乡村里的知识传递者和文化传承人，同时也是乡村社区情感的纽带和社区治理的重要人物。中国传统乡村因为有学校的存在而完整，学校也因为乡村的庇护而得以存续。现在回过头来看，始于2001年的农村"撤点并校"政策使农村进一步"空心化"。一个原本旨在提高农村教育质量、为农民减负的政策，却意外地成为农村的孩子留不住的原因之一。

中国农村中小学的布局调整启动于21世纪初。2001年5月，国务院发布了《关于基础教育改革与发展的决定》（以下简称《决定》），《决定》要求全国各省（区、市）"因地制宜调整农村义务教育学校布局。按照小学就近入学、初中相对集中、优化教育资源配置的原则，合理规划和调整学校布局"，不仅要让老百姓的子弟"有学上"，更要让他们"上好学"。出台此项政策体现了中国教育发展方针的转变：随着国家经济发展水平的提高，中国在教育上的投入也越来越多，逐渐变成了"大国办强教育"。在此教育理念的支撑下，中央政府在20世纪90年代中后期提出要实施"以县为主"的农村基础教育管理体制，这项政策在2001年以后得以全面落实。"以县为主"办教育意味着村和乡镇不再承担任何教育行政职能，所有村小都由

---

① 李培林：《农民的终结是选择还是命运》，《社会发展研究》2020年第3期。

县来管，教师的工资都是由县财政解决，乡村不再参与教师的聘任和资源筹措①。这项政策全面免除了农民的教育负担，以县为单位统一招聘教师，使村办小学的教育质量有了一个阶段性的提升。

当农村所有的教育经费由县级政府来统筹的时候，县级政府的一个很大的诉求是要提高办学的规模和效益。农村的小学十分分散，不仅很难管理，而且将钱花到每一个村小也看不出效益。2001年，农村学校布局结构调整政策把村小撤掉，把农村的学生全面集中到乡镇里，成立中心小学，因此很多村小就在这个过程中消失了。这项政策的初衷是帮农民减轻负担，给予农家子弟更好的受教育条件，但是这项政策的实施却对农村整体造成了深远的影响，最直接的体现是乡村小学的消失。

在这项政策中撤掉的村小数量是非常惊人的，在2000年到2010年的10年间，我国义务教育农村小学数量从44.03万所减少到21.09万所，平均每年减少2.29万所。21世纪教育研究院发布的《农村教育布局调整十年评价报告》显示，在2000年到2010年10年间中国农村平均每天就要消失63所小学、30个教学点、3所初中，几乎每过1小时，就要消失4所农村学校。② 2012年9月，国务院办公厅发布了《关于规范农村义务教育学校布局调整的意见》（以下简称《意见》），《意见》提出"坚决制止盲目撤并农村义务教育学校"，要求在完成农村义务教育学校布局专项规划备案之前"暂停"农村义务教育学校撤并。尽管撤点并校被喊停了，但是已经消失的村小很难再恢复了，乡村的孩子到乡镇就学已经成为大势，乡村文化生活的整体性不复存在，这是传统村庄消失的一大原因。

调研中，有被访谈者讲述了他们村里孩子上学的一些情况，如果说一开始调整学校布局导致了村小消失，农村孩子是被迫到乡镇的中心小学上学，那么现在的情况是即使恢复了村里的小学，也"没有人愿意在农村上学"。

---

① 在20世纪80年代，农民基本上都要交教育附加费，用来为村小聘请民办教师。很多村小就是在这个阶段兴办起来的，有大量的民办教师和代课教师支撑着中国的基础教育，用现在的眼光来看其教学质量可能不怎么样，但这种方式在很长时间内存在于乡村，至少让村里的孩子有学可上。

② 《十年间农村每天消失63所小学 农村教育走向何方》，https://www.gov.cn/jrzg/2012-11/20/content_2270579.htm，最后访问日期：2023年12月3日。

比如我爱人的学校，46个老师，大概有十几个孩子，因为一般的孩子都被送到县里去，或者送到市里去，没有人愿意在农村上学，因为在农村上学"上"和"不上"基本没什么太大的区别，上的话基本只上九年义务教育，也考不上高中；如果想让孩子过得好一点，他们都会把孩子送到县里或者市里上学，给他们找一个差不多的学校，孩子在那儿上学父母也都跟着去了，所以农村剩的人也就越来越少。近些年的城市化进程比较快，我们周边这些村的地基本上被盖房子了，有一些产业项目盖工厂，修高铁、修公路什么的也会把农村的地占了，农民没有地了，自然就上城里来了。（调研资料20211015014）

三　边疆的生态容量限制

边疆地区的农村人口外流，还有很大一个原因是当地生态容量的限制。比如，本次调研点之一的内蒙古自治区乌兰察布市，其人口外流的主要原因是当地的生态容量对人口承载力的限制，即一方水土不能养活一方人了，当地人就要外出谋生。

进入新时代以来，中央政府贯彻新的发展理念，明确提出要建设生态文明。党的十八大报告提出"建设生态文明，是关系人民福祉、关乎民族未来的长远大计"，"必须树立尊重自然、顺应自然、保护自然的生态文明理念，把生态文明建设放在突出地位，融入经济建设、政治建设、文化建设、社会建设各方面和全过程"。在建设生态文明的实践中，边疆民族地区面临着巨大的挑战，也承担着更为繁重的任务，尤其是草原牧区生态问题面临更为严峻的形势。草原和牧区对陆地生态系统、江河的发源地和水源涵养区的保护非常重要。内蒙古自治区是我国最大的牧区，由于过度开发和经济结构单一，牧区林草植被破坏严重，水土减少的状况日益加剧，草场持续退化。比如，在内蒙古自治区草原6359万多公顷的可利用草地面积中，退化草地面积已达3867万公顷，占可利用草地面积的60.8%。草场退化、沙化，使产草量和载畜量严重下降。2020年，我国的内蒙古、四川、西藏、甘肃、青海、新疆六大草原省区，牛、羊的饲养总量分别约为1978

年的 2 倍和 3 倍。由于大量开垦和征占用，草原面积不断萎缩，草原质量不断降低，使得草原的载畜压力持续加大，严重时的家畜超载率在 36% 以上。与草原类型大体相似的邻国比较，我国内蒙古自治区单位面积的实际载畜量约为蒙古国的 2.8 倍，新疆维吾尔自治区单位面积的实际载畜量则是哈萨克斯坦共和国的 5 倍。草原长期超载会导致植物高度、盖度、产量下降，地表裸露和沙化加剧，鼠虫病害多发，生物多样性降低。草原并不会因为多养畜而生长更多的饲草，多养畜反而会使草原质量更差、饲草产量更低，进而加剧草畜矛盾。超载状态下，家畜数量看起来多，但家畜吃不饱、营养不良、能量消耗多、生产效率降低。我国肉羊的胴体重是世界平均水平的 78%，只有美国的 54%、澳大利亚的 75%；肉牛的胴体重为世界平均水平的 75%，只有美国和加拿大的 50% 左右。这表明我国通过减少家畜数量、提高质量和效益还有很大的发展空间。①

内蒙古自治区的乌兰察布市位于农牧交错地带，这里牧民的小牧业经济与农民的小农经济同时存在，但是由于自然气候的限制，相较于当地人口数量而言，无论是土地还是草原对于维持生计都是不够的，这在一定程度上造成了当地生产关系的紧张，于是为了谋求更好的生活，当地的农业人口开始外出务工。改革开放以来，乌兰察布市的农业人口外流分几个阶段。第一个阶段是 20 世纪 80 年代，当时农业人口外流的主要动因就是谋求生存，当时的农业生产状况被当地人戏称为"种一坡，收一车，打一箩"，加之那时农业税负担较重，在当地种地的农民连粮食都吃不饱，所以只好外出务工。第二个阶段是 20 世纪 90 年代，当时农业人口离开村庄主要是为了逃避计划生育政策。第三个阶段是 2000 年至农业税取消之前，当地农村基础设施落后、农村集中办学，大量年轻人因为孩子上学而离开。第四个阶段是农业税取消以后，人们纷纷到大城市追求美好生活。上述四个阶段的人口外流有不同的动因，但是这些出去的人口很少再回到当地生活，"我们内蒙古有一种是啥？出去他就不回去了"（访谈资料 20211014012）。人口外流不回来的主要原因就是当地的生态容量有限，容纳人口数量有限。

---

① 刘加文：《草畜平衡：遏制草原退化治本之策》，《中国绿色时报》，http://grassland.china.com.cn/2020-07/22/content_41228784.html，最后访问日期：2024 年 10 月 25 日。

面对草原和牧场的生态容量制约，内蒙古自治区政府一直努力用行政政策来限制草原承载牲畜的数量，以实现草原的生态平衡。内蒙古自治区政府在过去十几年里一直积极推进牧区的农业人口市民化，使符合条件的农业人口转移落户到城镇，鼓励和引导生态退化地区农民外出就业，加强农村劳动者技能培训，完善就业服务保障，拓宽农民就业空间，通过减少人口的方式减轻生态退化地区的生态压力。

自然地理和生态条件对农业社会和经济发展具有至关重要的影响。这个理论判断在本次调研的内蒙古自治区、吉林省和云南省三个调研点的情况对比中得到了验证。比如，国家的宏观数据显示，21世纪以来的20年里，云南省村庄发展的情况是最好的，是三个调研省区中唯一的村庄数量增加了的省区。云南人是全国有名的"家乡宝"，在外上学的大学生毕业以后很多要回到云南省。笔者在云南省调研时也了解到，当地农村的孩子到省外上大学，家长和孩子们对于毕业以后的期望都是要回到家乡，至少也要回到昆明。老一辈的云南人认为守在云南生活，怎么都要好过其他省区，主要原因就是云南省拥有优渥的气候和自然条件，人们在云南省的农村谋生并自给自足并不是件难事。

自然地理和生态条件制约农业社会和经济发展的背后，隐含的是自然资源承载力的问题，更深一步说是气候容量问题。容量或承载力（capacity, carrying capacity）这一概念在人口-资源-环境经济学及可持续发展分析中被广泛应用，其分支概念包括环境容量、生态容量、草原载畜量、人口承载力等。但是，如果我们进一步探究，环境和生态容量决定了生物和人口承载的数量，而环境和生态容量又被气候容量所决定。因而，所有容量概念的内在根源是气候容量。而现有文献多着眼于次生的生态容量概念，对容量的原本内涵"气候容量"却有所忽略。忽略的原因在于对气候变化问题的认识不同。对人口与资源环境承载力的传统研究主要将气候和地理要素作为一个外生变量，认为一个地区的气候地理环境是相对稳定的，因而正常状态下的生态承载力和人口承载力也是比较恒定的。然而在气候变化的背景下，各种气候要素的变率增加、不确定性加大，使人类-生态系统的复杂性加剧。在这种情形下，有必要提出气候容量的概念，以区别于传统的容量研究①。

中国近代地理学上有著名的"瑷珲②—腾冲"人口地理分界线，揭示了中国的人口分布受到气候和自然条件的巨大影响。从气象和地理因素来看，中国西干东湿、南低北高的气候与地貌，以及大气环流带来的季风影响，是形成这一人口地理分界线的大背景。这一人口地理分界线实际上体现了人口分布与社会经济发展受到气候容量条件的制约。1935年，胡焕庸提出了瑷珲—腾冲线即胡焕庸线这一中国人口地理分界线，这条线首次利用人口数据揭示了中国人口分布规律。1987年，胡焕庸根据中国1982年的全国人口普查数据得出与1935年同样的结论："中国东半部面积占目前全国的42.9%，西半部面积占全国的57.1%……在这条分界线以东的地区，居住着全国人口的94.4%；而西半部人口仅占全国人口的5.6%。"2000年第五次全国人口普查发现"胡焕庸线"两侧的人口分布比例，与70年前相差不到2%，但是，在线之东南生存的人口已经远不是当年的4.3亿，而是12.2亿，这说明了胡焕庸线的相对稳定性。

胡焕庸线的存在，说明了虽然中国拥有960万平方公里国土，但真正适合人类大规模、密集生存的空间却只是东南半壁这300多万平方公里，还说明了人的基本生存条件是气候条件。现代的科学研究表明，胡焕庸线不仅是人口结构分布线，还有更多的地理、社会、经济和文化的代表性：胡焕庸线两侧还是农牧交错带和众多江河的水源地，是玉米种植带的西北边界。同时，中国曾经的贫困县也主要分布在胡焕庸线两侧。近代发现的400毫米等降水量线，是我国半湿润区和半干旱区的分界线，该线与胡焕庸线基本重合，这也揭示出气候与人口密度的高度相关性。气候上的年降水量不足400毫米的土地向荒漠化发展，正如西北部的草原、沙漠和雪域高原，它们的人口密度极低，经济以畜牧业为主，集聚人口的功能较弱，总体以生态恢复和保护为主。年降水量多于400毫米的东南部地区则以平原、水网、丘陵、喀斯特和丹霞地貌为主，自古以农耕为经济基础。

---

① 潘家华、郑艳、王建武等：《气候容量：适应气候变化的测度指标》，《中国人口·资源与环境》2014年第2期。

② 1956年改称爱辉，1983年改称黑河市。

四 边疆的经济发展滞后

从农村个体村民的微观层面来看，经济驱动是农村人口主动外流的根本原因。这一特点在我国东北地区表现得最为突出。"九五"计划第一次提出了"积极支持和促进东北等地的老工业基地改造和结构调整"；2003 年 10 月，中共中央、国务院印发《关于实施东北地区等老工业基地振兴战略的若干意见》，正式启动实施东北地区等老工业基地振兴战略；2016 年 4 月，中共中央、国务院又印发了《关于全面振兴东北地区等老工业的若干意见》。在过去的数十年里，"东北振兴"已成为学术界和政策界的老话题。

新中国成立初期，东北地区是我国重点建设的重工业基地，在国民经济恢复时期，苏联向我国提供的援建项目共 42 个，其中有 30 个在东北地区。"一五"计划期间，国家确定的 156 个重点建设项目中有 57 项在东北，东北地区投资额所占比重高达 37.3%。① 在东北地区的建设和开发过程中，大量外来人口的迁入使东北地区人口增长速度一直高于全国平均水平，在 1955~1957 年三年中东北地区安置外省自发流入的农民 24.89 万人。据统计，新中国成立以后到 20 世纪 80 年代初，东北三省累计净迁入人口达 1066 万人。由于大量人口迁入，东北地区人口增长率一直高于全国平均人口增长率。② 改革开放后，沿海地区发展速度快于内陆地区，东北地区与东部沿海地区发展差距逐步扩大。1978~2000 年，我国的东部、中部、西部和东北地区的生产总值年均增长速度分别为 12.01%、9.99%、9.74% 和 8.58%，其中东北地区增速最慢，与东部地区相差近 3.5 个百分点。③ 2001~2002 年，全国工业增加值增长了 11%，而辽宁、吉林和黑龙江三省的工业增长率为 6%、12% 和 -5%。20 世纪 80 年代经济体制改革以后，东北地区从人口净迁入地区转变为净迁出地区，东北老工业基地显现出衰落的迹象，人口净迁出的速度加快，这与东北地区的区域经济发展状况是一致的。

---

① 于潇：《建国以来东北地区人口迁移与区域经济发展分析》，《人口学刊》2006 年第 3 期。

② 熊映梧《中国人口：黑龙江分册》，中国财政经济出版社，1989，第 152-156 页，转引自于潇《建国以来东北地区人口迁移与区域经济发展分析》，《人口学刊》2006 年第 3 期。

③ 周建平、程育、李天娇：《东北振兴战略总论》，辽宁人民出版社，2020，第 6 页。

　　本次调研点之一的吉林省延边朝鲜族自治州，其人口外流与整个东北地区的人口外流特征是一致的，也是受制于东北地区的区域经济发展而呈现出典型的"人往高处走"的特征，只不过情况更甚。延边朝鲜族自治州是我国唯一的朝鲜族自治州，改革开放以来其人口外流情况非常严重，尤其是自中韩建交以来，我国大量的朝鲜族同胞利用语言优势去韩国务工，同时也有很多朝鲜族人口流入我国的沿海大城市。延边地区朝鲜族人口大规模向外流动，造成东北地区朝鲜族聚居区朝鲜族人口"空洞化"，并且大量的人口外流导致朝鲜族聚居区的传统农业社会处于解体的边缘。当前，我国朝鲜族人口的外流有三个特点：一是农村人口向本区域的城市流动，这部分以当地的中年人为主，且以长期固定居住为主要特征；二是当地人口往沿海城市或其他大城市流动，这部分人以大学生和中老年人为主，主要是当地的年轻人外出读大学，毕业以后留在沿海大城市，而老年人则以投奔子女的方式长期居住；三是人口向韩国和其他国家流动，其中有一部分人通过与韩国人通婚的方式加入了韩国国籍。

　　对于延边朝鲜族自治州严重的人口外流情况，我们暂时还没有官方的数据可供参考，在此仅提供 2006 年的有关研究予以佐证，尽管这些数据并不能完全代表今天的实际情况，但是在很大程度上可以说明我们要研究的问题。2006 年，吉林省延边地区的朝鲜族在外劳务人员占全州城乡就业总人口的近 17%。[1] 2006 年，除去吉林省和黑龙江省，调查统计结果显示，进入国内其他省市的朝鲜族民众约相当于东三省区全部朝鲜族人口的 1/3。2006 年，实际在边境居住的朝鲜族不到万人[2]。我国东北地区朝鲜族社会正面临前所未有的危机，如果按照这样的趋势继续发展下去，朝鲜族聚居区的解体只是时间问题。

---

[1]　金成光：《延边列入全国出入境重点管理区》，《吉林省新闻（朝）》2005 年 1 月 8 日。

[2]　邱静波：《改革开放以来我国东北朝鲜族人口流动及其影响》，硕士学位论文，陕西师范大学，2011。

第八章
边疆农村人口减少和传统村庄空心化的
危机与悖论

边疆农村人口减少带来的传统村庄消失不是一个突然出现的现象，因为村庄不会一夜之间就消失不见，这一现象在现实层面上体现为一个由农村人口外流引起的农村整体经济社会功能退化的过程。在村庄消失的过程中，不仅村庄里从事农业生产的人口数量和素质下降，还出现了农业生产的粗放经营、耕地的抛荒、农村宅基地的空置等现象，更深层的、表面看不出来的问题是乡村基层组织的溃散，以及由此带来的农村社区无人治理的危机、乡村文化的断代等。大量农村人口外流导致了村庄的消失，带来了上述诸多悲观景象。然而，边疆乡村人口的大规模外流不只呈现为上述悲观景象，也带给当地积极的一面。比如，由于农业人口的减少，边疆地区以往人口太多所造成的人地矛盾消失了，基层治理难题解决了，原来生态环境承载力超载问题解决了，生态得到了恢复。怎么看待和理解乡村消失所带来的这些危机和悖论，直接关系到怎么处理乡村消失的问题，其中除了悲观的感慨，是否也有积极的面向？

一 边疆农村人口减少和传统村庄空心化带来的悖论

（一）农村人地矛盾消失与可持续发展的悖论

从中国社会发展的整体来看，中国农村的人口外流已经持续了相当长一段时间。最初中国农村人口的外流被认为是中国社会现代化建设的重要成绩，外出务工也被认为是农民增收的最主要途径。直到最近十来年，学者们才开始集中关注农村人口减少所带来的乡村的凋敝和衰落。对此现象，学者们普遍表现出悲观的态度，并将农村的凋敝归纳为"四大皆空"的现象：产业空、年轻人空、住房空、干部空。① 但是，细究农村"四大皆空"的现象，其背后存在着诸多悖论，不尽然是悲观。

学术界对中国农业和农村发展的基本情况有一个共识，即人多地少是中国农业的基本特征，也是中国农业发展和农民致富的最大限制。中国是有着几千年农业文明的古国，可以说是以农立国。但是，在封建王朝时期，农业发展水平和劳动生产率对于农民来说只在糊口的水平，因为人多地少限制了农业的发展，每个农户的平均耕地面积只有约 0.5 公顷，相当于欧洲农户平均耕地面积的 1/80 到 1/60，所以农民单靠农耕，收入十分微薄，仅够糊口。黄宗智在研究中国小农经济时，曾把这种现象称为农业的"内卷化"，即单位面积的大量投入却造成了农业产出的边际效益递减。农业生产"内卷化"的情况在边疆民族地区表现得更为突出。边疆地区不是传统的农耕地区，耕地资源少。边疆地区从自然地理上说大多是山区、高原、草原牧区等生态屏障地区，人口承载力有限。新中国成立后，边疆地区的人口数量激增造成人多地少矛盾更为突出，而且农业生产技术普遍不高、机械化生产程度低，这些因素综合起来造成了边疆地区的农牧民难以普遍富裕起来。

所以，从解决人地矛盾的角度来看，边疆地区的农村人口大规模外流也带来了很多好处。第一，目前阶段边疆农村人口减少会在以后给当地农

---

① 李培林：《从"农民的终结"到"村落的终结"》，《传承》2012 年第 15 期。

村带来一个"好处",即大量农业人口外流以后,每个留下来的农民理论上可以耕种更多的农田,并由此将会有更多的土地收益。以往人口过多而土地太少导致的人与人之间争夺土地资源的矛盾不存在了,边疆农村生产所面临的资源和环境瓶颈正在消失。第二,边疆农业人口的大规模外出务工,给当地带来了实在的经济利益。比如吉林省延边朝鲜族自治州的朝鲜族民众大量到韩国务工,不仅解决了20世纪90年代末延边朝鲜族自治州农村地少人多导致的贫困问题,还解决了当时城镇职工下岗就业的压力问题,而且这些外出务工人员将务工收入带回当地,为当地带来了良好的发展资源和可观的经济利益。第三,边疆农业人口的大规模外出务工,给当地带来了现代思想理念的冲击。外出务工的农业人口在大城市里见了世面,受到了现代市场经济等新理念的冲击,增强了接受新鲜事物的能力,他们返乡后对乡村社会发展的影响虽一时看不见却是深远的。

(二) 乡愁断代与新乡土关系建立的悖论

"旧的不去,新的不来"是中国传统文化中对当下的失去进行自我慰藉的说法,也是对未来美好生活向往的表达。中国文化中充满了乐观主义,人们总是期盼新的东西,包括新的世界。这里暗含着新的总是好的这样的价值判断。但是有些事物似乎是旧的好,比如"乡愁"。今天乡村在消失,乡愁何处存放便是个问题。在乡愁这个问题上,怎么看待"新"与"旧"貌似是一个悖论,"旧"的去了,"新"的一定会来吗?"新"的一定比"旧"的好吗?

农业文明是中华文明的重要组成部分,传统村落是中华文明的根基之一。对于微观的个人而言,村落承载着人们的历史记忆,这些历史记忆便是"乡愁"。对于乡村而言,人是文化的载体,乡村的人口消失了,传统乡土文化便不在了,承载乡愁的场所也就消失了。20世纪90年代中期以来,全国大规模的农村中小学撤并导致很多农村儿童从上小学开始便离开了村庄,随之而来的是农村儿童的乡土体验消失,在城镇上学、成长起来的一代乡村青少年已经失去了乡愁记忆,传统的乡土认同也随之消失。

中国农民群体的乡土认同和乡愁的大规模消失,也就发生在一两代人的时间里。在中国的现代化进程中,乡村的文化和价值是什么?在中国完成脱贫攻坚，全面建成小康社会之后，在乡村振兴和农村人口大量外流的时代背景下，这成为一个需要重新评估的问题。在过去很长一段时间里，在工业化成为现代化主要内容的时候，城市与乡村是一对解释性的概念，甚至是对立的概念：城市代表了人类的发展和未来，农村是怀旧的地方，是落叶归根的地方，乡愁在某种意义上是被摒弃的。城市与乡村的关系更像是"围城"：城市人对乡村生活充满浪漫主义的想象，仿佛乡村是田园牧歌般的存在，但同时，城市生活是乡村人的向往，于是农村的青年带着孩子到城市中学习、工作和生活。

与其他地区相比，在边疆地区乡村人口减少和传统村庄空心化乃至消失的过程中探讨乡愁消失的问题更有使命感。中国传统的国家治理观念是"有民斯有土"，在中国文化中"人"是文化边界。我国边疆地区是少数民族人口集中居住的地区，传统村庄的没落带来的文化消失的损失更为明显。对边疆民族地区而言，非物质文化是民族的生命记忆，每个民族的文化遗产都是这个民族各方面创造才能的表现，同时也显示出一种神秘的连续性，把这个民族以往创造的一切和将来可能创造的一切联系起来。在我国非物质文化遗产名录中，少数民族非物质文化遗产占比颇高，因而非物质文化遗产保护和传承任重道远。边疆少数民族的非物质文化遗产不仅总量大而且形式丰富，比如苗族古歌、满族说部等民间文学，蒙古族长调民歌、呼麦等传统音乐，傣族孔雀舞等传统舞蹈，藏戏等传统戏剧等。当边疆地区的传统村庄因为人口减少而逐渐消失的时候，这些非物质文化很多也会失去承载者。没有人了，文化的传承便无从谈起。

实事求是地说，在人类历史长河中消失的文化不计其数，我们并不能留住所有文化，即便是我们今天看到的那些传统文化，与其本初的样子相比也已经面目全非了。从人类学的功能主义论来审视这个问题便很容易释然：那些流传至今仍然具有生命力的文化，承担着生活中不可或缺的功能。所以，传统的乡愁消失并不意味着没有乡土生活记忆和体验的人不再有乡愁，乡愁将永远存在，只是乡愁与乡土认同的构建场所改变了。也就是说，不一定要在乡村生活和体验才有乡土认同和乡愁，实际上离开乡村的人一样有乡愁，在城市里生活的人也可能会有乡愁，只是这种乡愁是在一种新的城市与乡村的关系或者想象中诞生的全新的文化，这也是我们接下来要面对的历史新课题。

（三）生态保护与经济发展的悖论

中国的陆地边疆地区亦是国家的生态屏障地区，自然资源环境的承载力决定了当地的人口数量，以及当地人的生产和生活方式。本次调研结果显示，边疆地区的农村人口外流所导致的传统村庄空心化乃至消失的情况需要区别对待。

一种情况是，当地的生态环境资源优良，为了进一步保护野生动物而将人口外迁，典型的比如吉林省的珲春市。国务院于 2021 年 9 月 30 日批复同意设立东北虎豹国家公园（以下简称虎豹公园），珲春市大概有 80% 的面积被划入虎豹公园。虎豹公园地处吉林省与黑龙江省的交界处，而且位于国家的边境线上。虎豹公园的东部、东南部与俄罗斯的"豹之乡"国家公园接壤，西南部隔图们江与朝鲜相望，总面积为 149.26 万公顷。行政区划涉及吉林省的珲春、汪清、图们和黑龙江省的东宁、穆棱、宁安 6 个县（市）、17 个乡镇、105 个行政村，主体包括长白山森工集团汪清、珲春、天桥岭、大兴沟，以及龙江森工集团绥阳、穆棱、东京城 7 个森工林业局所管辖的 65 个国有林场（所），此外还有汪清县、东宁市 2 个县市所管辖的 12 个地方国有林场，汪清县的 3 个国有农场。①

珲春市拥有独特的生态优势，森林覆盖率达 85% 以上，已监测到野生东北虎和野生东北豹，是全国唯一的虎豹之乡。同时，珲春市拥有的林业资源和矿产、能源资源的储量也十分丰富，是我国重要的农业生产基地和林木资源仓库。珲春市境内分布着全省第二大黄金带和亚洲第一大钨矿，有色金属矿产资源储量丰富，人均水资源占有量是全国平均水平的 5 倍。由于珲春市 80% 左右的面积被虎豹公园覆盖，虎豹公园对当地发展的长期影响仍然有待观察，但是目前来看，由于要维护当地良好的生态，珲春的矿业发展、土地使用都受到限制，因矿产而聚集的人口也随之减少。

另一种情况是当地生态资源限制了农业生产，人口被迫向外迁移，典

---

① 《东北虎豹国家公园总体规划征求意见汪清将有哪些功能分区》，https://www.163.com/dy/article/DH16NJRC0525KF9U.html，最后访问日期：2024 年 10 月 25 日。

型的案例是本次调研点之一的内蒙古自治区的乌兰察布市。新中国成立后，内蒙古自治区由于人口激增，草原生态环境受到破坏，牧业的生产力水平降低，这给内蒙古自治区畜牧业的可持续发展带来了不利影响。作为应对措施，内蒙古自治区将草原的农牧人口从生态脆弱区往外迁。草原的人口外迁以后，草场休养生息，未退化的天然草地得到了保护，从而重新建立了草原的生态平衡。

二 边疆农村人口减少和传统村庄空心化
带来的现实危机

本次调研发现，从边疆农村人口减少和传统村庄空心化的情况来看，边疆地区的农村人口外流消解了当地的人地矛盾，保护了当地的生态环境，但同时也给边疆地区带来了一些现实的危机，需要在未来的发展中予以化解。

（一）边疆农村人口减少带来乡村人口和社会结构的改变，导致农业行为短期化

边疆地区传统乡村的大量农业人口长期外出，不仅仅造成了大量土地闲置，更为隐蔽的是造成了当地社会结构的改变，尤其是土地流转带来生产者和生产关系的变化，这种改变的影响是深远的，尤其是在土地流转率高的地方。比如，本次问卷调查发现，在三个调研省区中土地流转率最高的是吉林省，因为东北平原有大片的平整土地，非常适合机械化耕种，土地流转带来了土地的规模化经营，同时也产生了很多农业生产大户，其中很多都不是当地村民，人口结构的变化也改变了当地的社会结构。

首先，我们的调研发现，目前外来承包土地者只注重短期效益，导致农村土地被低效利用。边疆地区农村大量青壮年劳动力外出务工，留在家中的一般只有老人，他们普遍将耕地和山林以低价转租给外来人，靠土地租金维持生活。有学者在调研吉林省延边朝鲜族自治州和龙市崇善镇时发现，外来农民租赁耕种的土地占当地使用耕地的 40% 左右。过去这里的农业经营模式主要是水田、旱田并重，二者之比大约是 40∶50，几乎不种植

蔬菜、瓜果等经济作物。现在，外来租赁土地的人不习惯耕种水稻，开始放弃水田耕作，同时还把水田地和果树地改成旱田地，改变了当地传统的农业经济结构。同时，不少承租人只求短期经济利益的最大化而大量使用肥料和农药，这样的操作严重影响耕地质量、生态环境和当地农业可持续发展。一位外来承租人坦率地说："我是外来户，没人力，没机械，没项目支持，这么大面积的铲地除草不靠化肥靠啥？种一年算一年呗。哪儿还想那么长远？"①

边疆农村人口大量外流造成的农业生产的短期行为还体现在农业投资上。边疆村庄的地理位置普遍比较偏远，远离市场中心使得当地的农业商品化程度不高，所以当地年轻人返乡创业、进行资产投资的比例非常低。同时，农村人才减少导致缺乏致富带头人，从而很少有人立足于当地长远发展进行考量，大家追求"周期短""见效快"的项目，而在如何延伸农业产业链、寻求新的经济增长点方面缺乏长远性的规划。

其次，边疆的乡村人口外流改变了乡村的社会结构。农业人口外流以后，农业生产还要继续进行，因此土地流转所带来的农村土地商品化租赁和雇工现象成为农业生产的常态，于是农业生产中产生了新的社会关系，乡村社会原有的互惠互助关系逐渐被货币化的交换关系取代。这种新的社会关系彻底改变了传统村庄以往以亲情为联结的社会结构。乡村的内部社会关系变成以金钱为联结，其最为直接的结果便是留守农民（主要是老人）在获得土地流转资金以保障生活的同时，也成为本村农业生产的旁观者和公共活动的失语者，进而对本村的公共生活表现出事不关己的态度。租赁土地耕种者虽然在当地生活时间较长，但没有选举权和被选举权而难以参与当地农村的公共事务管理。这就造成了村务无人问津，村庄未来无人关注。这样的困境从本次调研的调查样本参与村里组织的集体活动的频率中可见一斑。三个被调研省区的综合数据显示，平均有 1/3 的村民一年中没有参加过一次村委会组织的集体活动，内蒙古自治区有超过一半的村民没有参加过村里组织的集体活动。

---

① 李梅花、崔金南：《少数民族人口流动与边疆社会治理困境——以延边朝鲜族自治州为例》，《重庆三峡学院学报》2019 年第 4 期。

云南省的土地类型多是山地，不适合机械化耕种，无法通过土地流转形成规模化的耕种，因此农村人口外流之后的土地流转并不多，在农业人口减少的情况下，受生产力限制，农业家庭户很难再扩大生产面积，土地撂荒的比例比较高。

（二）边疆农村人口减少带来边境的边民认同危机

边疆农村人口减少以及传统村庄空心化，最初的起因是人们追求经济利益而外出务工，但其后果或隐患却不限于村庄的经济问题和人口问题，更为深层次的影响是边民的国家认同问题，长远来看涉及国家安全问题。

陆地边境地区接壤的两个国家日常有千丝万缕的联系，在全球化时代，两国边民之间跨境的联系日益频繁，跨境活动对于边境地区社会稳定有重要影响。中国边境地区的人口减少和村庄消失，使得以人为承载核心的文化资源失去依托。在人口持续外流带来的诸多问题中，边民的国家认同危机最值得关注。

在农业和工业大生产的时代，国家的经济发展需要土地、劳动力和自然资源，这些是国家经济发展的核心要素。国家之间在边境上的冲突往往是争夺土地、劳动力和自然资源。在全球化和互联网时代，边境对于两个国家意味着什么？传统的战争机制是否还存在？边疆的传统安全威胁是否还存在？在边境地区农村人口减少、传统村庄空心化甚至消失的背景下，对上述问题需要重新考虑。

（三）边疆农村人口减少带来乡村基层治理真空

边疆的人口流动开放了乡村的物理边界，但是人口单方向的向外流动却没有给这些乡村带来更多的活力，大量人口的外流加剧了乡村的凋敝，留在村庄的人处于"散沙"状态，这使乡村的基层治理呈现真空状态。比如，在本次调研的吉林省延边朝鲜族自治州，边境地区的乡村中主要是朝鲜族人和"闯关东"的汉族人，所以边境村屯的历史比较短，各村屯之间没有严格的边界，人员流动频繁，始终没有形成比较成熟的农村社会组织。在农业人口大量外流的情况下，农村的自组织更是无从谈起。

为什么村庄形成自己的社会组织会有困难？对于以农业收入为主要经济来源的农业人口来说，参与村庄治理需要耗费不少时间、精力乃至金钱，所以当地的农业人口愿意担任村干部的积极性不高。许多身强力壮、头脑灵活的中青年人离开了农村，村庄里只剩下老年人，村干部的合适人选很难从中产生，村民的社会自治无从谈起，更别提组织规模化农业活动了。年龄结构老龄化与性别结构失衡也造成了治理困难。笔者在调研中发现，当前农村基层政府最困惑的点就在于村庄在某种程度上又回到了"一盘散沙"的状况，农村缺失自组织，乡镇干部只能面对单独的农民个体，他们常常感到无所适从。察哈尔右翼后旗的基层乡镇干部说："怎么管农民？现在没有抓手了，真的没有抓手，我就感觉非常迷茫……所以说可能是经济发展速度太快了，把好多东西都落下来了。"（调研资料20211013014）

毫无疑问，中国乡村的农业生产特点是小农的个体生产，中国历次的农村改革都是要激发农民的生产积极性，即需要把农民以某种形式组织起来。在农村社区里，村党支部、村委会等基层组织是当前农村最主要的组织，也是乡村振兴的重要推动者。乡村振兴能否顺利推进，在很大程度上，要看农村社区的村委会等基层组织能否起到领导、组织、动员的作用。村委会不是国家政权机构的延伸，而是村民的自组织。因此，村干部尽管每个月有固定的"工资"收入，但是从理论上讲村干部并不是一种职业，而是一种兼职。现实的情况是很多村干部主要的时间和精力并不是用于为村里工作，而是要经营自己的生活。

村庄大量人口外流导致了农业人口自治低水平重复，没有足够人口的民主监督和民主管理难以执行，原子化的农民难以自发地合作。由于农村青壮年以及受过教育的精英人口的减少，农村党支部缺乏高素质党员，最终无法在乡村振兴中发挥战斗堡垒和先锋模范作用。村委会作为农村人口的自治组织，是乡村振兴的主导者，发挥着整合资源、组织实施、动员群众等作用。农村人口减少、人口结构失衡，青壮年男性长期在外，使村委会面临后继乏人的困境，村委会的作用也难以充分发挥。除村干部的尴尬身份，以往常驻村庄的乡镇干部住在乡镇的也越来越少了，城乡差距使他们的孩子要到县城上学，他们的家属要在县城工作。

（四）现阶段边疆农村的"减少人口"在未来"老归何处"？

今日所见边疆农村人口减少及传统村庄空心化带来的危机到 2035 年会更加凸显。2035 年，中国的城镇化建设高峰已过，届时中国将面临第一代农民工的养老问题。因为到 2035 年的时候，所有"60 后"和大部分"70 后"已到退休年纪，这么庞大的人口规模到哪里养老将会是时代的大问题。笔者从本次调研了解到，大部分调查样本关于养老地点的主观意向仍然是愿意回到农村，大规模的老年人口返乡将是 2035 年农业农村现代化必须要面对的一个大问题。到 2050 年乡村全面振兴的时候，是"80 后"和"90 后"的退休年纪，就目前调研的发现来看，18～30 岁的调查样本对于退休后回到村庄生活的意愿是所有年龄阶段中最低的。但是，总体来看，绝大部分（73.78%）的调查样本选择"即便我有条件在城市养老，我老了以后还是想要回到村庄里生活"。

实际上，2035 年要发生的事情已经在进行中。2020 年，中国的城镇化建设高峰过去，城市建设用工需求数量逐渐收缩，因此对于当前的农民工而言，未来城市新的就业类别一定会跟现在有所区别。根据国家统计局发布的《2020 年农民工监测调查报告》，2020 年我国农民工的平均年龄为41.4 岁，比 2019 年提高 0.6 岁。即当前的农民工主体是"80 后"群体。从年龄结构看，40 岁及以下农民工所占比重为 49.4%，比 2019 年下降 1.2 个百分点；50 岁以上农民工所占比重为 26.4%，比 2019 年提高 1.8 个百分点，占比继续提高（见表 8-1）。从农民工的就业地看，本地农民工平均年龄为 46.1岁，其中 40 岁及以下所占比重为 32.9%，50 岁以上所占比重为 38.1%；外出农民工平均年龄为 36.6 岁，其中 40 岁及以下所占比重为 66.8%，50 岁以上所占比重为 14.2%。从 40 岁及以下本地农民工和外出农民工的占比情况来看，年轻人更喜欢到异地务工，而年老的农民工更倾向于在当地务工。

表 8-1　农民工年龄构成

单位：%

	2016 年	2017 年	2018 年	2019 年	2020 年
16～20 岁	3.3	2.6	2.4	2.0	1.6

	2016 年	2017 年	2018 年	2019 年	2020 年
21~30 岁	28.6	27.3	25.2	23.1	21.1
31~40 岁	22.0	22.5	24.5	25.5	26.7
41~50 岁	27.0	26.3	25.5	24.8	24.2
50 岁以上	19.1	21.3	22.4	24.6	26.4

资料来源：国家统计局《2020 年农民工监测调查报告》，2021 年 4 月 30 日。

中国过去的现代化进程一直呈现人口持续往城市聚集，同时产业向优势区域集中的态势，这似乎已经是客观的经济规律了，但城市单体规模不可能无限扩张。第七次全国人口普查数据显示，我国的超大城市（城区常住人口 1000 万以上）和特大城市（城区常住人口 500 万~1000 万）的人口密度总体偏高，北京、上海主城区密度都在每平方公里 2 万人以上，东京和纽约只有 1.3 万人左右。因此，城市规模的限制也决定了未来仍然有大量农业人口会继续留在农村生活，这是客观的情况。

目前，中国很多地方已经进入了老龄化社会，全社会都面临着养老问题。养老问题对于外出务工了几十年的农民来说有一定的特殊性，因为他们的务工生涯基本处于非定居状态，而步入老年以后在哪里定居养老是个未知数。伴随着中国的城市化进程，第二代、第三代农民工几乎没有在家务农的经历，而是在城市里打了一辈子工。他们"老归何处"是不确定的。从本次问卷调查获得的主观意愿和当前中国城镇发展的情况来分析，未来大部分农民还是会回到农村养老。那么接下来的问题就是以当前农村的状况，在未来如何承接大量的农民工返乡养老的需求？

当前，农民工返乡养老除了对故土家园、乡村生活的眷恋，以及中国文化中叶落归根的乡愁等原因，还因为国家为农民提供了很多制度性保障的条件。第一，农村宅基地取得的无偿性、使用的无限期性以及无留置成本性，是农业人口返乡的基本保障。但是现实中也已出现因为宅基地而不能返乡的情况。笔者在调研中了解到，吉林省部分边境村屯的农村住宅因长期无人居住或倒塌或荒废，国土部门根据卫星照片将其定位为耕地，外出农民返乡重新盖房时才发现自己已没有了宅基地。第二，由于农村种粮有直接补贴，以及各项社会保障制度的完善，农民享有越来越多的社会福利，比如新型农村合作医疗、最低生活保障以及养老保险等，这在一定程度上为农民工返乡提供了保障，解决了他们的后顾之忧。因此，未来 15～30 年农村将会是农村老年人养老的主阵地，农村养老也应成为一种解决社会老龄化问题的思路。对于很多农村老人来说，在身体健康的情况下返乡养老是一种很好的选择，在农村生活质量高、幸福感强，只有在不能自理的时候才会面临困境。

第九章
从兴边富民到兴边聚民

　　中国陆地边疆的发展受到多种外部和内部因素的影响，所处境况比其他地区更加复杂。从理论上讲，"发展"是个复杂和复合的概念，但是如果仅仅从经济和社会发展现代化指标来看，中国边疆的发展长期落后于其他地区，说明边疆地区存在阻碍其经济社会发展的因素，只有消除了这些阻碍因素，才能使其跟上全国的发展节奏。如果从地理和自然的角度来看，边疆的发展存在难以逾越的"空间区隔"，因此仅仅依靠边疆地区自己的力量是难以完全突破发展的桎梏的[1]，这就需要中央政府制定区域发展的援助政策，采取一些可能的手段帮助边疆地区发展。如果边疆地区发展严重滞后，将会给整个国家带来一系列社会问题：首先是边疆的经济衰退可能会加剧当地的社会矛盾，引发人口大规模外流，从而进一步破坏边疆经济发展的社会基础；其次是边疆地区的地方政府缺少财政收入来源，难以有效行使职能，这会造成基层治理的悬浮；最后，边疆地区也是少数民族聚居的地区，经济发展严重滞后容易引起民族矛盾。上述三大类社会问题在其他地区可能只是一般的问题，但是如果发生在边疆地区则有可能威胁国家

---

①　罗静：《空间区隔与边疆治理——以中国边疆贫困和国家扶贫行动探讨为中心》，载《中国边疆学（第12辑）》，社会科学文献出版社，2020。

的统一和领土安全。

改革开放之初，中国选择了不均衡增长的发展策略，该发展策略的理论假设是优先发展优势区域，然后通过先进地区带动落后地区的发展。不均衡发展理论认为，某一区域的规模经济和集聚经济会产生经济的"极化效应"，于是经济增长极的极化效应会对其他地区产生"涓滴效应"。但是理论终究是理论，中国发展的实践表明，"涓滴效应"并不会自动实现。在市场的作用下，区域间发展的差距不但不会缩小，还有扩大的趋势。为了应对地区间的发展差异，中央政府使用财政手段进行地区转移支付，但这只能将区域差异保持在一定限度而不能使其缩小。在这样的区域发展格局下，边疆地区的发展，必须依靠强有力的政府干预和周密的经济政策。国家支持边疆经济发展的顶层政策之一便是"兴边富民行动"。这项政策以"行动"命名，其最初目的便是中央政府通过政策手段来振兴边境。

"兴边富民行动"的宗旨是"富民、兴边、强国、睦邻"，它是 1999 年由国家民委联合国家发展改革委、财政部等部门发起的一项边境建设工程，希望通过强化政府组织领导的作用，同时广泛动员全社会参与，加大对边境地区的投入和对广大边民的帮扶，使边境地区尽快发展起来、边民尽早富裕起来。只有边境发展了，才能进一步增强爱国主义感情和加强各民族大团结，最终达到富民、兴边、强国、睦邻的目的。中央政府实施兴边富民行动已 20 多年，我国的边疆地区经济社会发展取得了历史性成就，特别是党的十八大以来边疆地区打赢了脱贫攻坚战，与全国一起全面建成小康社会，边疆民众的获得感、幸福感、安全感显著增强。当前阶段，在我国全面建成小康社会，开启全面建设社会主义现代化国家新征程之际，边疆地区同时遇到了人口数量下降和人口老龄化的问题，这是未来边疆实现高质量发展不能回避的问题，也是兴边富民行动在未来要面临的新问题。

人口是生产的核心要素，边疆地区农业劳动力的大量减少，对边疆的乡村振兴和农业农村现代化产生了重要的影响，但是如何评估农业人口外流对当地发展所造成的影响，对边疆地区与其他地区而言其标准是不同的。边疆地区农村人口的大量减少对边疆而言不仅阻碍了农村经济发展，也带来了社会基层治理等一些全国农村都面临的问题，但更为重要的是，边疆是国家的大门，边民还承担着守疆卫土的重任，边疆乡村的发展事关国家安全。

2006 年农业税取消以后，农民摆脱了土地的束缚，他们可以自己决定是否留在农村，可以选择留在更适合自己的地方，最近这些年网上流传的一句话"我不要你觉得，我要我觉得"正映照了农民的心理，所以农村人口是否留在农村已经不是国家行政权力所能强行规定的了。农业税取消以后，中央政府陆续出台了一系列强农、惠农的政策。客观来看，这些政策在全国农村已经宣传和落实得比较到位了，尤其是精准扶贫以后，全国农村的公共设施短板基本补上了，比如村里的基础设施都修好了，包括道路、网络、灌溉的沟渠都得以修缮。但是"大国小农"是中国的基本国情。第三次全国农业普查数据显示，全国小农户数量占农业经营主体的 98% 以上，小农户从业人员占农业从业人口的 90%，小农户经营面积占总耕地面积的 70%。[①] 2019 年 3 月 1 日，时任中央农村工作领导小组办公室副主任、农业农村部副部长韩俊在国务院新闻发布会上介绍中国农业的基本情况时说，全国有 2.3 亿户农民，户均经营规模 7.8 亩，经营耕地 10 亩以下的有 2.1 亿户，人均一亩三分地，户均不过十亩田。[②]

中国的国情决定了"大国小农"的格局，这样的农业生产格局是由地理和人口条件决定的，农业的发展要尊重这个大背景。然而，传统的小农业生产的天花板几乎是非常确定的，因此在农村进行小农业生产，并以此留住农民的动力是十分不足的。边疆传统乡村能不能留住人？留住人的意义在哪里？怎么才能留住人？这是边疆乡村振兴的元问题。

一　重估一切价值
——边疆乡村应该是什么样的

从各个角度来审视中国的乡村，它都是很小的物理单元，所容纳的人口、生产和自然资源都是十分有限的。但是乡村生活是一个复杂又完整的

---

① 《全国 98% 以上的农业经营主体仍是小农户》，https://www.gov.cn/xinwen/2019-03/02/content_5369853.htm，最后访问日期：2023 年 12 月 3 日。

② 《全国 98% 以上的农业经营主体仍是小农户》，https://www.gov.cn/xinwen/2019-03/02/content_5369853.htm，最后访问日期：2023 年 12 月 3 日。

系统，承载着所有的经济、社会和文化元素，因此乡村振兴是立体的图景，不是简单的农业生产，而是"产业、生态、乡风、治理、生活"五位一体的全方位振兴。党的十九大报告提出了我国乡村振兴战略的目标是"要坚持农业农村优先发展，按照产业兴旺、生态宜居、乡风文明、治理有效、生活富裕的总要求，建立健全城乡融合发展体制机制和政策体系，加快推进农业农村现代化"。因此，农业农村现代化的内涵天然地包含着农村生活的所有方面。在现代化被等同于城市化的时代，我们对乡村振兴的展望是需要想象力的，首要的是今日乡村的价值与过往相比已然不同，因此边疆的乡村振兴首先需要重新评估边疆乡村的价值，即边疆的乡村应该是什么样的乡村？

（一）边疆传统乡村定位的时代转变

必须承认，边疆地区的乡村振兴与其他地区的乡村振兴的内涵是不一样的，因为边疆地区尤其是边境地带所承担的国家职责及其面临的问题是不同的。简单地讲，边疆乡村不仅是农业生产单元、国家的地理安全屏障，新时代以来还是国家对外开放的前沿。

党的十八大以来，在国家实施全面开放和"一带一路"倡议的时代背景下，陆地边疆不仅是国家安全的前沿，还是国家对外开放的前沿。2015年9月17日，中共中央、国务院发布了《关于构建开放型经济新体制的若干意见》，明确指出"对外开放是我国的基本国策。……扩大沿边开发开放，形成全方位开放新格局。……培育沿边开放新支点。将沿边重点开发开放试验区、边境经济合作区建成我国与周边国家合作的重要平台，加快沿边开放步伐。……打造沿海开放新高地。……扩大对香港、澳门和台湾地区开放"①。

在这个以开放为潮流的世界中，中国边疆的发展和治理问题与历史上任何一个时期都不同。以边境线为约定划分边疆是近代才出现的事情，历史上的边疆意味着距离行政中心遥远，那时候边疆的概念与当今并不完全

---

① 《中共中央 国务院关于构建开放型经济新体制的若干意见》，http://www.gov.cn/xinwen/2015-09/17/content_2934172.htm，最后访问日期：2024年12月10日。

一致。今天，中国边疆治理面临独特的时代问题，这也是新时代边疆治理理念的思想来源。新时代，边疆地区不再是国家的边缘性区域和保障国家中心地区安全的缓冲带，中国的边疆地区与邻国是休戚与共的命运共同体。因此，边疆在国家战略版图中的定位、边疆乡村的定位都需要重新思考。

毫无疑问，中国王朝历史上传统的边疆治理思想——"立国自有疆""有民斯有土"——在今天仍然是极有启发性的。在近代主权国家建立之前，中国王朝的传统观念中"人"在（领）"土"之前，边疆地区是国家重要的政治地理前沿地带，是国家安全的重要屏障，而"人"则是这块土地上最为重要的元素，边民具有守家卫土的天然职责。"有民斯有土"强调了在中国传统文化中，国家对土地和人民的认识，即这片土地上要有人民生产和生活，边疆才是稳固的。改革开放 40 多年来，随着中国城市化进程的加快，大量农业人口涌入城市进行非农就业，边民也不例外。城市化一路高歌猛进对于边疆传统村庄造成的存续危机不同于其他地区，当前边疆地区的农业人口减少和传统村庄消失对国家安全是否构成了重大挑战？这是需要重新审视的问题。

（二）边疆的传统乡村承载着历史和乡愁

中国有五千年的农业文明，乡村生活是中国文化传统的生产场所，因此乡村文化也是中国传统文化的重要组成部分。农村的田园风光一直是城市人对桃花源的想象来源。国家实施乡村振兴，不仅要大力推进农业生产和农村公共设施建设，还要考虑乡村所承载的青山绿水、多元文化和乡愁如何维护。乡村振兴并不是把乡村按照城市的模样进行塑造，如果把乡村都变成了钢筋水泥高楼大厦的样子，那就没有乡村了。在新发展阶段，边疆的乡村振兴需要重新思考乡村的文化价值是什么？在确定了乡村振兴所追求的价值目标以后，才能够进一步思考乡村振兴的具体内涵。

在 21 世纪初期，乡村研究在中国的学术界热了一阵，当时各个学科着力解决的是"三农"问题，即农业、农村和农民问题。但是中国农村问题研究却呈现碎片化的样貌，其原因之一是中国太大了，无论是自然地理的差异还是文化的差异，以至于中国的乡村问题很难用一般性的理论进行归纳，比如边疆农村、中原农村、岭南农村、东北农村，以及城中村、近郊农村、远郊农村等，它们之间的差异已经不足以用"农村问题"进行概括。比如社会学家李培林通过对广州城中村的观察得出结论，认为村落组织的传统本土资源并不完全是现代性的对立面，它也可以融入或被用来构建现代化的新传统①，但是这个结论放到边疆地区的农村则很难适用。

但是，不论中国各个地区的农村差异有多么巨大，它们在现代化进程中表现出来的问题却有相当的一致性，比如农业人口的减少和城乡差异。改革开放以来的40多年，是中国城市化突飞猛进的40多年，国家统计局发布的数据显示，中国的城镇化率已经突破60%，但是制约我国农村和城市进一步发展的软肋是城乡发展之间的差距。② 中国城乡之间的差异不仅仅体现在城乡经济发展和生活质量方面，更重要的是乡村缺乏现代化所定义的发展机遇和发展空间，这也是农村留不住青年人的重要原因。从世界现代化发展的历史进程来看，农村人口自发或者被动地涌向城市是世界各国的普遍经验。

农民是个相对的概念，在工业化之前几乎所有的人都是农民的时候反倒没有农民的概念；但到了工业化之后，大量的工人出现，农民这一概念作为工人的相对概念而逐渐得到强化。随着工业化、城市化的加速推进，农民这个词进一步附带上政治、感情色彩。西方世界国家的城市化建设经历了300多年的进程，在西方城市化进程中"农民""农村"等传统的字眼依然不变，但是其背后的文化内涵已经发生了质的变化。如今西方国家的城乡差别仅仅是在统计上体现人口聚居程度的差别，即2000人以上的聚居点通常被定义为城市。而乡村的居民也绝大多数并不从事农业，农民通常不被视为穷人，当然他们往往被视为更加注重家庭、婚姻、宗教、农耕等传统价值的保守选民③。当法国作家孟德拉斯在1967年出版《农民的终结》一书时，他开篇便提到，"20亿农民站在工业文明的入口处：这就是20世纪下半叶，当今世界向社会科学提出的主要问题"。作者忧虑当蒸汽机打破千年农业文明的稳定状态后，保守而稳定的农民群体更加迫不及待地要求

---

① 李培林：《从"农民的终结"到"村落的终结"》，《传承》2012年第15期。
② 《提高超55个百分点 75年我国城镇化水平不断提高》https://www.gov.cn/lianbo/bumen/202409/content_6975921.htm，最后访问日期：2024年10月25日。
③ 李培林：《农民的终结是选择还是命运》，《社会发展研究》2020年第3期。

进入工业文明和城市体系，加之为农业和农民制定的政策也完全是站在工业和城市的角度，所以整个农民群体在人类历史进程中会趋于消亡。当这本书首次问世的时候，法国的民众都质疑作者的预判。时间仅仅过去半个多世纪，作者的预判似乎正在中国上演——今天中国的农民、农村的内涵已经发生了质的改变，这是乡村振兴首先要面对的问题。

如何解决中国的农村、农民和农业问题，是中国百年来进行现代化建设最重要的问题。换一个角度讲，我们甚至可以认为中国的现代化就是要解决农村、农民和农业问题。从民国时期开始，中国的学术界中就涌现了很多流派，他们对中国农业的出路提出了不同的解决方案。比如，以梁漱溟为代表的乡村建设派明确指出，乡村问题和中国问题不是什么旁的问题，而是文化失调——极严重的文化失调。他们最为担心的是中国广袤的乡土全面依附于城市、工业与商品市场，原有基于土地和血缘的乡村经济、治理、文化体系被全面打破。从中国现代化进程来看，农村要城市化、工业化、市场化，除了奉献土地、自然资源、廉价劳动力资源，似乎没有更多的好办法。农村在现代化和城市化进程中，充满了被动依附感、被剥夺感、茫然感、自卑感。很多时候，"农民"这个词成为农民自己的文化负担。也许，中国乡村所面临的文化的断裂、外出漂泊的农民精神的空洞对于乡村下一步的发展而言才是更深层次也更致命的问题。

梁漱溟所代表的乡村建设派对中国乡村的忧虑，到今天人们才理解得比较透彻，因为似乎他们的忧虑都已经发生了。中国乡村的"乡"，不仅仅是物理层面"乡土"的"乡"，在今天来看，"乡"字体现的更多的是对于往昔生活的隐喻。在今天的现代化背景下，乡土与城市相对照，人们很容易得出这样的结论，即乡村本质上就是历史，是物理化场所承载的情感和精神记忆。中国经历快速城市化的结果是今天超过60%的人居住在城里，这只是户籍上的统计结果，实际上居住在城镇的人口更多。"70后""80后"的城里人可能还有对乡村的生活记忆，而出生在城市的孩子则对农业性的故乡缺乏具体概念，因为城市就是他们的故乡。所以整体上看，乡村的消失，开启了一个以城市为本位重塑中国乡愁的新时代。那么一个新问题便出现了，即当代的城市能不能承载中国人的乡愁？传统的农村因为自然环境比较独特，建筑形式也比较多元，有较高的可辨识性，人们对乡村生活的记忆也是独特的。中国现代城镇的建筑基本是同质化的，这就导致了城里人的乡愁寄寓对象的模糊。因此，在城市化率超过60%的今天，城市能否成为城里人精神性的场所而不仅仅是工业化生产的场所，能否让人在其中获得家园感和心灵的归宿，这是值得追问的新问题。每年春节时中国人的全国性大流动也许可以说明上述问题，"回家过年"仍然是当下中国人生活中的重要事情，这说明人们将城市当作工作和居住的场所，人们依然将乡愁的对象指向乡村，那么凋敝荒芜的乡村显然不能承载这么厚重的情感。因此，乡村振兴首先需要提升乡村的生活品质，使它能配得上现代人的情感需求。可以承载乡愁的乡村必然不是贫穷的乡村，更不是荒芜的乡村。这也是今天乡村振兴的意义所在。

边疆乡村所承载的乡愁具有一定的不可替代性。乡愁是传统农耕文明的产物，由于土地的不可移动性，中国人的乡土观念根深蒂固。中国乡村里的核心关系是人与土地的关系，土地是农耕文明中人赖以生存的最重要财富，土地是坚固和不可动摇的，因此乡村也是坚固和不可动摇的。我国最早的诗歌总集《诗经》中的《黍离》便表达了离开家乡的哀愁。乡愁是人们远离故乡以后产生的情感，具有追忆的性质，是对故乡的想象。乡愁既是个体记忆，也是民族的集体记忆，乡土是中国人寄托国家情感最为重要的地方。乡愁不仅指向农村，也指向城市，它是中国人精神生活的承载。在快速城镇化的过程中，现代化使人变得更具理性，乡村的消失导致个体的情感无处安放，并由此产生无家可归的虚无感和悲情意识。中国是具有悠久历史的文明古国，因此中华民族的乡愁也是最具历史感的。在过去和未来之间，人还是要面向未来的，未来给人希望，而乡愁是人们可以同时拥有过去和未来的寄托。从这个意义上讲，失去了乡愁也可能失去展望未来的能力。

（三）边疆的传统乡村是边民高品质生活的地方

改革开放40多年是中国历史上城镇化建设高速发展的时期，乡村在某种意义上一度被现代化"抛弃"，不仅仅是物理上的抛弃，当所有人的目光和国家的发展方向都聚焦于城市的时候，乡村存在的价值也是被忽略的。目前，我国常住人口城镇化率已经超过60%，今后一个时期还会上升。

习近平总书记在《国家中长期经济社会发展战略若干重大问题》中提出："要更好推进以人为核心的城镇化，使城市更健康、更安全、更宜居，成为人民群众高品质生活的空间。"[①] 这是国家中长期经济社会发展战略中完善城市化战略的重要内容。农业现代化首先需要重建乡村价值形态，即今天的乡村在农业生产之外，其存在的价值是什么？具体到边疆的乡村，边疆乡村不是单纯的物质目标驱动的个体行为场所，而应该是个人可以获得心安的精神故乡，是充满活力和希望的生活生产场域，是国家对外开放和边境安全的前沿。因此，要达到上述三个目的，边疆的乡村振兴和社会治理应当把农民的生活和现代化当作一个核心的研究议题。

欧洲的工业化进行了 200 年以后，出现了城市人口往农村回流的现象。法国著名的农村社会学家孟德拉斯在 20 世纪 80 年代描述了法国乡村社会出现的惊人复兴："在巴黎人、城市人、郊区人、小城市居民和乡下人之间，已经不像 20 年前那样具有系统的差别。所有的家庭都配备有浴室、现代化厨房、洗衣机、冰箱、电视和小汽车……乡村的孩子去上学都有客车接送，在小学和中学里，他们和城市的孩子一起上课。""10 年来，一切似乎都改变了：村庄现代化了，人又多起来了。在某些季节，城市人大量涌入乡下，如果城市离得相当近的话，他们有时甚至会在乡下定居。退休的人们又返回来了。一个拥有 20 户人家和若干处第二住宅的村庄，可能只有两三户是经营农业的。这样，乡村重新变成一个生活的场所。"[②]

孟德拉斯笔下的法国现代化农村展现了城市和乡村融合的完美图景，这个图景给我们今天乡村振兴最大的启发是将农村从城市的对立面中解放出来。在国家农业农村现代化的战略背景下，边疆要实现乡村振兴首先要做到的是发现和确立农村的主体性，即不以城市的内涵来定义边疆乡村，不把边疆乡村看作农业生产车间，不把边疆乡村看作城市的附属品，而是把边疆乡村看作边民美好生活的空间，它是国家安全和对外开放的前沿，是中华文明重要的组成部分。在此价值观的观照下，明确边疆的稳固和边境安全在国家对外开放战略中的重要价值，边疆则不再是远离政治经济核

---

① 习近平：《国家中长期经济社会发展战略若干重大问题》，《求是》2020 年第 21 期。
② 孟德拉斯：《农民的终结》，李培林译，中国社会科学出版社，1991，第 305~307 页。

心的边缘地区。同时，国家治理视野中要去除边疆化认知：边疆不再仅因其是少数民族的聚居区而得到特殊政策，它还是中华文明重要的发源地，因此边疆不仅仅是实施民族政策的场域，而需要全面的社会治理；边疆地区民族事务治理应全面纳入依法治国的国家治理体系中，边疆民族事务的治理应是社会政策的一部分而不再只有政治含义。明确了上述边疆乡村的价值定位以后，边疆治理体系现代化的蓝图就剩下技术层面的问题了。

二　亦城亦乡

——边疆新型城镇化建设

在近代世界历史进程中，城市的兴起和乡村的衰落是同时发生的，它们貌似是一件事情的两个方面。新中国成立以后，国家在优先发展工业的国家战略下，在城市与乡村之间设立了户口制度，户口制度到现在依然是中国乡村与都市之间的制度性区隔。2006年农业税的取消，拉开了工业反哺农业的历史进程。党的十九届五中全会提出要"优先发展农业农村，全面推进乡村振兴"，"走中国特色社会主义乡村振兴道路，全面实施乡村振兴战略，强化以工补农、以城带乡，推动形成工农互促、城乡互补、协调发展、共同繁荣的新型工农城乡关系，加快农业农村现代化"。[①] 中国在新发展阶段，无论是城市的发展还是乡村的发展，都需要在制度性区隔的局面中有新的突破，所以寻求城市和乡村之间的制度性联结，无论是对城市发展还是对农村发展都是不能避开的一个问题。

（一）人都去哪里了

边疆农村人口持续减少，那么这些人都到哪里去了？答案当然是去了城里。

本次调研发现，边疆地区的人向外流动，进行非农就业，到有就业机会的县城和大城市里去了。对于边疆地区的人而言，外出务工进行长距离、大跨度流动的比例是比较低的，因此边疆地区的小城镇或者说县城是承接

---

① 《中国共产党第十九届中央委员会第五次全体会议公报》，https://www.gov.cn/xinwen/2020-10/29/content_5555877.htm，最后访问日期：2023年12月3日。

乡村人口最重要的地区，也可以理解为县城将是边疆传统村庄消失的尽头。毫无疑问，做大县域经济已成为国家的重大发展战略。2020年，习近平总书记在《国家中长期经济社会发展战略若干重大问题》中指出："我国现有1881个县市，农民到县城买房子、向县城集聚的现象很普遍，要选择一批条件好的县城重点发展，加强政策引导，使之成为扩大内需的重要支撑点。"①

笔者在调研中发现，边疆地区的县域建设面临没有产业的困境，因而也就没有那么多的就业机会，人口聚集效应尚不明显。目前阶段，边疆地区的农民有自发集中到乡镇和县域的趋势，习近平总书记在2020年中央农村工作会议上提出，要把县域作为城乡融合发展的重要切入点，赋予县级更多资源整合使用的自主权，强化县城综合服务能力。②县域将是边疆乡村振兴的重要抓手。

在国家发展的县域总体战略之外，边疆的乡村振兴还要从国家边境安全的高度来看待。目前阶段，在城市化建设的时代背景下，边疆农村地区有相当一部分人口到大城市务工，呈现明显的异地城镇化特征。边疆地区的城镇所拥有的资源和经济发展都不能满足当地农村人口的务工需求，因此加强边疆本地的县域新型城镇化建设，是留住当地农村人口的重要选项。边疆的新型城镇化建设并非只有单纯减少村庄这一种发展选择，实际上村庄也承担着重要的职能，因此村庄的人口和数量的减少是有底线的，也就是说必须要保持一定数量的农业人口在农村从事农业生产。

农村和城市在概念上是对立的，但是从生产生活的实际运行来说，它们是相辅相成的：乡村供给城市所需要的粮食和工业原料，城市提供给乡村工业制成品。因此，城乡关系代表着城乡之间的商业互动关系，体现了双方居民的生活融合程度。但是目前来看，乡村向城市的要素流动是单方向的，也就是说中国城市的发展并没有同等地促进乡村的繁荣，所以乡村人口才大规模地向城市聚集。因此，要实现乡村振兴，首先要反思城市和乡村的关系。

---

① 习近平：《国家中长期经济社会发展战略若干重大问题》，《求是》2020年第21期。
② 《习近平出席中央农村工作会议并发表重要讲话》，https://www.gov.cn/xinwen/2020-12/29/content_5574955.htm，最后访问日期：2023年12月3日。

（二） 边疆的新型城镇建设

在现代社会中，城市与农村被视为社会系统的两个有机组成部分，它们之间相互融合又独立存在。事实上，中国的城乡在很多层面上都是分裂的，而这种局面已经存在很长时间了，中央政府也在努力从各个方面出台政策来推动城乡的协调和统筹。城乡之间的统筹和协调工作是非常困难的，因为客观上农村所承担的经济、社会功能不同于城市，甚至承接经济社会功能的物理单元也是与城市分离的。因此，要在城市与乡村之间做到融合发展，首先要做的是在物理上建立城市和乡村的连接点，即在城市与乡村之间通过加强城镇、中心村镇的建设形成城市与乡村的物理联结单元。在这样的单元里，城市为乡村发展提供市场信息、贸易机会和非农的工作机会，扮演着乡村发展的引擎角色；乡村则为城市的生产需求提供要素。建立这样的单元的过程就是新型城镇化。

乡村与城市的物理联结单元，可以被理解为城乡之间人员、资金、商品、就业、信息和技术流动的平台。村庄完善的配套基础设施和教育、医疗、文化、体育、广电等公共服务设施建设，对于城乡人员的双向流动以及加强农村与城市的联结至关重要。这样的城乡人员双向流动对于边疆地区尤为重要，边疆地区是国家的"特殊类型地区"，国家颁布的《"十四五"特殊类型地区振兴发展规划》强调了"支持边境村庄建设"，具体内容包括："完善抵边村镇和配套基础设施，提高电网、供水网、通讯网、广播电视网覆盖水平，持续支持农村低收入人口危房改造，同步规划推进教育、医疗、文化、体育、广电等公共服务设施和就地就近就业设施建设。"所有这些都是边疆地区城乡融合和新型城镇化建设的重要基础，基本刻画了边疆新型城镇化的样貌。

首先，边疆新型城镇介于大城市和乡村之间，是城乡基础设施和产业互联互通的承接平台。20世纪三四十年代中国的城乡关系就成为备受社会各界关注的问题，彼时著名社会学家费孝通从乡村立场出发对城乡关系给予了一定程度的关注和研究，他创造性地提出了城市和乡村"相成相克"的概念。他认为，正是城市和乡村之间相成与相克的张力，影响和决定着中国城乡关系的历史演变。重建乡村社会经济，要恢复和发展乡村工业。

但乡村工业不完全是传统的手工业、副业，而是逐渐趋向机器化，并建立乡村工业合作社组织。① 边疆新型城镇化建设不仅仅是一般城镇建设中水、电、路等基础设施的建设，更重要的是结合边疆特色进行新型城镇化建设，使其拥有包括当地特色农产品、特色经济、休闲旅游、民俗文化传承等内容的非农业产业，并且以新型城镇为中心吸引农村居民适当集中居住，带动农民就近就业。

其次，草原牧区的城镇化与农业地区的城镇化建设有很大不同，这主要是由牧民和农民生产特性的不同决定的。不同于农业，牧民的牧业生产具有流动性特征。牧区的城镇化建设要做到能够让牧民在牧区与城镇之间往返流动，牧民在享受城镇现代化生活方式的同时，继续在牧区从事牧业生产，实现牧区城镇化与草原生态治理的双赢，从而在产业、人才、文化、生态、组织等方面推动乡村全面振兴。②

最后，边疆乡村人口大量外流以后，农村宅基地的处理是个大问题。本次调研发现，边疆地区的传统村庄农业人口长期大量外流，部分农村住宅因长期无人居住或倒塌或荒废，国土部门根据卫星照片将之定位为耕地，外出的农民返乡重新盖房时才发现自己已没有了宅基地。这种情况属于个案，但是随着农村人口大量外流，农村宅基地大量闲置的情况在全国农村都比较普遍，这造成了土地资源的浪费。如何盘活这些农村的宅基地是专家学者和政府一直要解决的问题。2020 年 4 月中共中央、国务院发布的《关于构建更加完善的要素市场化配置体制机制的意见》提出了探索建立全国性的建设用地、补充耕地指标跨区域交易机制，指出要深化农村宅基地制度改革试点，深入推进建设用地整理，完善城乡建设用地增减挂钩政策，为乡村振兴和城乡融合发展提供土地要素保障。随着农村人口的持续外流，农村宅基地的处理日益紧迫。

如何充分盘活边疆传统村庄空闲的宅基地，是边疆乡村振兴的重要一环。在诸多边疆村庄中，有日益消亡的自然村落，也有交通便利、新建住

---

① 李金铮：《"相成相克"：二十世纪三四十年代费孝通的城乡关系论》，《中国社会科学》2020 年第 2 期。

② 包智明、石腾飞：《牧区城镇化与草原生态治理》，《中国社会科学》2020 年第 3 期。

宅较多的村落。村情不同，宅基地的处理方式与当地县域新型城镇化建设的路径也就不同。总而言之，边疆的新型城镇化建设是吸引边疆农村人口定居的重要选项，是边疆地区就地城镇化的必然路径。城镇具有乡村所不能比拟的经济和人口承载能力，这是符合客观规律的，但是边疆新型城镇的发展不能只考虑规模经济效益，还必须把生态和国家安全放在更加突出的位置，统筹城镇布局的经济需要、生活需要、生态需要、安全需要。"坚持以人民为中心的发展思想，坚持从社会全面进步和人的全面发展出发，在生态文明思想和总体国家安全观指导下制定城市发展规划，打造宜居城市、韧性城市、智能城市，建立高质量的城市生态系统和安全系统。"[①]

三　诗与远方

——互联网给边疆乡村带来机遇

互联网的广泛应用改变了世界，压缩了空间距离，重新定义了今天的边疆乡村。乡村不仅是与城市不一样的空间居住场所，还是一个物质、文化和社会生产体系，因此当我们提及乡村生活的时候总是充满美好的想象。但是今天的人们为什么生活在乡村？这个问题是以前时代的人们较少想到的。社会学家李培林在对城中村的研究中提出：农民作为一种职业和乡村作为一种生活方式，应当是选择的结果，而不是难以改变的命运。那么身为农民是自己主动的选择还是被迫的命运安排？这就要去看看农民的生活是否真的大幅度改善了。农村是在选择中成为让人流连忘返的田园，还是在被安排的命运中成为都想离开的地方排楼？[②] 这是农民这个身份背后最为重要的问题，也是乡村振兴要回答的问题。

人们为什么要生活在乡村？对于这个问题的回答，在不同的时代有不同的答案。当前中国正处于农业社会向工业社会转型与工业社会向以互联网为代表的数字社会转型同时进行的社会变迁进程中，前者以现代化、工业化、市场化、城市化为特征，后者以信息化、个体化和全球化为特征。

①　习近平：《国家中长期经济社会发展战略若干重大问题》，《求是》2020 年第 21 期。
②　李培林：《农民的终结是选择还是命运》，《社会发展研究》2020 年第 3 期。

正是在互联网等新技术条件下，"逆城镇化"现象已经开始大量出现，并预示着未来的发展潮流。逆城镇化有三个属性：一是乡村人口的外流出现逆转，但农耕者人数可能继续减少；二是乡村居住人口的结构发生深刻变化，绝大多数居民成为非农从业人员；三是乡村生活复兴，改变了凋敝和衰落的状况①。互联网带来的"逆城镇化"为边疆传统村庄的发展带来了极大的想象空间，使边疆乡村成为诗与远方并存的地方。

（一）旅游在边疆乡村振兴中发挥重要作用

总体而言，中国陆地边疆地区是中国的生态资源区，耕地资源少，进行农业生产的比较效益较低，因此在农村从事农业生产难以留住农民，农业人口大量外流，耕地抛荒。中国的陆地边境线总长2.2万多公里，中国与14个国家接壤，是世界上陆地边界线最长和邻国最多的国家。在这漫长的国境线上纵横或跨越着长白山、大兴安岭、蒙古高原、阿尔泰山、天山、帕米尔高原、喀喇昆仑山、喜马拉雅山、横断山脉和云贵高原等十几座高大山脉和高原，民族文化独特。这些边境城镇风光秀丽，文化深远多元，具有得天独厚的旅游资源优势，客观上已经形成了边境文化带现象。如果能充分发挥边疆文化和自然资源优势，发掘体验式旅游，将吸引内地大量游客前往，为边疆经济社会发展注入新活力。边疆地区发展多种农业经营模式，如"农家乐"、旅游农业、创意农业等，不仅可以增加农业效益，也能给乡村带来新的产业。

在中国快速现代化的进程中，在城市里生活的人要面对激烈的竞争和沉重的压力，因此需要乡村这种"景观"来逃避对现实生活的不满和恐惧，于是许多边疆民族地区成为风光旖旎和慰藉心灵的代名词，边疆地区旅游业的兴起与此不无关联，甚至网红"丁真们"也成为吸引城里人去旅游的名片。边疆地区吸引游客不仅是因为优美的自然风光，还因为这些地区承担了心灵"救赎"的功能。

1. 乡村自然风光旅游带动边疆的乡村发展

总体而言，中国的乡村旅游在乡村振兴中发挥着越来越大的作用。2016

---

① 李培林：《"逆城镇化"大潮来了吗》，《人民论坛》2017年第3期。

年，全国乡村旅游接待游客达 21 亿人次，占全国接待游客人数的近一半，乡村旅游消费规模超过 1.1 万亿元，约占全国旅游总收入的 1/4，直接从业人员 845 万人，带动 672 万户农民受益，户均年收入超过 6 万元，乡村旅游发展潜力巨大。① 2017 年，文化和旅游部发布的数据显示，全国乡村旅游达 25 亿人次，旅游消费规模超过 1.4 万亿元。② 文化和旅游部发布的《全国乡村旅游发展监测报告（2019 年上半年）》显示，2019 年上半年全国乡村旅游总人次达 15.1 亿次，同比增加 10.2%；总收入 0.86 万亿元，同比增加 11.7%。截至 2019 年 6 月底，全国乡村旅游就业总人数 886 万人，同比增加 7.6%。③ 2019 年 6 月，国务院发布的《关于促进乡村产业振兴的指导意见》提出，未来要"优化乡村休闲旅游业。实施休闲农业和乡村旅游精品工程"。乡村旅游不再是简单的农民自发组织的农家乐，而成为未来乡村振兴的重要内容，将是 2035 年实现乡村振兴战略最大的支撑和加速器。

休闲农业的基本属性是以充分开发具有观光、旅游价值的农业资源和农业产品为前提，把农业生产、科技应用、艺术加工和游客参加农事活动等融为一体，使游客领略在其他风景名胜欣赏不到的大自然情趣。它是农业和旅游业相结合的一种新型的交叉型产业，也是以农业生产为依托，与现代旅游业相结合的一种高效农业。2022 年，中国乡村休闲旅游营业收入超过 7000 亿元，从业人数保持在 1100 万以上，乡村休闲旅游带动近 900 万农户发展。预计到 2025 年，中国休闲农业与乡村旅游行业的市场规模将达到 7.6 万亿元。2023 年江苏全省休闲农业综合收入首次突破千亿元，达到 1077.8 亿元，游客接待量达 4.1 亿人次，同比分别增长 18.83% 和 16.67%。④

---

① 《发改委：2016 年全国乡村游客接待 21 亿人次占全国一半》，http://finance.china.com.cn/news/20170915/4392794.shtml?from=ydzx，最后访问日期：2023 年 8 月 3 日。
② 《图表：2017 年我国乡村旅游达 25 亿人次 成为国内旅游消费主市场》，http://www.gov.cn/xinwen/2018-10/26/content_5334559.htm，最后访问日期：2023 年 8 月 3 日。
③ 《文化和旅游部公布首批全国乡村旅游重点村名单》，http://www.gov.cn/xinwen/2019-07/28/content_5416016.htm，最后访问日期：2023 年 8 月 3 日。
④ 《以乡村休闲旅游为"径"，推动农旅融合高质量发展》，https://mp.weixin.qq.com/s?__biz=MjM5MzQ4OTIxNA==&mid=2652541714&idx=3&sn=b2ea98d8bf13c4269074d13c619bb22e&chksm=bc476041ace52c69e4cdef46ec1f240eea07216914f2a8ab6d7b3730fc5bca3d8e582330b6e8&scene=27，最后访问日期：2024 年 12 月 11 日。

截至 2020 年底，全国共有休闲农业与乡村旅游示范县（市/区）389个、国家级休闲农业和乡村旅游示范点 641 个、乡村旅游重点村 998 家。据 2019 年不完全统计，乡村旅游经营主体不断优化升级，休闲农业与乡村旅游经营单位超 290 万家，休闲农庄/观光农园等各类休闲农业经营主体达到 30 多万家，农业合作社 7300 家，全国星级休闲农业与乡村旅游企业（园区）3396 家，超过 10 万个村开展乡村旅游活动。我国休闲农业接待游客 32亿人次，占国内旅游总人数的 53.28%，营业收入超过 8500 亿元，占国内旅游营业收入的 14.83%，展示了休闲农业与乡村旅游的发展活力与经济效益。①

根据 2019 年文化和旅游部发布的数据，每年大约会有 30 亿人次到乡村旅游，乡村旅游无疑已经成为乡村振兴新的增长点。同时我们反观这 30 亿人次的来源，多是城市人群逆向流动到乡村的——城市里的居民利用节假日和周末到乡村旅游。其实从我们的个人体验也不难发现，空气清新、环境优美的田园对城市人群具有强大的吸引力。从乡村旅游过去十几年的发展经验来看，城市人群到乡村旅游，是完全的市场行为所导致的城乡资源优化融合，而不是行政命令和动员。从近代世界其他国家的乡村发展历史来看亦是如此，发达国家城市化进程到达峰值以后，乡村是城市居民养老和旅游的场所。目前，中国的乡村旅游者主要是候鸟型人群，这个群体对于乡村的发展有不可忽视的作用，未来候鸟型乡村旅游者对乡村建设会发挥什么样的作用尚待观察。

2. 地方政府积极推动乡村旅游

边疆地区有独特的自然地理环境和文化多样性，自然条件不适合大规模的、密集度高的工业化建设，乡村旅游对于边疆乡村的带动作用比其他地区来得更有效果。但是，远离内地的城市密集区域也给边疆地区吸引内地游客带来了不便，因此完全依靠市场的力量来推动边疆地区的旅游是不行的，中央政府和地方政府都积极出台政策文件，推动边疆的乡村旅游发展。2012 年 12 月，国家民委印发的《少数民族特色村寨保护与发展规划纲要（2011—2015 年）》提出，要加强领导、加大宣传、精心组织，"中央

---

① 窦文章：《休闲农业与乡村旅游全面提质增效，打开乡村振兴新空间》，《人民三农乡村振兴观察报告》2022 年第 17 期。

财政专项扶贫资金中安排少数民族特色村寨保护与发展资金，并根据需要逐步加大投入力度，主要用于项目村的特色产业发展、生产生活条件改善、农民生产性技术培训等。各级地方政府安排的资金项目要向少数民族特色村寨保护与发展倾斜。鼓励、引导、争取企事业单位、社会团体及个人援助投向少数民族特色村寨建设；鼓励和支持大专院校、科研单位参与少数民族特色村寨保护与发展的研究和建设；鼓励和支持各类市场主体参加少数民族特色村寨基础设施建设、特色产业发展、旅游开发"。① 2014 年 9 月，中央民族工作会议暨国务院第六次全国民族团结进步表彰大会召开，会议强调要重视利用独特地理风貌和文化特点，规划建设一批具有民族风情的特色村镇。会议提出，大力传承和弘扬民族文化，为民族地区发展提供强大精神动力。②

同时，学术研究也证明了政府干预对于民族地区的旅游有明显的促进作用。边疆地区远离经济中心，不具备发展旅游的区位优势，同时经济发展能力相对其他地区较弱，因此政府加大交通基础设施、游乐设施的建设力度非常重要，应通过增加交通便利性，增大旅游的吸引力，吸引更多游客，促进农业生计由农业化向非农业化转变。③ 目前文化和旅游部牵头推进乡村旅游发展，2021 年 8 月 25 日，文化和旅游部联合国家发展改革委公布了第一批全国乡村旅游重点镇（乡）名单④，全国有 100 个乡镇入选此名单，平均每个省有 3 个乡镇，其中新疆维吾尔自治区包括新疆生产建设兵团，所以共有 6 个乡镇在名单上，其他边疆省区各有 3 个乡镇入选。第三批全国乡村旅游重点村名单涉及陆地边疆 9 省区的，内蒙古自治区有 6 个，辽宁省有 5 个，吉林省有 6 个，黑龙江省有 6 个，广西壮族自治区有 7 个，云

① 《少数民族特色村寨保护与发展规划纲要（2011—2015 年）》，2012 年 12 月 12 日，https：//www. neac. gov. cn/seac/zcfg/201212/1074566. shtml，最后访问日期：2023 年 8 月 3 日。

② 国家民族事务委员会：《着力把握民族地区发展中的几个问题》，https：//www. neac. gov. cn/seac/c100532/201412/1086972. shtml，最后访问日期：2024 年 12 月 11 日。

③ 罗盛锋、孟淑云、黄燕玲：《民族地区生态系统与旅游、乡村社会发展系统的时空耦合研究》，《生态经济》2021 年第 12 期。

④ 《文化和旅游部 国家发展改革委关于公布第三批全国乡村旅游重点村和第一批全国乡村旅游重点镇（乡）名单的通知》，http：//zwgk. mct. gov. cn/zfxxgkml/zykf/202109/t20210902_ 927488. html，最后访问日期：2023 年 8 月 3 日。

南省有 7 个，西藏自治区有 5 个，甘肃省有 6 个，新疆维吾尔自治区有 11 个。

除了由国家部委牵头来推动边疆乡村旅游，各个边疆省区也纷纷出台政策，积极推动当地乡村旅游经济的发展。以下，以本次调研的三个省区为例。

2021 年 6 月 23 日，吉林省人民政府发布了《关于推进乡村旅游高质量发展的实施意见》，提出坚持"三产融合"，立足生产、生活、生态"三生同步"，围绕农业、文化、旅游"三位一体"，推进资源变资产、资金变股金、农民变股东"三变改革"，实施乡村旅游"十百千万"工程，力争到 2025 年实现吉林省乡村旅游规模扩大、品质提升、基础进一步完善、贡献显著提高，接待人次、旅游收入年均分别增长 20% 以上和 25% 以上，打造"点上有风韵、线上有风景、面上有风光"的知名乡村旅游目的地。①

2021 年 8 月 30 日，内蒙古自治区文化和旅游厅启动《内蒙古自治区乡村旅游指南》编制工作。自 2021 年 9 月 1 日起，内蒙古自治区文化和旅游厅派出 3 个采编组深入各盟市，对全国、自治区乡村旅游重点村镇和四星级以上旅游接待户，通过航拍、专题拍摄和实地采访等方式进行资料采集，尤其对乡村旅游入编企业业态的外部、内部环境以及住宿、购物、美食和特色娱乐项目等进行全方位拍摄，进而收集自治区乡村旅游最翔实的第一手资料。②

乡村旅游最初的形式是农家乐，由农民自己组织。关于农民自己组织农家乐的过程在电视剧《乡村爱情故事》里有大致的呈现，其过程是很艰难的。目前，乡村旅游的规模已经壮大，甚至农牧民也感到单凭自己发展乡村旅游是不可能走太远的，政府在其中做的配套工作也已提上日程。笔者调研时，一位牧民看了网上介绍的瑞士的乡村旅游情况，他畅想未来牧区可以借鉴国外的管理模式，由农户在前端做乡村旅游服务，政府在背后

---

① 《吉林省推进乡村旅游高质量发展》，https://www.mct.gov.cn/whzx/qgwhxxlb/jl/202107/t20210706_926230.htm，最后访问日期：2023 年 8 月 3 日。

② 《内蒙古自治区文化和旅游厅启动〈内蒙古自治区乡村旅游指南〉编制工作》，https://www.mct.gov.cn/whzx/qgwhxxlb/nmg/202108/t20210831_927463.htm，最后访问日期：2023 年 8 月 3 日。

提供支撑。

> 最近看了一个小视频，讲瑞士的小城镇，那个小城镇900人，但是每天的接待量1500人，那个是政府给的公共服务，一个小镇小店里药品都是空运过来的，各家各户采购的药都是国家给的，接待的是家庭旅馆，有滑雪等，就是你可以做旅游产业，或者边疆的地区特色。瑞士这个小视频叫社区化管理模式，这样我们到牧区能不能做一些类似的配套？管理上是不是能用？（调研资料20211013004）

云南省也在积极推进乡村旅游工作。2020年12月，云南省乡村旅游工作会议在昆明举办，云南省大力实施"以旅促农、农旅结合"发展战略，乡村旅游已经成为云南省旅游产业的重要组成部分。云南省乡村旅游"十四五"期间的重点是推动构建乡村旅游品牌体系、夯实乡村旅游发展基础、强化乡村旅游安全管理、完善乡村旅游利益联结机制、拓宽乡村旅游投融资渠道、健全乡村旅游营销体系、规范乡村旅游民宿发展、加快乡村旅游人才队伍建设等。[①] 比如，本次调研的云南省红河州是我国最大的哈尼族聚居地。哈尼梯田文化景观是哈尼文化的代表，具有古老性、独特性、持续性和美学价值等特征，也是人类土地利用历史和遗迹的证据，可作为土地持续利用的活样板，并为人类提供享受美和愉快以及自然与文化多样性的机会。红河州政府也一直在推动打造哈尼梯田文化旅游品牌，甚至调研点所在的红河县垤玛乡的牛红村里也有农家乐的招牌，但是实际上，对于牛红村这样远离县城的偏远山村来说，虽然其自然风景优美，但是要吸引大量游客前往还是很困难的。

（二）边疆传统乡村版的绿色硅谷

中国边疆乡村地域广阔，由于农业人口的外流有大量闲置的农舍，本次调研发现，整体而言，调查样本家中有因为人员外出而空置房屋的比例

---

① 《云南省着力推动乡村旅游高质量发展》，https://www.mct.gov.cn/whzx/qgwhxxlb/yn/202012/t20201204_904999.htm，最后访问日期：2023年8月3日。

为 22.88%，即村庄中有近 1/4 的房屋是闲置的。笔者在实地调研中了解到，实际上空置房屋的比例远远超过 1/4（见本书第二章）。

边疆乡村大量空置的房屋不仅是对土地资源的浪费，也是国防安全的隐患，因为边疆乡村所承担的农业生产功能是第二位的，而在边疆那片土地上有国民长期定居对于国家而言是最为重要的事情。当前，由于信息技术的发展，互联网已经深入日常生活的方方面面。互联网作为一种技术，对于日常生活最为明显的改变是信息传递消除了空间限制，打破了大规模工业化生产时代中生产者和生产资料必须聚集的局限，即互联网时代的生产模式不再局限于地理空间，甚至在卫星通信时代连根网线都不需要了，因此远程办公使过去难以想象的在边疆乡村发展信息技术产业等新兴产业成为可能。最有启发的想象是，未来边疆乡村可以借助互联网成为绿色硅谷。偏远的农村通过互联网变身绿色硅谷有成功的案例。日本作家篠原匡在《神山奇迹》一书中讲述了日本德岛县治下的神山町是如何从一个只有老人留守的偏远山村变成令人向往的"绿色硅谷"的故事，其中有不少经验值得我国的边疆乡村借鉴。

　　日本西南部德岛县有个人口只有 5000 多、65 岁以上的老人占到总人口一半以上的山间小镇——神山町。它和日本大部分的偏远地区一样，面临着严重的产业空心化的问题。但是作为山间小镇的神山町，却通过吸引 IT 企业入驻当地，一举成为乡村版绿色硅谷，使小镇经济重新恢复活力。在这里，抬头就能看到大自然的美景，也没有东京那样拥挤的生活和上下班长时间挤车的烦恼。由于 IT 技术类的工作不需要太多人际交流，只要有电脑和网络，即使深处乡间也能同样开展工作，IT 企业的宅男宅女对在这山间小镇工作相当满意。而对入驻神山町的 IT 企业来说，不仅这里的房租只有东京的十分之一，而且当地政府还为入驻的企业提供房屋改建费用补助和减税等优惠政策，大大降低了公司的运营成本。

　　IT 企业的入驻还激活了当地的社区生活，神山町开设了教育机构"神山塾"，主要吸收来自首都东京附近的年轻人，并结合神山当地的情况，为他们提供关于社区组织、乡村改造和机构管理的培训。参加神山塾的年轻人，在毕业之际大多会选择留在当地进行社区导向型的创业活动，从而为神山町的未来发展注入了活力。神山町的迁入人口在 2011 年首次超过了迁出人口。而在 2010 年到 2013 年之间，共有 58 户家庭、105 人迁入神山町。他们的平均年龄在 30 岁左右，其中还包括 27 名儿童。可以说，神山町的地方创生取得了阶段性的成功。

由于神山町的成功案例，2015 年 7 月日本总务省正式启动了"乡土远程办公"计划。总务省在日本全国选定了 15 个区域作为样本，并与 180 家公司展开合作，试图实现 1000 人次从东京向地方的转移。在他们看来，既能实现地方人口增长又不会抢夺地方工作机会的远程办公，是解决日本总人口不断减少且增长不均衡这一问题的最优方案之一。[①]

日本的山间小镇——神山町通过引进 IT 企业入驻，既解决了当地大量空置房的问题，又带动了当地年轻人就业，整个小镇重新焕发了朝气和活力。日本神山町的案例对我国边疆乡村的发展有很大启示：互联网使得 IT 企业可以入驻偏远的山间小镇，乡村的空间不仅可大大降低企业的运营成本，使员工在更惬意的环境中工作生活，还能为当地乡村带来新的活力和生机，更可以盘活原有的闲置房产，而且与之配套的产业链也为更多的当地人提供了就业机会。对于互联网产业在世界上占有一席之地、乡村空心化又极为严重的中国，日本神山町的案例能为我们的乡村振兴战略提供难能可贵的经验。

其实，在我国也有类似于神山町的做法，近年来在浙江、江苏等东部沿海发达地区的农村，一些从事 IT 和创意产业的青年人到乡村创业已不是什么新闻，这得益于浙江和江苏乡村良好的基础设施。边疆乡村地理位置偏远，经济发展水平低，同时基础设施配套差，仅仅依靠农村自身的资源谋求新的发展很难有突破性的进展，而互联网的出现给边疆带来了历史

---

① 《市政厅｜日本的神山町：乡土远程办公》，2016 年 1 月 26 日，https://m.thepaper.cn/newsDetail_forward_1425723，最后访问日期：2023 年 8 月 3 日。

机遇，互联网的非地域性将成为吸引城市中年轻的中产阶级回到乡村的重要条件。大量从乡村走出去的大学毕业生、退伍军人和农民工返回乡村发展和创业，可以借助网络带来的远程办公和电商等便利，利用生活和创业成本低、房价低、不拥挤的乡村优势，大大提高创业生存概率和市场竞争力。

早在 2016 年 11 月，国务院办公厅就印发了《关于支持返乡下乡人员创业创新促进农村一二三产业融合发展的意见》，该意见认为要从城乡一体化要求的高度来认识当前农村社会发生的深刻变化，为改变我国农村生产生活的面貌探索新的突破口。通过现代科技和管理技术的运用，大力发展电子商务、连锁经营、物流配送等现代流通方式，促进商品和各种要素在全国范围自由流动和充分竞争。① 特别是农村电子商务，可以使商品流动的空间和范围得到极大的扩展，甚至不受时间和空间的限制，大大减少交易环节和成本，对于打破地区封锁、形成统一市场具有革命意义。因此，从技术手段到政府政策，边疆乡村通过发展互联网乡土远程办公已经具备了成为绿色硅谷的条件，绿色硅谷也将成为边疆逆城镇化的一个重要手段和方向。

四　重新组织起来

——农业生产集约化

在 20 世纪 90 年代中国迎来第二次改革开放浪潮的时候，对于农村和农业的发展方向，邓小平在 1992 年 7 月指出："农村经济最终还是要实现集体化、集约化。"② 这个论断是符合农业生产发展规律的。边疆地区传统乡村以小农经济为主，一家一户地从事农业生产导致农业技术的升级受限，自然影响到农业产出的品质。在当前边疆农业人口持续减少的背景下，农业生产如何集体化和集约化的问题被提上了议事日程，这不仅仅是土地收益

---

① 《国务院办公厅关于支持返乡下乡人员创业创新促进农村一二三产业融合发展的意见》，https://www.gov.cn/zhengce/content/2016-11/29/content_5139457.htm，最后访问日期：2024 年 10 月 25 日。

② 《邓小平文选》第 3 卷，人民出版社，1993，第 379 页。

最大化的问题，更重要的意义在于，它探讨了在不收农业税之后，如何将农民重新组织起来。以下几个可能的方向值得尝试。

第一，培训新农人。边疆乡村人口减少带来村庄的空心化最为直接的影响是农业生产面临后继乏人的危机。乡村中仅有的年轻人也大多不会种地了，需要大力开展农民技能培训，以培养有文化、懂技术、会经营的新型农民，包括农民科技带头人、农产品营销人才、农业科技推广人才、专业生产合作社带头人等。

第二，土地生产经营专业化，农民获得股权收益。在土地条件适宜的边疆农业地区，比如东三省的平原农业地区，可以鼓励留守的农业人口组建农场，各户以土地入股参与经营，将经营权承包给专业种粮机构，每年根据作物收成获得股息。此外，有劳动能力的老年人还可以在农场工作获得劳动报酬，这样既减轻了留守老人的劳动负担，又向他们提供了稳定的经济来源，为他们购买养老服务提供了资金支持。

第三，成立留守人口互助小组。充分发挥村委会、党支部等基层组织的带头作用，帮助留守人口发展民间互助组织。俗话说"远亲不如近邻"，农村的留守人口可以结成互助小组，在能力范围内为留守老人提供生活和生产上的帮助，利用电话、网络视频等手段增加留守老人与外出务工子女的联系，满足老人的情感需求，经常性地组织集体活动，丰富留守老人的生活。

第四，牧区建立饲草储备制度。帮助克服草原气候变化带来的危机，提高边境地区牧民的生活质量，使边境地区能够留住牧民。近年来，由于内蒙古自治区的草场退化，草畜矛盾日益尖锐，饲草需求逐年增加。尤其是边境地区受到牧区交通、运输距离等的影响，购买饲草料成本过高，很多牧民难以承受，发展自己的饲草地成为唯一的途径。可是很多牧区土壤有机层非常薄，水资源严重短缺，不适宜开垦建设饲草地。很多牧民因为没有足够的牧草而被迫搬迁到城市。其实，牧草短期的境况是可以通过制度进行改善的，美国有比较成功的经验。美国的草地与我国的草地条件相似，草地面积相差无几。美国在20世纪30年代也出现了大面积草原退化、水土减少等现象，并于1934年发生了震惊世界的黑风暴。此后，美国通过法律调整了草原生产结构，制定了适当的放牧制度，还广辟饲料来源、建立人工割草地，创造了异地育肥等制度，使畜产品的产量大幅度提高。美国的经验表明，建立牧区饲草料储备制度，形成以丰补歉的牧草供给格局，可以缓解大灾年饲草紧张问题，保障边境地区牧民的生产生活。

五　靠边吃边

——边境全面对外开放

从经济学的"推—拉"理论来看，边疆地区人口外流的根本原因是地区间发展不平衡，即边境地区社会和经济状况落后是人口流出的主要推力，因此想要把人留在边疆和边境，首先要推动边境地区经济社会发展，只有当地的经济发展了，就业机会多了，才能削弱人口向外流动的动力，吸引其他地区的人口到边疆甚至边境安家落户。古典区域经济学的区位论认为，边境地区远离经济核心区，处于以中心城市为圆心的经济网络的最外层，存在着不利于经济发展的先天劣势。但是，传统的区域经济学的假设前提是在边界封闭的经济体中，即在封闭经济体中，经济活动的区位指向是内向的。在开放边界的经济体中，经济活动的区位指向是外向的。[1] 新时代以来，"一带一路"倡议使边疆成为改革开放的前沿地带，这为推动边疆地区发展提供了新的思路和机遇。

边境地区的发展需要转变传统的守边固边的思维，要在不断提升对外开放水平的过程中，积极拓展与周边国家和地区的跨境经济合作，积极融入经济全球化和区域经济一体化，最终形成以开放带动发展的局面。边境地区经济活力提升以后，不仅可以吸引大量内地人口到边境工作生活，而且能够对邻国产生吸附作用，比如有学者的研究发现，中缅边境的某个村落有类似赶集的活动，每个月内的某几个日子，卖东西的、买东西的人们赶到一个固定的场所，形成边境集市，热闹非凡，参与的人们是在边境线两侧生活的居民。他们一般不需要办理严格的出入境手续，来去自由。[2] 有

---

[1]　李铁立：《西方边境区经济发展及边境区经济合作评述》，《国际经贸探索》2005 年第 6 期。

[2]　鲁刚：《中缅边境沿线地区的跨国人口流动》，《云南民族大学学报》（哲学社会科学版）2006 年第 6 期。

活力的边疆才能更好地兴边稳边固边。

就目前来看，边境地区流动人口以旅游、务工、经商为主，这与边境地区丰富的旅游资源、矿产资源及有利的经济发展政策导向是密不可分的。① 边境地区一直存在专门从事边境贸易活动的人群。新时代以来，由于国家实施了全面对外开放政策，边境旅游成为边境地区新的经济增长点。有学者采用入境旅游市场占有率、旅游资源丰富度、旅游开放度、边境贸易比重和距离指数五个指标，对新疆维吾尔自治区、内蒙古自治区和云南省边境旅游的客流演化态势及动因进行了分析。研究结果表明：边境旅游是这些省区未来发展国际旅游的主要方向，同时可将其边境旅游细化为贸易驱动型、观光驱动型和购物驱动型三种。② 云南省的跨国异域风情边境旅游是当地的一大特色项目，带动了相当一部分人口跨国流动。比如云南著名的景点西双版纳，年均接待海内外游客 250 万~300 万人次，并且其中近百万游客还会继续通过口岸前往缅甸旅游观光，形成了一条旅游人口流动链。东北边境的口岸城市黑河，对岸便是俄罗斯布拉戈维申斯克（海兰泡）市，两个城市仅一江之隔。当地适时发展了从黑河到俄罗斯一日游、两日游的短期旅游项目，手续简单，满足了不少游客的需求。

中国是地理空间广阔、人口众多的大国，地区发展不均衡是我国的特点。以往我们总是从负面的角度来看待这样的"不均衡"，因为地区之间过大的经济差异会制约进一步的发展，也会造成不稳定，更重要的是地区之间过大的经济差异与社会主义共同富裕的目标相背离，所以国家出台了诸多政策促进区域间的均衡发展，比如西部大开发、振兴东北、兴边富民行动等。但是如果我们从中国整体的角度来看，一定的内部"不均衡"会在区域之间形成"位差"，这样的"位差"从某种意义上说是地域活力的来源，因为在自然界的"均衡"状态中，一切都停止了流动，也就意味着整体失去了活力。边境地区的人口和资源流动，皆是因为边境与其他地区的发展不均衡。边境地区有其他地区所没有的竞争优势和资源，当我们可以

---

① 刘中一：《中蒙边境地区的人口安全与人口发展》，《内蒙古民族大学学报》（社会科学版）2012 年第 3 期。

② 赵多平、孙根年、苏建军：《中国边境入境旅游的客流演化态势及其动因分析——新疆内蒙云南三省区的比较研究》，《人文地理》2012 年第 5 期。

充分发挥边疆的优势、激发边疆的活力时，这样的流动方向就会调转过来，边疆地区就会成为吸引人的地方。未来，在全国人口减少的时代背景下，如何激发边疆地区的活力，使边疆成为吸引人的地方，如何做到"兴边聚民"，将成为新的历史任务。

后　记
调查研究为何与何为

　　本书是 2020 年中国社会科学院国情调研重大项目"乡村现代化背景下边疆传统村庄消失问题研究"的成果。

　　本项目于 2019 年 12 月立项，2020 年正式实施，2021 年 12 月底完成调研，2022 年 4 月结项并获得优秀。调研过程历时 2 年，2020～2021 年是项目调研执行阶段，但是这两年正值新冠疫情肆虐，比较庆幸的是本项目基本按照调研计划进行，并完成了预期成果。项目计划去吉林省延边朝鲜族自治州的珲春市、龙井市；内蒙古自治区的乌兰察布市察哈尔右翼后旗、二连浩特市；云南省玉龙县九河乡河源村、红河州红河县垤玛乡牛红村调研。最终，上述调研地点中除了没有去内蒙古的二连浩特市实地调研，课题组对其他地点都进行了实地走访和调查问卷发放，共回收有效问卷 1110份；调研地点还增加了云南省玉龙县宝山乡石头城村和吾木村。本项目在调研中设计了问卷调查，针对村庄中的居民询问未来的去留意向，但是在进村实地调研之后我们发现，由于不是春节，村中只有老年人居住，有几个村庄的常住人口中最年轻的就是村主任，其他居民基本都是 60 岁以上老人。如果我们想要了解年轻的调查样本未来的去留意向，需要到市里调查，这从另一个角度说明了当前边疆农村人口减少的实际情况。庆幸的是，本次调研采用电子问卷的方式，由于疫情的网格化管理举措，每个自然村和行政村都有微信群，笔者也加入了其中几个微信群。电子问卷解决了常年不在村庄居住的这部分调查样本问卷填写的问题。只是本次问卷调查采用非概率抽样方式，调查结果仅对样本负责，不能推论总体。

调研实施过程。2020 年由于疫情影响不能按照原计划去所有调研点走访，课题组遂于 2020 年 8 月 17~18 日召集调研点相关人员到北京与专家学者就相关问题进行现场座谈。会议邀请了云南省丽江市玉龙县河源村的村主任和村民、九河乡的驻村干部，云南省红河县垤玛乡的乡长，内蒙古自治区二连浩特的口岸办工作人员，内蒙古自治区乌兰察布察哈尔文化研究会有关人员，吉林省珲春市发改委和宣传部有关人员以及相关领域的专家学者等 30 多人。研讨会集现场访谈和学术交流于一体，来自不同边疆地区的基层工作人员交流了各自地方的乡村人口外流和乡村治理问题，学者与基层工作人员就共同关心的问题进行沟通，形成了 10 万字的访谈和会议纪要。2020 年 10 月 12~18 日，课题组赴内蒙古自治区乌兰察布市察哈尔右翼后旗的嘎查和村庄进行实地调研；在察哈尔右翼后旗与政府相关人员进行座谈；发放电子问卷，收回有效问卷 289 份；走访农户和牧民 30 家，整理访谈纪要 20 万字。2021 年 7 月 12~19 日，课题组赴吉林省延边朝鲜族自治州的珲春市、龙井市进行实地调研；发放电子问卷，收回有效问卷 449 份；走访边境村农户，整理访谈纪要 10 万字。2021 年 7 月 22 日~8 月 19 日，课题组赴云南省玉龙县九河乡的河源村、宝山乡的石头城村和吾木村，云南省红河州商务局，云南省红河州红河县迤萨镇，云南省红河州红河县垤玛乡牛红村进行实地调研走访；发放电子问卷，收回有效问卷 372 份；走访农户，整理访谈纪要 20 万字。本书的内容正是基于上述调查资料。

在调研过程中，课题组还摄制了三部纪录片，最终于 2023 年 4 月由北京社科智库电子音像出版社出版发行。三部纪录片是对三个调研点发生的"故事"的记录，分别是《古树温风——云南省玉龙县乡村基层治理与乡村振兴纪实》《寒露雁归——内蒙古自治区乌兰察布乡村振兴纪实》《再访牛红村——云南省红河县乡村巨变跟踪纪实》。其中，《再访牛红村》的内容是笔者继 2017 年在牛红村做精准扶贫调研之后的后续跟踪调查。2017 年初，笔者在牛红村拍摄了纪录片《三天两夜——云南牛红村精准扶贫纪实》，2021 年拍摄《再访牛红村》的时候，牛红村已经发生了翻天覆地的变化，当年的中学生已经考上大学了，旧房子都拆掉了，令人感动的是乡亲们都还记得笔者。

图 H-1　《古树温风——云南省玉龙县乡村基层治理与乡村振兴纪实》封面

图 H-2　《寒露雁归——内蒙古自治区乌兰察布乡村振兴纪实》封面

图 H-3 《再访牛红村——云南省红河县乡村巨变跟踪纪实》封面

图 H-4 《三天两夜——云南牛红村精准扶贫纪实》封面

拍摄纪录片是调研过程中的一个尝试，一开始笔者只是想把人物和对话记录下来，方便以后查阅资料，没想到一发不可收拾。纪录片最终上市了，这也启发笔者对现如今的调查研究方法进行了一些思考。笔者在硕士阶段入门社会学的时候，选择专攻社会学研究方法领域，一是由于笔者在大学时是理科生，自认为数学功底好；二是那时候天真地相信掌握了社会学研究方法就掌握了了解社会的钥匙。诚然，社会学研究方法及其所附带的社会调查研究的确是了解社会的钥匙，但是打开社会的大门只是研究的起点。做了那么多年的调查研究，笔者对于"调研为何而做，怎么做调研"这样初级又幼稚的问题有很多新鲜的感触，现在写在后记里。

一　调查研究本质上体现的是社会认知方式和工作态度

社会学传入中国后对中国学者做学问最大的影响在于研究范式的革命。社会学以经验世界为观察对象，并努力使政策和制度建立在专门的知识基础上。社会学传入中国以后，中国的学者们发现原来学问也可以来自日常生活，民众日常生活的油盐酱醋茶、衣食住行里也有微言大义，也可以建立新的知识话语和观念符号。中国传统学术研究的认识是"秀才不出门，便知天下事"和"半部《论语》治天下"，显然现代社会绝非如此。费孝通先生曾在一次学术讲话中提到自己为什么要强调社会调查，他认为社会调查是一种科学地理解社会的必要途径，并坚信只有深入实地，看到社会的状况，才有可能寻找到认识社会与改造社会的方法。中国社会学会前会长李培林在《中国社会学的社会调查传统》一文中也曾讲道："中国社会学恢复重建以来，进行了大量、深入、多种形式的社会调查，以至于国际同行把高度重视社会调查视为中国社会学的一大特色。"

"调查研究"传入我国的时间并不长，却成了中国特色，不仅在学术界，"调查研究"也是中国共产党的传家宝。中国共产党在革命时期就进行了大量的社会调查，并通过调查得出中国革命的道路是农村包围城市的结论，这直接影响了中国的革命路线。中国近代以来的革命和国家建设历史告诉我们，正确决策几乎都是以深入调查为基础的，一些决策失误就是没有对社会进行深入的调查研究导致了主观化的错误。改革开放后，为了尽力避免这种主观的决策失误，中央政府于 1987 年在中国经济体制改革研究所建立了第一个全国性的民意调查机构"中国社会调查系统"，该系统所进行的几次大型社会调查为改革决策提供了有价值的材料。2023 年 3 月 19 日，中共中央办公厅印发了《关于在全党大兴调查研究的工作方案》（以下简称《方案》），《方案》提到我国发展面临新的战略机遇、新的战略任务、新的战略阶段、新的战略要求、新的战略环境。世界百年未有之大变局加速演进，不确定、难预料因素增多，国内改革发展稳定面临不少深层次矛盾躲不开、绕不过，各种风险挑战、困难问题比以往更加严峻复杂，迫切需要通过调查研究把握事物的本质和规律，找到破解难题的办法和路径。

总体而言，调查研究这项工作在中国不仅仅是学者的学术行为，更是一种普遍性的社会认知方式和工作态度。从政界到学术界都清晰地意识到，调查研究是解锁复杂现实问题的关键钥匙，而对具体事务的调查研究也展现了调查者实事求是的工作态度。毫无疑问，调查研究的这两种特质是推动中国社会持续进步的强大力量。

二　调查研究不是智力游戏

改革开放 40 多年来中国社会发生了巨大变化，社会问题也日趋多样，不似改革开放初期那样集中，因此大规模的问卷调查发现问题、解决问题的研究路径在面对复杂多样的社会问题时显得很无力。在社会调查研究大转型的时代，学者经历了调查研究的"暗黑时刻"：调查研究在 20 世纪 80 年代的高光褪去以后，在与国际接轨的话语体系中显得无所适从。在这段时间内，由于计算机辅助技术的进步，调查样本量逐渐增加，数据范围也由局部转向全国，但是学者们自行收集第一手数据做研究的情况在减少，而是纷纷转而使用专业机构的数据和官方机构的统计数据。为了寻求与国际"接轨"对话，社会调查研究越来越微观化，撰写的论文也越来越"洋八股"化，精美的数学模型往往说明一个众所周知的常识或者索性什么都说明不了。

中国社会学一直努力与西方学术界"接轨"并进行平等的对话。我们现在要极力避免一种危险的倾向，即我们的调查研究罔顾中国的现实关怀，变成纯粹为与西方对话而进行的智力游戏，这就偏离了社会调查研究的初心使命。一个非常遗憾的现实是中国还没有产生被西方主流世界认可的社会学理论，为什么我们这么努力却是这样的结果？对中国社会的研究不是纯粹的智力游戏，忽视和无视中国宏观的社会背景和中国本土的理论视域的研究是值得反思的。

三　调查研究要尝试离开经典的研究范式和方法

中国社会学的开创者费孝通创造性地将人类学的研究方法运用到社区研究中，开创了中国社会学（人类学）以某个村庄或者社区为核心开展研究的经典研究范式，《江村经济》便是中国社会学经典的研究范本。改革开放以来，社会学专业的调查研究经过了 40 多年的发展，取得的进步是惊人的，尤其是一系列全国范围的纵贯调查，使得社会变迁和社会发展的科学化研究成为可能。长期坚持的大型全国调研包括中国人民大学的"中国综合社会调查"（CGSS）、中国社会科学院的"中国社会状况综合调查"（CSS）、北京大学的"中国家庭追踪调查"（CFPS）。这些大型的全国抽样调查为我们用数据方式记录、分析和理解中国的社会变迁提供了宝贵的第一手资料。

不出意外，这些记录将会一直进行下去。但是，调查研究仅仅记录中国还是远远不够的，尤其是今天中国面临着更大的挑战。当前，我们处在两个一百年的交汇之处，又是社会转型变革的重要时期，中国式现代化建设的实践也同样迫切需要中国知识分子面对社会各领域的重大理论问题和现实问题做出科学的、实事求是的解释。当今，学者们面临着比改革开放前更为复杂的局面，在"大数据"全面进入社会各个领域的时代，社会调查研究方法也已经在原理、技术、手段等各方面发生了革命性的变革，因此调查研究自身也面临着一场革命，我们该如何应对？

这时候，也许我们要胆子大一点，尝试离开经典的研究范式，放下对经典研究方法的迷思。实际上，这世界上没有任何一种精巧的研究方法可以帮助我们提炼全部的生活经验，研究方法不能独立于内容而存在，更不能独立于研究者而存在。这需要研究者们立足于中国的国情和实际，深入田野去感知现实生活，才能发现问题，才能找到答案。中国研究者只有

"走自己的路"才能使中国学术立足于世界学术之林。这需要学者们以革新的勇气，在深入调查研究的基础上提炼关于中国社会的概念，生产关于中国社会的理论来回答中国之问、世界之问、人民之问、时代之问，只有这样才能形成具有中国特色、风格和气派的学术之路，才能做到学术强国。

四　做一路调研，交一路朋友

笔者是个不安分的学者，也在尽力使自己的"不安分"成为学术研究的特长而不是需要改正的不足，现在看来，调研成为安放笔者的"不安分"的最好去处。调研对笔者个人而言，最大的意义倒不在于学术成果的体现，而是调研似乎带领笔者进入了新的世界。在那里，笔者结交了平时生活中不可能遇到的朋友，知道了那些人间烟火烟熏火燎的滋味，闻到了世事变迁中尘土飞扬的气息，才知道自己原来在书本里悲悯天下是多么肤浅。在调研中遇到的所有乡亲都是笔者的老师，严格地讲，正是从他们那里，笔者才真正开始了解什么是社会。与他们做朋友，是笔者一生的财富。

五　调查研究永远在路上

笔者在疫情期间进行这个国情调研项目时总是十分焦虑，因为要抓住那不知道什么时候开放又什么时候关闭的窗口期，总盼着做完这个项目就可以歇歇了。但是，2022 年笔者又承担了中国社会科学院国情调研重大项目"西南边疆新型城镇化研究——以广西壮族自治区和云南省为例"，因为笔者在这个项目的调研中发现，广西壮族自治区和云南省在过去 10 年里的人口趋势与其他边疆省区不一样，总体而言呈增长的势头。笔者想对这个问题一探究竟。

做田野调查就像穿上了红舞鞋，似乎停不下来。市面上有很多专业书讲如何进行调查研究，但是笔者觉得要把调查研究的进程讲清楚是非常困难的。因为学者进行调查研究的过程就像小蜜蜂采花蜜，实际上是个周而复始的过程：不停地从一朵花到下一朵花，收集花粉、酿造花蜜，再到下一朵花，收集花粉、酿造花蜜……这个过程就是经验观察、收集资料、归纳资料、反思……经验观察、收集资料、归纳资料、反思……能够一直地调研下去，对研究者而言是一份幸运。学术先辈们估计都未曾想过今天有这样好的调研条件。我辈唯有继续努力，一是对得起这个时代，二是也让后人看看，我们这代人做了点儿什么事情。

致　谢

　　此次国情调研在疫情期间进行，调研的顺利进行要感谢调研过程中给予我们帮助的众乡亲，这里感谢以下乡亲和朋友们，他们在调研过程中帮助我们发放问卷、组织座谈会、召集村民访谈……其实，大多数的乡亲我们没能一一记录下他们的名字，他们那么信任我们，向我们敞开心扉，在此一并致谢。

　　内蒙古察哈尔文化研究会　潘小平

　　内蒙古察哈尔文化研究会　钢土牧尔

　　内蒙古察哈尔文化研究会　苏乙拉

　　内蒙古乌兰察布市察哈尔右翼后旗乌兰牧骑　诺敏

　　中国社科院中国边疆研究所　阿拉腾奥其尔

　　中国社科院中国边疆研究所　塔米尔

　　中国社科院中国边疆研究所　乌兰巴根

　　中国社科院中国边疆研究所　陈柱

　　中国社科院中国边疆研究所　樊志强

　　中国社科院可持续发展研究中心　王忠源

　　内蒙古乌兰察布市察哈尔右翼后旗　谷巨龙

　　内蒙古乌兰察布市察哈尔右翼后旗白音淖尔嘎查党支部书记　那音太

　　内蒙古乌兰察布市察哈尔右翼后旗那仁格嘎查党支部书记　那生吉日格

内蒙古乌兰察布市察哈尔右翼后旗 任力

内蒙古乌兰察布市察哈尔右翼后旗白音察干镇人大主席 牧仁

内蒙古乌兰察布市察哈尔右翼后旗建设村党支部书记 王金军

内蒙古乌兰察布市察哈尔右翼后旗白音察干镇党委书记 胡日成

内蒙古乌兰察布市察哈尔右翼后旗阿麻忽洞嘎查党支部书记 格日勒图

云南玉龙县政法委党委书记 景灿春

云南玉龙县农业农村局 张全福

云南玉龙县宝山乡党委书记 杨叁山

云南玉龙县宝山乡宝山村党总支副书记 木文川

云南玉龙县宝山乡党委委员、乡人大主席团常务主席 马正明

云南玉龙县宝山乡党委副书记、乡长 杨七裕

云南玉龙县政协常委、宝山乡吾木村东巴文化传承人 和继先

云南玉龙县宝山乡党委副书记 金龙

云南玉龙县宝山乡乡长 张勇

云南玉龙县九河乡武装部长 和志强

云南玉龙县九河乡河源村 徐国花

云南玉龙县九河乡河源村 李丽萍

云南玉龙县九河乡河源村 李玉坤

云南玉龙县九河乡河源村 杨志远

云南丽江健康与环境研究中心 邓仪

云南红河县商务局局长 和涛

云南红河县迤萨镇党委书记 周绕斌

云南红河县垤玛乡党委书记 朱福帧

云南红河县垤玛乡乡长 李继芬

云南红河县垤玛乡牛红村 朱黑努

云南红河县垤玛乡牛红村党支部书记 朱忠沙

云南红河县垤玛乡信息服务中心 朱品沙

云南红河学院 赵旭峰

云南红河学院 何绍明

吉林省珲春市英安镇党委宣传委员 郭晓蕾

吉林省珲春市三家子满族乡党委宣传委员　崔英男

吉林省珲春市板石镇党委宣传委员　游朝

吉林省珲春市敬信镇党建办主任　张爽

吉林省珲春市河南街道　王雪

吉林省珲春市靖和街道　于晶萍

感谢所有的被访者

感谢中国社会科学院科研局的老师们

感谢中国边疆研究所科研支持部门的老师们

感谢中央民族大学中华民族共同体学院讲师赵满儿（参与调研工作时为北京大学社会学系博士研究生）、美国塔夫茨大学文理学院本科生田怿晨（参与调研工作时为北京四中学生）协助整理调研资料

图书在版编目（CIP）数据

兴边聚民：透视现代化背景下的边疆传统村庄 / 罗
静著 . --北京：社会科学文献出版社，2025.5.
（中国社会科学院国情调研丛书）. --ISBN 978-7-5228
-2971-5

Ⅰ. C924.24

中国国家版本馆 CIP 数据核字第 2024EB0789 号

中国社会科学院国情调研丛书

兴边聚民
——透视现代化背景下的边疆传统村庄

著　者 / 罗　静

出 版 人 / 冀祥德
组稿编辑 / 谢蕊芬
责任编辑 / 赵　娜
责任印制 / 岳　阳

出　　版 / 社会科学文献出版社·群学分社（010）59367002
　　　　　地址：北京市北三环中路甲 29 号院华龙大厦　邮编：100029
　　　　　网址：www.ssap.com.cn
发　　行 / 社会科学文献出版社（010）59367028
印　　装 / 三河市龙林印务有限公司

规　　格 / 开　本：787mm×1092mm　1/16
　　　　　印　张：16.5　字　数：261 千字
版　　次 / 2025 年 5 月第 1 版　2025 年 5 月第 1 次印刷
书　　号 / ISBN 978-7-5228-2971-5
定　　价 / 98.00 元

读者服务电话：4008918866